MACHADO DE ASSIS E A CRÍTICA INTERNACIONAL

BENEDITO ANTUNES E
SÉRGIO VICENTE MOTTA (ORGS.)

Machado de Assis e a crítica internacional

editora
unesp

Direitos de publicação reservados à:
Fundação Editora da UNESP (FEU)
Praça da Sé, 108
01001-900 – São Paulo – SP
Tel.: (0xx11) 3242-7171
Fax: (0xx11) 3242-7172
www.editoraunesp.com.br
www.livrariaunesp.com.br
feu@editora.unesp.br

CIP – Brasil. Catalogação na fonte
Sindicato Nacional dos Editores de Livros, RJ

M13

Machado de Assis e a crítica internacional/Benedito Antunes e Sérgio Vicente Motta (orgs.). – São Paulo: Editora UNESP, 2009.
280 p.

Trabalhos apresentados no Simpósio Caminhos Cruzados: Machado de Assis pela crítica internacional, realizado em 2008
ISBN 978-85-7139-977-8

1. Assis, Machado de, 1839-1908 – Congressos. 2. Assis, Machado de, 1839-1908 – Crítica e interpretação. 3. Literatura brasileira – História e crítica I. Antunes, Benedito. II. Motta, Sérgio Vicente.

09-4865. CDD: 869.93
CDU: 821.134.3(81)-3

Editora afiliada:

Asociación de Editoriales Universitarias de América Latina y el Caribe

Associação Brasileira de Editoras Universitárias

Sumário

Apresentação

Este livro registra o que de mais expressivo foi apresentado no Simpósio Internacional "Caminhos cruzados: Machado de Assis pela crítica mundial", realizado em São Paulo, no auditório do Masp, de 25 a 29 de agosto de 2008. O evento foi uma maneira de a Universidade Estadual Paulista (UNESP), por meio da Editora da UNESP, homenagear o grande escritor brasileiro no centenário de sua morte ao reunir nomes emblemáticos da crítica machadiana, nacional e estrangeira, para um diálogo amplo e inédito em torno de sua obra.

A maturidade da crítica machadiana no exterior está há muito evidenciada. Ao lado da produção mais conhecida, porém, multiplicam-se trabalhos acadêmicos, dissertações, teses e artigos na maior parte dos países ocidentais, sugerindo que importantes abordagens estariam ocorrendo sem o correspondente diálogo com a crítica nacional. Embora os contatos entre especialistas nacionais e estrangeiros sejam cada vez mais intensos, os obstáculos práticos para um debate abrangente e a própria complexidade machadiana podem obstruir o trânsito ideal da informação. Dessa forma, o simpósio, e agora o livro, representam contribuição privilegiada a esse trânsito, estimulando novas e profícuas perspectivas de abordagem da obra de Machado de Assis, tanto em âmbito local como internacional.

Estabelecido o diálogo, o que se pode constatar com base no livro é o que estava sugerido no título do simpósio: "caminhos cruzados". Não há grandes divergências a respeito da concordância geral do valor artístico da obra do escritor, que o projeta como um dos maiores ficcionistas nos contextos nacional e internacional. O que se percebe é um intercâmbio consistente de assimilação das conquistas crítico-analíticas dos dois lados. A crítica nacional desempenha um papel norteador em suas perspectivas de investigação enquanto a internacional sistematiza o histórico dessas conquistas e abre importantes caminhos de leituras de acordo com um olhar comparativo, inventivo e sempre de admiração ao nosso escritor. É o que se pode notar na leitura dos textos aqui propostos.

No primeiro texto, "Martinha *vs.* Lucrecia", apresentado na abertura do simpósio, Roberto Schwarz trata das noções de "universalismo" e "localismo" no contexto de uma ex-colônia, analisando a crônica "O punhal de Martinha" (*A Semana*, 5 de agosto de 1894), em que o escritor dramatiza essas questões. Tendo como pressuposto o desacordo de duas linhas de interpretação da obra machadiana – uma que a consagra no cânon internacional e outra que une sua singularidade artística a uma experiência histórica –, apesar de ambas reconhecerem e destacarem a grandiosidade estética, o crítico brasileiro realiza uma refinada análise dos componentes formais do texto para fazer do patamar retórico uma ponte que leva à dialética social, problematizando as interligações e as implicações de identidades e desníveis nacionais e internacionais.

Para além da crônica, a análise de Schwarz aporta em pontos complexos do universo de Machado de Assis, incluindo o romancista e o crítico, e, de dentro do aparato da ficção, da perspectiva do cronista, aponta as direções dos leitores e os dilemas do escritor. Assim, identifica uma operação formal decisiva – a transformação do leitor citadino em narrador –, o meio pelo qual Machado desuniversaliza o narrador cosmopolita e liberta a matéria local, concluindo que "por baixo da engrenagem retórica, lógica e estética do particular e do universal, pressionando-a e dando-lhe verdade, como um imenso subentendido, há luta de classes, luta entre nações, patamares desiguais de acumulação cultural, além de luta artística e crítica". Dizendo de outra maneira: o escritor, fazendo literatura "do seu tempo e do seu país", faz girar em falso a cultura canônica, abrindo espaço para a tessitura literária do contexto brasileiro, "atual" ou "moderno", que faltava. Ou seja, Schwarz liga o Machado crítico ao cronista e este, no papel de escritor, resolve o impasse entre o clássico e o autóctone apresentando a solução literária para a formulação crítica apresentada na famosa "Notícia da atual literatura brasileira: instinto de nacionalidade".

O autor de estudos pioneiros sobre Machado de Assis, Jean-Michel Massa, no texto "Reabilitação de Machado de Assis", analisa o envolvimento do escritor brasileiro com o teatro, destacando a década de 1859-1869 para desfazer certos enganos biográficos e críticos, ao mesmo tempo que levanta uma tese original: Machado teria feito do teatro o meio para atingir suas finalidades. Para o crítico, em razão da importância e do impacto social, o escritor "aposta no teatro para alcançar a glória". Faz parte desse investimento uma série de atividades, desde a presença frequente ao meio às intervenções escritas, como autor (25 peças no período), tradutor e crítico, atuando em revistas, jornais e crônicas, dentro da estratégia mais geral de preparação e evolução da carreira, com uma atenção analítica permanente sobre sua época.

Em um texto pontuado por comentários, como a falta de uma verdadeira edição das obras completas do escritor, Jean-Michel Massa, seguindo uma análise fundamentada em fatos e documentos, por meio do método de interação entre o homem e o escritor, sua vida e obra, fornece dados ilustrativos de todo esse panorama, acrescenta ao inventário textos pouco conhecidos e apresenta, ainda, outra tese, da qual Machado teria feito uma estratégia formal: a de inventar uma interlocutora – a leitora. "Personagem construído, consciência, pseudoconsciência e, principalmente, álibi na estratégia de saber tudo dizer nada dizendo." Essa invenção pode ser vista como um elo entre os textos anterior e posterior dessa coletânea, no sentido de que os três indicam importantes estratégias no sistema literário do escritor.

Em "A modernidade do eterno em Machado de Assis", K. David Jackson atribui às inovações narrativas, por meio de uma narração do eterno, o procedimento pelo qual Machado abriu caminho à modernidade literária. Nesse sentido, a tese, que tem como base a "dialética entre o tempo e o eterno", segue uma direção paralela à de Schwarz, indicando que Machado, ao adotar um enfoque narrativo da perspectiva do eterno, "moderniza a eternidade", pois projeta nos casos nacionais os mistérios seculares da existência, incluindo, dessa maneira, a civilização brasileira na história do comportamento mais geral da alma e do psiquismo humanos.

Nas palavras do crítico, "ao abrir o mundo brasileiro para uma análise sob a lente da experiência ocidental, dita eterna, e registrada nos textos da biblioteca, Machado tira o Brasil do isolamento e possibilita uma leitura de seu comportamento cultural, já integrado na história muito mais ampla da inteligência ocidental". No percurso desse caminho de virada estilística e experimentalismo precoce da modernidade, o autor mapeia as trilhas de várias conquistas críticas e detém-se na biblioteca do escritor para levantar as três fontes principais do enciclopedismo filosófico-literário construtor do universalismo de seu pensamento e influenciador na elaboração retórica, demonstrando, no final, esse processo inventivo em exemplos textuais. Ou seja, no dia a dia da sociedade carioca, Machado ergueu seu observatório moderno e eterno, a partir do qual vê a comédia humana desfilar, através dos tempos, todas as suas dimensões e vicissitudes.

Paul Dixon, no ensaio "Brás Cubas: xamã irônico", analisa o motivo do emplasto em *Memórias póstumas de Brás Cubas*, revelando, sob a aparência do arbitrário e ilógico, vínculos associativos que conectam com mais consistência o remédio à trama do invento narrativo. O ponto de partida é a dialética entre dois tempos, o moderno e o mítico, desenvolvida no livro *Retired Dreams:* Dom Casmurro, *Myth and Modernity*, recuperada no aforismo de Brás Cubas: "Matamos o tempo; o tempo nos enterra". Por meio da circularidade da frase e do embasamento teórico em Mircea Eliade, o autor mostra como os mecanismos do rito e do mito, presentes no arquétipo do xamanismo, podem iluminar aspectos implicados no emplasto. Nessa luta para tentar vencer a morte e o tempo, o delírio e o chocalho de Brás Cubas revisitam a tradição xamânica em uma perspectiva irônica, por uma série de motivos, os quais costuram, na imagem da "pele", a relação do emplasto com o delírio. Assim, o emplasto, como uma "segunda pele", acopla-se à primeira, do corpo, que, revestida pela "flor amarela, solitária e mórbida" da melancolia, precisa do remédio. Na "pele" de um "defunto autor", a terceira camada revela-se no rótulo, que anuncia no remédio o nome do inventor, funcionando metaforicamente como a "pele" do livro. No quarto nível, o ressurgimento do defunto na forma do livro é a última tentativa, ainda ritual e absurda, de Brás Cubas unir os tempos pré-modernos e moderno para estabelecer-se como nome e pessoa, a ressurreição que acontece por meio da "teoria das edições humanas". Por isso, conclui o autor: "O livro, surgido do túmulo, é o último esforço xamânico, o segundo emplasto, o chocalho mágico, a última cura e derradeira tentativa de estabelecer e restabelecer-se".

A questão da representação, ligada aos polos da percepção e da reprodução, é o eixo condutor do ensaio "De retratos, espelhos & reproduções – o olhar fotográfico de Machado de Assis", de Thomas Sträter, que a metaforiza nos gêmeos de *Esaú e Jacó* como "vida e arte", filhas da mesma mãe ou amante, a "realidade". Essa simbologia serve também a Machado como chave de uma teoria literário-filosófica, intitulada "percepção da reprodutibilidade", para a questão de todos os tempos, mas crucial no século XIX: a verdade. A teoria é exemplificada em passagens dos romances e destacada em *Dom Casmurro*, "o texto do olhar mais 'fotográfico' de Machado". Depois, entendendo "o olhar machadiano [...] como um olhar fotográfico", o crítico faz dessa hipótese o meio para relacionar a literatura e a fotografia, casar o olhar com a imaginação, captar a "fotografia do invisível", demonstrando em vários contos como o escritor realiza uma espécie de "fotografia literária", seja como tema, motivo ou elemento de composição.

No texto "'Viu o que era': a ética, a representação e o olhar schopenhaueriano no *Quincas Borba*", Todd S. Garth discute cada um desses conceitos e demonstra em passagens do romance o questionamento deles na visão problematizadora e irônica de Machado, que recupera os desafios estabelecidos por Cervantes e Shakespeare. Subjaz ao estudo a convicção de que Machado, enquanto elaborava uma forma narrativa aberta, com liberdade de interpretação dos leitores, não queria deixá-los em um estado de suspensão pessimista, nem diante de uma recusa absoluta à representação da realidade, desprovidos de uma resposta construtiva à desesperança humana. A resposta dada, do ponto de vista do crítico, é um enfrentamento simultâneo de todos os aspectos que norteiam essas questões: a realidade, o acesso a essa suposta realidade, a logística – ou a poética – do acesso e os suportes filosóficos dessa logística, considerando a natureza fragmentada da identidade, do pensamento, da percepção e da substância. Nesse sentido, o romance *Quincas Borba* configura-se como uma espécie de exceção ao pessimismo do século XIX, na forma de um desafio contra o Realismo, seus escritores e leitores, culpados por Machado como facilitadores do pessimismo filosófico e dos abusos característicos da sociedade brasileira de então.

Se os dois textos anteriores dialogam, de certa maneira, pela questão da representação, os seguintes tratam das relações de Machado de Assis com outros escritores, países, línguas e culturas. Élide Valarini Oliver, no ensaio "... Num momento de simpatia. A conjunção de temperamentos em Machado de Assis", discute a variação de conceitos de influência em literatura para apoiar-se na ideia de uma "biblioteca imaginária", com o objetivo de levantar formas de influência em Machado de Assis. Por meio dessa biblioteca imensa, segundo a autora, há uma "liberação da imaginação", que gera, por um processo de afinidade ou simpatia de temperamento, uma zona propícia à criação, pois tanto o autor liberado quanto o liberador confluem para um jogo de influências no qual pode até haver luta e competição, mas, certamente, há reconhecimento e admiração. Assim, são detectadas e analisadas simpatias aparentes e subjacentes em Cervantes, Shakespeare, Xavier de Maistre, Sterne, Swift, Spencer, entre outros escritores, como uma primeira via de influências. Uma segunda, a metalepse, marca de seu estilo, também é analisada e justificada como uma disposição de pensamento e filosofia, o que tornou a escolha da figura um caminho natural de expressão literária. Na terceira via, remetendo a Voltaire, Hoffmann, Poe, e tendo os olhos como motivo condutor, são analisados contos ditos filosóficos e passagens dos romances, demonstrando como há uma operação de fusão entre metalepse, conto filosófico e confluências de simpatias e temperamentos em Machado de Assis. Na exposição das três vias prevalece uma concepção de uso criativo da citação e dos processos de influência, redirecionando enfoques críticos distorcidos no âmbito da questão.

Tradutora de contos do escritor para o italiano, Amina Di Munno toma como ponto de partida essa experiência para desenvolver o texto "Influências italianas em alguns contos de Machado de Assis: umas traduções". Dividindo-o em três partes, a primeira, "Brasil e Itália na época de Machado de Assis", realiza uma digressão no rico contexto histórico-social em que viveu o escritor para apontar várias entradas da presença italiana e uma possível absorção dessa relação. Na segunda, "Machado de Assis e a Itália", o foco é invertido para destacar a atenção de Machado à Itália e às letras italianas. Nessa parte, a autora relembra os estudos pioneiros de Edoardo Bizarri e Franco Cenni sobre as referências machadianas, para enaltecer, depois, via Otto Maria Carpeaux, semelhanças formais do modelo estilístico leopardiano na forma do conto, que Machado projetou em nossas letras, enriquecendo-o com uma nova experiência narrativa nos planos do conteúdo e da expressão. Na terceira parte, "Machado de Assis e a tradução", a autora comenta o leitor e tradutor de Dante, apontando como Machado soube reconhecer a função do diálogo entre os textos e as literaturas universais, antecipando o conceito e o valor que hoje atribuímos à intertextualidade. Termina em forma de depoimento e com exemplos sobre os desafios e a experiência de traduzir o escritor.

O texto de Luiz Roncari completa a abordagem das influências dialogando diretamente com as duas autoras. Após percorrer os principais pontos do ensaio de Élide Valarini Oliver, propõe questões que aprofundariam o tema abordado, como a razão do autor para optar pelo humor e pela sátira e – questão que prepara a mais importante – a diferença de peso entre a tradição universal e a local para a definição da obra de um autor. Conclui reapresentando a questão-chave da abordagem de Roberto Schwarz que parece mobilizar parte expressiva da crítica machadiana internacional: "Como tratar das relações literárias [...] do autor com todas as tradições literárias, sem remetê-las ao contexto de sua experiência e vivência?" Num segundo momento, instado pelo ensaio de Amina Di Munno, Luiz Roncari faz aproximações entre Machado e Manzoni, levantando hipóteses sobre a presença da ironia na obra madura do escritor brasileiro. No plano histórico, sugere uma comparação entre "as formações familiares de tradição romana, no Brasil e na Sicília", para explicar por que "o interesse pelo privado e familiar predominou sobre o interesse público", tanto no Brasil escravista como na Sicília tradicionalista.

Daphne Patai, no texto "Machado em inglês: em busca de um nicho de mercado", aborda a divulgação da obra literária de Machado de Assis sob a ótica do mercado editorial. Após uma completa e esclarecedora análise do quadro editorial norte-americano, cada vez mais voltado para nichos que respondem à necessidade de vendagens rápidas e expressivas, detém-se na exploração daquele em que se enquadra o autor. Trata-se, segundo ela, de um nicho de prestígio, alimentado menos por um público consumidor ávido de novidades passageiras do que pelos estudiosos da literatura brasileira, que, em geral, tomam a iniciativa de traduzir as obras e propor sua publicação às editoras. Do início ao fim, as reflexões têm como parâmetro o enorme sucesso que faz não apenas nos Estados Unidos como em todo o mundo o ocupante da cadeira número 21 da Academia Brasileira de Letras, Paulo Coelho. Embora desprezado pela crítica especializada, o autor é cada vez mais lido, até por pessoas de certo nível cultural, como demonstra em exemplos. Enquanto isso, o grande prestígio de Machado de Assis entre "figuras imponentes da república das letras em inglês" não lhe garante sequer a manutenção das principais obras em catálogo.

Completando o volume, retorna Jean-Michel Massa em texto permeado de informações originais, sutilezas analíticas e instigantes provocações. Em claro diálogo com o tema central do simpósio, e em especial com o texto de Roberto Schwarz, inverte o sentido das influências sofridas pelo escritor brasileiro e explora "o olhar de Machado de Assis para o exterior, para um país estrangeiro". Dessa forma, o título "A França que nos legou Machado de Assis", além do movimento inverso, apontaria para a nova condição do escritor, "cada vez menos um estrangeiro fora de seu país". Esse enfoque, por um estrangeiro que nunca se sentiu estrangeiro no Brasil, conforme declara no início, confere autoridade e isenção a um dos pioneiros no estudo documentado e rigoroso de Machado de Assis, e abre perspectivas novas para a abordagem de sua obra.

Entre outros recursos, Massa toma como base a *Bibliothèque de Machado de Assis*, que contava com mais da metade dos títulos em francês, para configurar a "imagem pessoal" que o escritor construiu da França. Examina tanto as traduções de obras francesas quanto as de língua francesa e, em particular, as citações – ou, mais precisamente, as apropriações da literatura francesa – para a criação de um estilo próprio e original que, longe de deturpar as citações, faz que se integrem "a uma maneira original de redigir, espirituosa, repleta de criação, de eficácia literária". Conclui estabelecendo entre Machado de Assis e a França uma relação que, a seu modo, supera a discussão universal *versus* local. Para ele, "se há uma França que Machado de Assis [legou aos franceses] há também, reciprocamente, um Machado de Assis com cuja criação a França contribuiu; sem a França ele não seria o mesmo escritor".

Da mesma maneira, poderíamos concluir, há um universalismo que Machado legou à nossa literatura e uma projeção de nossa literatura à esfera internacional, ao construir uma arte ao mesmo tempo brasileira e universal. Portanto, a invenção machadiana já pressupunha "caminhos cruzados".

Martinha *vs.* Lucrecia

Roberto Schwarz

Como é fácil imaginar, o tema deste congresso – Machado de Assis e a crítica mundial – seria impensável há pouco tempo, por uma razão muito simples: a crítica mundial não se ocupava do escritor, que era uma glória apenas local. Digamos então que o centenário da morte de Machado está nos servindo de pretexto para assinalar uma situação literária nova, com complicações ainda desconhecidas, sobre a qual vale a pena refletir. O que vou lhes dizer tem a ver com isso.

Como ponto de partida, vamos sublinhar um desacordo que veio se configurando ao longo dos últimos cinquenta anos. A consagração internacional de Machado de Assis, que deslanchou em meados do século XX com a tradução norte-americana de seus romances, ocorreu sem levar em conta o Brasil. Como foi dito de muitas maneiras por diversos críticos, não é preciso interessar-se pelo Brasil para reconhecer a maestria de Machado. Esta ressalta claramente da comparação com os demais mestres do cânon internacional e dispensa considerações de contexto. Por isso mesmo, parece ser um desserviço confrontar o grande escritor, universal como todos sabem, com compatriotas menores, ou condições históricas remotas e atípicas, que não interessam ao leitor cosmopolita. Um bom exemplo dessa tendência encontra-se no *Genius* de Harold Bloom, que dedica um capítulo repleto de admiração a Machado dizendo que ele tem muito a ver com Laurence Sterne, e quase nada com seu país.

Ora, no mesmo período, uma parte da crítica brasileira tomou o rumo oposto, formando a contradição que é o meu ponto de partida. A força de Machado de Assis passava a ser explicada a) pelo engenho com que retomou e superou os romancistas cariocas medianos que o precederam; b) pela acuidade notável para os pormenores da vida local – na verdade, pormenores de um fim de mundo; e c) pela invenção progressiva de uma forma de romance em correspondência profunda com a estrutura peculiar da sociedade brasileira. Noutras palavras, a estatura do escritor deve-se a um conjunto de ajustes, aprofundamentos e superações cuja referência é o país.

Tomando distância, vocês estão vendo que a grandeza de Machado suscitou linhas de explicação contrárias, que em algum momento teriam de discutir e competir. Para uma, o segredo do valor literário está na semelhança e na diferença, e sempre na proximidade, com os clássicos do cânon internacional, de cuja órbita o romancista faz parte. Para a outra, o segredo do valor está na fidelidade, digamos na fidelidade crítica e produtiva, às questões da literatura e da sociedade locais, que graças a Machado se beneficiaram de uma extraordinária desprovincianização. A alternativa convida a tomar partido. Mais interessante que escolher um dos lados, contudo, é refletir a respeito deles, que são menos exclusivos do que parecem à primeira vista. O conflito das interpretações existe, mas, em vez de optar entre elas, buscaremos sua articulação.

Repisando um pouco, o denominador comum às leituras é a convicção da qualidade estética da obra, que é estupenda. Para uns, esta se evidencia por meio da comparação em pé de igualdade com a primeira linha dos escritores internacionais, em que Machado figura em posição diferenciada. Para outros, resulta do trabalho artístico sobre o acanhamento peculiar da vida e da literatura de uma sociedade em formação, acanhamento superado e elevado a uma espécie de plenitude. Aqui a originalidade artística se nutre da singularidade de uma experiência histórica precária e recalcada que o romancista fez emergir e soube explorar em grande estilo. Assim, a posição distinta no cânon internacional, que é uma realidade, passa a assinalar o surgimento de um bloco também distinto, relativamente soterrado, do mundo contemporâneo.

Numa resenha consagradora do romance machadiano, que toma em conta a crítica brasileira, Michael Wood formula a questão com sutileza: ainda concedendo que as relações entre os romances e a realidade social existam, será mesmo necessário interessar-se pelo Brasil para admirar a maestria das narrativas? A dúvida, colocada do ângulo do leitor estrangeiro, tem os fatos a seu favor, pois é certo que a reputação internacional de Machado se formou sem apoio na reflexão sobre o Brasil. A resposta à pergunta, portanto, só pode ser negativa: não é preciso interessar-se pelo país para apreciar a qualidade superior da ficção machadiana. Não obstante, é possível também examinar melhor a própria pergunta.

Num livro clássico sobre a originalidade histórica da forma-romance, em especial sobre a vocação realista, Ian Watt observa que se trata de um gênero que tende a incluir no corpo da narrativa as informações necessárias a seu entendimento: "a sua convenção formal o obriga a prover as próprias notas de rodapé". O romance, noutras palavras, tende a apresentar um universo autoexplicativo que dispensa as referências externas, porque as internaliza. Nesse sentido, o leitor cativado pela ficção machadiana, mas desinteressado do Brasil – da experiência histórica chamada Brasil –, talvez não seja uma figura inteiramente real, embora verossímil. Sua falta de apetite para as particularidades do país pode não ser tão verdadeira quanto parece, uma vez que as notícias relevantes no caso estão tramadas na ficção e têm parte no interesse que ela desperta. Espero não ser especioso dizendo que o leitor imaginado ou registrado por Wood se interessa pelo Brasil sem o saber.

O próprio Machado tinha muita noção do problema, e o tratou de modo surpreendente. É disto que vou falar em seguida: das noções de "universalismo" e "localismo" no contexto de uma ex-colônia.

Comecemos com uma pergunta nacional-ressentida. Por que supor, mesmo de modo tácito, que a experiência brasileira tenha interesse apenas local, ao passo que a experiência francesa, ou inglesa, ou italiana, ou espanhola, ou norte-americana, ou grega, ou latina, ou todas essas experiências juntas, seriam universais? Se a pergunta se destina a mascarar nossas inferioridades de ex-colônia, não vale a pena comentá-la. Se o propósito é duvidar da universalidade do universal, ou do localismo do local, ela é um bom ponto de partida.

A questão tem importância para a arte de Machado de Assis, que a dramatizou numa de suas excelentes crônicas, chamada "O punhal de Martinha" (Assis, 1959a, p.638).[1] Trata-se da apresentação, em prosa clássica pastichada, dos destinos paralelos de dois punhais. Um lendário e ilustre, que serviu ao suicídio de Lucrécia, ultrajada por Sexto Tarquínio. Outro comum e brasileiro, por isso mesmo destinado à "ferrugem da obscuridade", que permitiu a Martinha vingar-se das importunações de certo João Limeira. A moça, diante da insistência deste, previne: "Não se aproxime, que eu lhe furo". Como ele se aproxima, "ela deu-lhe uma punhalada, que o matou instantaneamente".

A notícia, pescada num jornal da Cachoeira, do interior da Bahia, é posta lado a lado com o capítulo célebre da *História romana* de Tito Lívio. Desenvolvendo os contrastes, o cronista concede que a gazeta baiana não pode competir com o historiador insigne; que Martinha, ao que tudo indica, não é um modelo de virtude conjugal romana, antes pelo contrário; e que João Limeira não tem sangue régio nas veias. As comparações, todas desabonadoras, são feitas do ângulo do literato ultra-afetado do Rio de Janeiro, que diverte os leitores à custa de uma cidade modesta, que a ninguém ocorreria comparar ao padrão da Antiguidade.

Dito isso, Machado inverte a ironia – sem o que não seria quem é – e observa que a cachoeirense não fica a dever à romana em bravura: Martinha vinga-se com as próprias mãos onde a outra confia a vingança ao marido e ao pai, sem contar que pune a mera intenção, e não o ultraje consumado. A nota cafajeste dessa segunda distinção, destinada a colocar defeito na honestidade de Lucrecia, não deixa de ser um achado memorável, em particular vindo de um

1 Como a crônica é breve, as citações a seguir vão sem indicação de página.

consertador de injustiças... Seja como for, por um momento é Lucrecia quem se deve mirar no exemplo de Martinha, e não vice-versa, uma reviravolta de alcance quase inconcebível.

É claro que essas superioridades, tanto quanto as inferioridades, não são para levar a sério. Resultam do cotejo abstrato de virtudes e vícios, termo a termo, perfil contra perfil, que prefere o exercício retórico ao sentido da história – uma opção que o tempo havia tornado obsoleta e burlesca. Assim, a comparação leva a rir da Cachoeira, porque ela não se compara a Roma, e a rir de Roma, que talvez não passe de uma Cachoeira revestida de belas palavras. Refletidas uma na outra, a localíssima Cachoeira e a universalíssima Roma funcionam como uma dobradinha de comédia. Os clichês derrubam-se mutuamente, para gozo dos finos, e não deixam resto. Artificioso e sumário, o dualismo tem certa esterilidade enjoativa, que não vai a lugar nenhum.

Apesar da equidade ostensiva da argumentação, o espírito do paralelo é de troça e tem ranço de classe inconfundível, este sim interessante, e aliás nada equitativo. O cronista deplora a sorte obscura dos compatriotas pobres e provincianos, mas a comparação culta na verdade lhe serve para sublinhar a distância que o separa deles e de nossa hinterlândia repleta de facadas. Serve-lhe também para figurar na internacional dos cosmopolitas de fim de século, que não se iludem com Roma e a discurseira clássica, embora disponham de seu repertório. Num caso busca diferençar-se da barbárie popular; no outro, integrar-se à elite mundial dos espíritos educados, sempre em linguagem para poucos, o que marca uma superioridade meio caricata. O leitor é tratado na empolada segunda pessoa do plural, com subjuntivos e condicionais difíceis: "Talvez esperásseis que ela se matasse a si própria. Esperaríeis o impossível, e mostraríeis que me não entendestes". Como a pirotecnia gramatical, são aspirações medíocres, cheias de autocongratulação risível, em que, no entanto, há altura artística, pois seu esnobismo dá forma a feições inglórias e reais da história moderna.

Precedida do artigo definido e singularizador, *a* Cachoeira passa a ser uma localidade familiar, que fica logo ali, mesmo para quem não tenha conhecimento dela. Algo análogo se dá com Martinha, que possivelmente seja um tanto bárbara, de má vida e culpada de homicídio, mas a quem o diminutivo afetuoso traz para perto em ideia, incluindo-a na esfera da cordialidade brasileira, ou do sentimento nacional, desdizendo as segregações antissociais trazidas do tempo da colônia. Noutras palavras, alguns indicadores gramaticais funcionam na contracorrente da dicção emproada, de cujas presunções de exemplaridade, estilo elevado e civilização destoam, ou, ainda, a cujas partições se opõem.

Digamos então que o paralelo clássico milita, como forma, pela separação dos espaços que compara. Também do ponto de vista de classe, ele mais afasta do que aproxima, pois alinha o escritor na franja europeizada e culta, estranha às circunstâncias cruas e remotas da vida popular no interior do país. Estamos próximos da posição do letrado colonial, vivendo nestas brenhas a contragosto, na companhia consoladora de ninfas e pastores de convenção. Ao passo que as descaídas chãs e familiares da prosa, menos salientes mas não menos definidoras, fazem supor um alinhamento político diverso, em que aquelas separações não são ponto pacífico. Volta e meia, a despeito da couraça retórica, o escritor parece reconhecer como suas a gente e as localidades da ex-colônia, agora o Brasil. Implícita, há também a recíproca, segundo a qual essa gente e essas localidades poderiam contar com ele nalgum grau. Está aí a posição do intelectual posterior à Independência, impregnado de tradição europeia, mas bloqueado por ela.

Como exemplo da contradição, observe-se o apreço dúbio pela bravura de Martinha, com sua pitada de zombaria. As palavras de entusiasmo não têm como alcançar a moça, pois o paralelo com Lucrecia a priva do contexto próximo e no fundo a faz perder de vista, embora lhe dê visibilidade e universalidade noutro nível. Enredado em sua cultura de aparato, o escritor está do lado contrário ao que desejaria defender, ocultando o mundo diferente que quereria revelar. As boas letras não funcionam apenas como trunfo, mas também como obstáculo, ao passo que a experiência local, sendo um núcleo de identidade, mas de uma identidade pouco prestigiosa, tanto fortifica como desmerece, e empareda seu portador. A mescla das dicções – da dicção engomada e da familiar – interioriza e encena a crise, que se resolve nas linhas finais pela derrota da aspiração nacional: depois de indignar-se com a "desigualdade dos destinos", que só recolhe e transmite o que está nos livros canônicos, ignorando o que existe na realidade – leia-se o Brasil –, o escritor joga a toalha e toma o partido do opositor, o beletrista amestrado que ele traz dentro de si. "Mas não falemos mais em Martinha" quer dizer: não falemos do Brasil.

A conclusão não é para ser acatada, ou melhor, é para ser desobedecida. Trata-se de mais uma versão do refinado procedimento machadiano do *finale* em falso, ou do *finale* inaceitável, na verdade uma provocação que manda reexaminar criticamente a *persona* que está com a palavra. No ato, o literato consumado que não tem coragem de romper com a máquina literária culta se transforma em figura lastimável. Deve ceder o passo a seu *alter ego* recalcado, este sim capaz de reconhecer a poesia que existe em Martinha e na Cachoeira – uma poesia desafetada, sem fórmulas de Tito Lívio, sem atitudes de tragédia, sem gestos de oratória, sem quinquilharia clássica, mas com "valor natal e popular", incluídas aí as afrontas à gramática e valendo "todas as belas frases de Lucrecia".

Assim, o prosador duvida entre atitudes opostas, muito representativas, em confronto dentro dele. Numa, a anedota local – marcada pela nota primitiva e por vestígios da colônia, que são a substância efetiva do pitoresco – é sujeitada à luz dos modelos ditos universais, que lhe impõem a medida. Na outra, a mesma anedota ou matéria seria valorizada nos próprios parâmetros, liberta das convenções literárias que nos separam e escondem de nós mesmos, embora nos identifiquem como civilizados. O que seria essa prosa voltada para o natal e o popular, sem guarda-roupa clássico, e ainda assim capaz de merecer um lugar na memória dos homens?

Note-se que o ideal da autossuficiência estética, ligado ao nacionalismo romântico, bem como a uma noção mítica da Independência, inclui a quebra da hierarquia entre as nações, todas igualmente válidas, ainda que diferentes. Recusando os paradigmas externos, antigos ou contemporâneos, é uma ideia que a seu modo converge com o desejo de autarquia, com a aspiração moderna à desconvencionalização completa. Mas a equiparação geral entre as nações, que anularia os hegemonismos, seria uma possibilidade efetiva? Mesmo que só imaginária, essa verdadeira revolução cultural, que obrigaria ao realinhamento das afinidades e das oposições de classe internas e externas, compondo um bloco histórico diferente, faz recuar o cronista, que volta às garantias tradicionais da posição anterior.

Em resumo, o paralelo com Lucrecia começa como uma piada de literato bem-posto e rebuscado, conformista no fundo. Em seguida, ao inverter as precedências entre a romana e a baiana, a brincadeira toma um rumo menos convencional, mas ainda assim enquadrado pela autossatisfação das classes cultivadas. É num terceiro passo que o punhal de Martinha e o esquecimento inglório que o espera adquirem a vibração notável. Como a familiaridade da linguagem indica, Martinha não é apenas uma representante de costumes bárbaros, que os civilizados de todos os quadrantes, entre os quais o cronista, olham com curiosidade, de fora e do alto. Ela faz parte também do *povo brasileiro* e, por extensão, da problemática interior do mesmo cronista. O homem ilustrado, sempre um conselheiro da pátria em formação, sente que o destino dos compatriotas pobres e relegados é menos exótico e mais representativo do que parecia. Mal ou bem, a falta de reconhecimento em que vivem não deixa de lhe dizer respeito. Aliás, a inadequação literária do cronista, ou seja, a reverência por Lucrecia, não teria parte na condição apagada que diminui sua gente? E não haveria também nele próprio algo da marginalização histórica, para não dizer da barbárie e até do exotismo de Martinha? Sem contar que a simplicidade clássica da punhalada em João Limeira revela riquezas inexploradas da nação, ao menos quanto às possibilidades literárias.

Como indicam essas inerências a distância, ou determinações recíprocas entre quase estranhos, deixamos o âmbito retórico das oposições abstratas e maniqueístas, além de vagamente colonialistas, do tipo Civilização *versus* Barbárie. Em seu lugar entram as identidades problemáticas, os desníveis nacionais e internacionais, mais a correspondente dialética social, com suas interligações imprevistas e significados instáveis. Sob a forma ostensiva, a forma latente: a bravura ou braveza da moça dá assunto a comparações trocistas e fora do tempo, mas veicula também a ambiguidade estético-política de quem escreve, imprimindo à prosa uma nota de inquietação e culpa históricas. Dentro do cronista coexistem e lutam, ou alternam-se, o cosmopolita empertigado e o escritor mordido pela situação brasileira, com todas as ambivalências do caso. Assim, o esquecimento em que desaparecerá a moça da Cachoeira merece as lágrimas de crocodilo do humorista de salão, bem como as lágrimas sentidas, embora confusas, do escritor nacional, que lastima nela a obscuridade em que vegetam seu país e ele próprio.

Para tomar a medida do abismo de classe implícito nessas vacilações, basta colocar-se na posição da heroína meio anônima e quase admirada que está no outro polo. Submetido a uma ducha escocesa, o destino popular tanto pode ser enaltecido e servir de bandeira regeneradora como pode ser apenas posto de parte, segundo a inspiração momentânea dos bem-postos, que têm e não têm compromisso com os compatriotas pobres.

Dito isso, nossa apresentação vem forçando a nota num ponto delicado: palavras da esfera histórico-política, como pátria, nação, Brasil etc., e também as referências à questão nacional, em que insistimos, não comparecem no argumento explícito da crônica. Elas são presenças ausentes. Ao lastimar as injustiças da fama, que não conservará a punhalada de Martinha, o cronista toma um rumo, digamos, trivial e metafísico em detrimento do senso histórico. Segundo sua explicação, Martinha vai "rio abaixo do esquecimento" porque é uma criatura "tangível", como aliás todo mundo, e não por ser brasileira e popular, como indica o que está à vista. A "parcialidade dos tempos", da qual ela é vítima, consiste em dar tudo aos clássicos e nada à vida em carne e osso, que é seu contrário, mas que nem por isso inclui a desimportância que aflige o Brasil e suas classes pobres, muito mais obscuras ainda. Como os clássicos são "pura lenda", "ficção" e "mentira" compiladas em livros recomendados, notáveis pelo apuro da gramática, é claro que não deixam lugar para a mocinha empírica da Cachoeira, que tem endereço e ofício conhecidos, erra na colocação de pronomes e não foi celebrada pelos poetas – essa sim real e verdadeira. A conclusão acaciana do cronista filósofo, que medita "sobre o destino das coisas tangíveis em comparação com as imaginárias", é que os humanos só dão valor ao que não existe. "Grande sabedoria é inventar um pássaro sem asas, descrevê-lo, fazê-lo ver a todos, e acabar acreditando que não há pássaros com asas [...]".

A ironia está na composição. Como em seus grandes romances, Machado está fazendo literatura "do seu tempo e do seu país" – para citar o programa famoso – por meio e às expensas da personagem que tem a palavra e se acredita acima das circunstâncias (Assis, 1959b, p.817). Cabe ao leitor, armado de implicância e antena histórico-social, contrapor a feição brasileira das matérias à sua redução pelo cronista a uma generalidade atemporal e vazia. É certo que é possível sujeitar a lista de nossos traços notórios de ex-colônia à categoria dos "tangíveis", por oposição aos "imaginários", preferidos pela fama. Contudo, é possível também enxergar nessa operação do espírito mais outro exemplo de defeito nacional, pronto para figurar naquela mesma lista de traços de atraso, à qual a mania de transformar em pontos de filosofia as nossas mazelas históricas se integra à perfeição. A função nobilitante e mascaradora do deslocamento fala por si.

Entrando em matéria, aí estão a Martinha, entre familiar e desconhecida, como o povo a que pertence; a condição social de zé-ninguém, sem nome de família nem proteção da lei, e com prenome no diminutivo; a facada meio urbana meio sertaneja; e a Cachoeira, que é um faroeste com feições locais. No campo dos instruídos, há o exibicionismo retórico e gramatical, que compensa o complexo de inferioridade herdado da colônia; o sentimento geral de irrelevância e de vida de segunda classe, além do ressentimento com a falta de repercussão de nossas coisas; há ainda as províncias remotas como um ultramar, envolvidas em certo apego sentimental etc. A incongruência entre isso tudo, "tão Brasil" (Bandeira, 1966, p.103), e os termos filosóficos do cronista incitam à reflexão histórico-social, que fica desafiada a completar e denominar o que está configurado – a incongruência inclusive. O procedimento é vertiginoso, mas efetivo: a acuidade mimética para os problemas brasileiros combina-se à inclusão maliciosa de raciocínios desfocados e à exclusão, também deliberada, do vocabulário e dos argumentos ligados à questão nacional. Esta, cuja ausência é estridente, passa a ter a presença que o leitor insatisfeito seja capaz de lhe conferir por conta própria, com as matérias à mão e longe dos chavões românticos e naturalistas então disponíveis. O movimento ultrapassa seu marco explícito, colocado com pompa pelo explicador da fábula, e "cabe ao leitor tirar as conclusões da conclusão" (Baudelaire, 1951, p.1000).

Enquanto o cronista se queixa do pouco sucesso de Martinha, é claro que ela está mais que imortalizada – graças a essa mesma queixa, que traz em si uma condição moderna de grande ressonância artística. Para ele, indeciso entre o clássico e o autóctone, ambos incapazes de assegurar à moça "um lugar de honra na história", não há como sair do impasse. Já para Machado – que inventava a situação narrativa –, o trio formado por a) a região relegada do universo; b) o repertório clássico que desmerece as realidades locais; e c) o cronista culto, portador de um despeito histórico-mundial, é ele próprio a solução: uma vez articulada pelo jogo literário, essa verdadeira célula social-histórica imprime à cena algumas das linhas inconfessadas da atualidade. Deixa entrever uma história mais real, em andamento, mas de rumo incerto, em que a escolha entre localismo e universalismo funciona de modo imprevisto, com as noções trocando e destrocando de posição, em discrepância com seu conceito abstrato. Olhando bem, Martinha não se tornou imortal, ou relevante, porque um literato nativista se ativesse aos termos dela e da Cachoeira, rejeitando a tradição estrangeira que as impede de brilhar. Pelo contrário, na ausência do paralelo ilustre, o episódio ficaria reduzido a uma facada entre outras. Na verdade, é a referência à dona celebrada ou ao repertório clássico que tira da vala comum a mocinha do meretrício local, transformando-a em tema "para a tribuna, para a dissertação, para a palestra" – não porque seja uma igual de Lucrecia, como quereria o cronista, mas porque a comparação não se aplica, fazendo girar em falso a cultura canônica e indicando algo que lhe escapa, que fica atravessado e seria o principal.

Um deslocamento análogo desuniversaliza a forma do paralelo, que de clássica se torna pitoresca. Em tom grave, como convém às comparações cultas, deixa à vista uma porção de realidades entre indesejadas e risíveis, além de distintivas, que destoam do padrão. Os vexames incluem nosso reflexo estrangeiro diante dos patrícios pobres, desprovidos de existência civil, as veleidades de requinte dos educados, sua avidez de reconhecimento, o papel antipopular da cultura alta, a adoção semiculta e pernóstica desse mesmo papel e assim por diante. Entretecidos com a retórica rebuscada, os traços precários adquirem tessitura literária, além de dar a Martinha o contexto adensado, propriamente brasileiro e *atual*, ou *moderno*, que parecia faltar.

Como dispositivo formal, a comparação dos punhais é um cenário de cartolina, mas dotado da força de revelação dos achados oswaldianos: "O lado doutor, o lado citações, o lado autores conhecidos. Comovente. Rui Barbosa: uma cartola na Senegâmbia. Tudo revertendo em riqueza" (Andrade, 1978, p.5). Sem nada de antiquário, as segundas intenções do paralelo são satíricas e visam o presente, em conivência maliciosa com o Realismo oitocentista. A lição de coisas, uma documentação como que à revelia, oferecida a quem queira ver, é um subproduto da inadequação da forma ela mesma. Carregado de consciência e humorismo históricos, o despropósito formal, que é um artifício cara de pau, impõe às anedotas locais um pano de fundo extra, ou a complexidade de um fundo duplo. O estado bisonho do causo brasileiro, que está fora de tudo e não basta para sustentar uma prosa à altura do tempo, é corrigido pela sombra clássica e universal.

Com recuo adequado, a "desigualdade dos destinos" lamentada na crônica se despega de Martinha e Lucrecia, da figurinha popular e do busto de museu, que não têm por que ser iguais, para aludir à condição inferiorizada e problemática de país periférico, atolado na conformação e nas privações da ex-colônia, estas sim difíceis de envergar no quadro das nações civilizadas. Martinha está para

Lucrecia como o Brasil para os países adiantados. Arbitrário como toda montagem, o paralelo entre o *fait divers* baiano e um dos episódios fundadores da mitologia da Roma antiga é uma substituição sutil, que expressa em termos passadistas e farsescos um mal-estar contemporâneo.

Em suma, universalismo e localismo são ideologias ou chavões, ou timbres, de que Machado se vale como de pré-fabricados passíveis de uso satírico. A parafernália da retórica e do Humanismo, universal por excelência, lhe serve, desde que faça figura imprópria, nada universal, com cacoetes de classe historicamente marcados. Uma inversão análoga atinge o anseio patriótico de libertar a matéria local dos enquadramentos como que *alienígenas* da cultura erudita. Também esse patriotismo serve, desde que leve aonde não quer, à insignificância e ao isolamento, a que o propósito elevado imprime conotação cômica, esta sim contemporânea e relevante. As ressonâncias não programadas dos registros universalista e localista são o que eles têm de mais verdadeiro. Ao sublinhar as desafinações e fazer que se alternem, Machado dá figura artística à posição em falso da ex-colônia, às "anomalias" da integração interna e da situação externa da quase-nação, também elas involuntárias. Trata-se dos resultados locais e disformes de grandes tendências-norma da atualidade, os quais dizem e valem mais do que parece. São especificações contraideológicas: cultura hegemônica ostensiva, mas desqualificada pela paisagem social discrepante; e vida popular a que não falta poesia, mas acompanhada das restrições da norma civilizada.

Estamos diante de um *material* com fisionomia própria, compósito, desarmônico e rebaixado, que é produto histórico e pode ser ponto de partida artístico. *Depositários da transformação periférica da cultura europeia*, estes quiproquós põem de pé uma problemática inédita, difícil, de classes e de inserção internacional, de que a oposição corrente entre localismo e universalismo oferece uma versão distorcida e característica.

O processo de fundo é a formação da nacionalidade nas condições herdadas da colonização, inevitavelmente fora de esquadro se o esquadro forem as autoidealizações da Europa adiantada. Traduzindo os termos pelo desempenho, "local" é o déficit de mediações, o fosso escancarado entre o dia a dia semicolonial e a norma do mundo contemporâneo; e "universal" é o consagrado e obrigatório, a presunção de exemplaridade que se torna uma quimera ou uma estupidez quando aplicada sem mais à mesma circunstância. As mediações não se podem fabricar por um ato de vontade, do dia para a noite. Ao desenvolver uma escrita em que os dois registros contracenam a seco e com ironia, incongruentes, complementares e descambando no seu contrário, Machado criava um equivalente estilístico dessa constelação histórica, além de colocá-la em movimento com fortes momentos de verdade. O universal é falso, e o local participaria do universal se não estivesse isolado e posto à parte um degrau abaixo.

Enquanto outros escritores buscavam a cor local em regiões e classes pouco afetadas pelo progresso, onde um citadino em dia com os tempos a admite facilmente, com bonomia e sem custo para a autoestima, Machado foi detectá-la em classes mais civilizadas, ou universais, ou residentes na Corte. O frequentador carioca de Tito Lívio, que zomba dos compatriotas desfavorecidos e no íntimo se ofende com o destino que lhes cabe, à margem do mundo, não é menos pitoresco do que Martinha. Mas não se pode dizer que seja uma figura localista, pois seus ressentimentos derivam claramente da história contemporânea em sentido amplo, a qual expressam e cujo quadro de desigualdades e humilhações internacionais não diz respeito só aos brasileiros, mas a todo o mundo – embora de maneiras diferentes.[2] Ao fazer dessa personagem seu narrador, ou, por outra, ao desuniversalizar o narrador cosmopolita – uma operação formal decisiva –, Machado desconfinava a matéria local, agora intermediada por um jogo de interesses de classe atrasado-modernos, nacionais e internacionais, disfarçados de universais. Por baixo da engrenagem retórica, lógica e estética do particular e do universal,

2 Sobre a textura histórico-mundial dessa ordem de ressentimentos, ver Arantes, 1996.

pressionando-a e dando-lhe verdade, como um imenso subentendido, há luta de classes, luta entre nações, patamares desiguais de acumulação cultural, além de luta artística e crítica.

O referente remoto, que valida ou desqualifica a composição artística – se estivermos certos –, é a ordem mundial desequilibrada e em litígio, de que o país faz parte. A última palavra não pertence à nação, nem à cultura hegemônica internacional, mas ao presente conflituado que as atravessa e desdiz. Entre outras coisas, este é uma fábrica de recalques, que reconhece só o que é consagrado pelo *establishment*, ou que se pareça com ele. E deixa esquecidas a um canto as ex-colônias, que não correspondem ao padrão. Era o próprio desequilíbrio, sempre em processo de se renovar, que ditava aos escritores a angústia em que se expressa a condição periférica: o espírito vale porque, a despeito de desterrado, se filia ao repertório dos modelos europeus? Ou vive do apego ao viés peculiar, muitas vezes inaceitável e constrangedor, *além de próprio e novo*, do país em formação?[3] Machado de Assis, que era avesso à unilateralidade, não só não tomou partido no caso, como tomou o partido de assumir e acentuar as decalagens, fazendo delas e de seu jogo – entre Roma e Caixa-Pregos – uma regra de sua prosa. Mais compósita e tensionada do que se diz, esta articulava uma parceria de incompatíveis. Casava a investigação numerosa e original das relações sociais brasileiras ao recurso em grande escala ao pacote greco-romano-humanista-ilustrado-cientificista, em suma, universalista, em parte avançado, em parte um anacronismo irônico.

É claro que a vizinhança imediata e metódica entre local e universal, familiar e encasacado, contingente e clássico, arbitrário e ilustrado, nacional e estrangeiro, desconhecido e célebre, e, para tudo resumir, ex-colônia e países-paradigma, apontava para um denomi-

---

3 A propósito de *O cortiço*, que acerta muito em relação ao Brasil, em parte por dever também muito a *L'assommoir* de Zola, Antonio Candido menciona "um problema de filiação de textos e de fidelidade aos contextos". Centrada nessa dupla vinculação e em seus paradoxos, a fórmula sintetiza um programa crítico (Candido, 2004, p.106).

nador comum, ainda que movediço e dotado de inúmeras faces. As dualidades recobriam-se em parte, expressavam-se uma pela outra e originavam um jogo de substituições que as ultrapassava. A nota dissonante, sem solução em perspectiva, tinha possibilidades cômicas e representatividade nacional, além de funcionar como caricatura do presente do mundo, em que as experiências locais deixam mal a cultura autorizada e vice-versa, num amesquinhamento recíproco de grande envergadura, que é um verdadeiro "universal moderno".

Reabilitação de Machado de Assis

Jean-Michel Massa

É difícil saber qual Machado de Assis desejamos celebrar, ou conhecer melhor, um século após seu desaparecimento e um século e meio depois do início de suas atividades – já que seu primeiro texto leva a data de 6 de janeiro de 1855 (ele teria menos de 16 anos, 15 anos e meio) –, tão numerosas são as vias e as comemorações anunciadas em 2008.

Já em 1939, centenário de seu nascimento, o saudoso Augusto Meyer tinha organizado a incontornável *Exposição*, com documentos que desapareceram desde então e que foram salvos graças a esse volume: as duas únicas cartas de Joaquim Maria para Carolina que ele não queimou; o caderno de grego, a partir do qual mostrei que ele não conhecia a língua de Xenofonte.

Em 1958, cinquentenário de seu desaparecimento (ou mesmo antes, desde 1955), surgiram em torno do Instituto Nacional do Livro os trabalhos científicos de José Galante de Sousa (*Bibliografia de Machado de Assis* e *Fontes para o estudo de Machado de Assis*) e os de Augusto Meyer, Brito Broca e Alexandre Eulálio na *Revista do Livro*, que publicou os textos de Machado como censor do Conservatório Dramático, além de *Biblioteca de Machado de Assis* e *Dispersos de Machado de Assis* (de minha autoria), e o trabalho pioneiro, mesmo que às vezes discutível, de Raimundo Magalhães Jr. (vários volumes de textos reencontrados e sua *Vida e obra de Machado de Assis* nos anos 80). Sem esquecer uma primeira tentativa de obras completas – houve uma segunda – sob a égide da Comissão Machado de Assis, para a qual colaborei quando estive no Brasil a pedido do presidente da Academia Brasileira de Letras, Austregésilo de Athayde. Foi em 1958; já lá vão cinquenta anos que o autor deste ensaio descobriu o escritor.

Somente saberemos os resultados desta celebração de 2008 quando as homenagens tiverem terminado. Numerosos caminhos estão abertos: grande escritor, sem dúvida, mas também grande homem; estudos (com vários plurais) da obra de Machado de Assis e do que lhe é exterior (olhares, tradução, repercussão, irradiações, recepção e, enfim, a literatura comparada).

Mas devemos esperar que 2008 veja o fim de uma anomalia lamentável, a ausência de uma verdadeira edição das obras completas do escritor, aquele que, por unanimidade – e muito justamente –, consideramos o maior escritor brasileiro. A menos ruim, e a mais completa, ainda é a edição Jackson, mas está ultrapassada. A edição de Afrânio Coutinho, da Aguilar, para ser completa, deveria ter sete volumes, e não quatro. As grandes nações têm uma ou várias edições completas dos escritores-faróis: Dante, Shakespeare, Camões, Cervantes, Molière, Racine ou Victor Hugo. Paradoxo, para o leitor brasileiro ou estrangeiro, um bom terço da obra está inacessível. Fiquemos atentos, e oremos... O Ministério da Cultura existe?

* * *

Eis meu propósito. Não abandonarei o terreno que, salvo algumas análises mais literárias ou políticas (por exemplo, sobre *O alienista*), sempre foi meu: aquele de uma interação entre o homem, o escritor, sua vida, sua obra – porém uma análise sempre fundamentada sobre fatos, documentos. Quero reiterar alguns pontos já salientados antes: o rico meio no qual nasceu Machado de Assis e no qual inicialmente viveu; os pais mais abastados ou cultos do que se tem dito; a influência de sua *madrinha*, protetora, que é para ele um tipo de avó; a precocidade como poeta publicado; o domínio do francês quando, com idade de apenas vinte anos, publica um longo poema para o nascimento do filho de um francês, o litógrafo Victor Frond, ilustrador de *Brésil Pittoresque* [Brasil pitoresco]; a impossibilidade de que tenha sido, até 1870, gago e epilético (data que podemos estender, sem dúvida, até 1886; em sua juventude, ele tinha uma vida social agitada, movimentada – não podemos esquecer –, e declamou em várias reuniões públicas, saraus, manifestações, os próprios poemas e textos dos amigos).

Também não endosso a visão que, em detrimento de certa continuidade, opõe os trinta últimos anos de sua vida (1880-1908) aos trinta primeiros (1850-1880). Certamente, o romancista, o narrador, é maior, mais maduro, com um pensamento e uma mensagem original que fará dele um escritor universal, mas há uma preparação, uma evolução e, em particular, por intermédio do jornalista, do cronista, há uma atenção permanente sobre sua época (em geral subestimada). Machado de Assis, durante toda a sua vida, conheceu, acompanhou, analisou, comentou, esmiuçou permanente, detalhadamente, com uma atenção e certa forma de objetividade irônica, todos os momentos de seu tempo. Falamos do cronista. Preferiria chamá-lo de jornalista, de repórter. Quem vai perder tempo calculando no computador a porcentagem de caracteres escritos pelo jornalista em comparação com os do narrador e do romancista? Há talvez tanta filosofia, sabedoria, humor ou ironia nas crônicas quanto na obra romanesca. Mas o Brasil não se preocupa o suficiente com sua história. Pergunte a um brasileiro o que ele sabe, por exemplo, da Questão Christie,[1] ou que esclareça a sentença do *Velho Senado*: "e o gás virou lamparina".

---

1 A Questão Christie foi um incidente diplomático que envolveu Brasil e Grã-Bretanha após o naufrágio do navio *Prince of Wales* na costa do Rio Grande do Sul, em 1861. Suspeitas de que o navio teria sido saqueado e um confronto de marinheiros ingleses e brasileiros no Rio de Janeiro levaram o embaixador inglês William Dougal Christie a exigir indenização pelos danos sofridos, num episódio que despertou a indignação pública e disputas entre os governos dos dois países.

Machado de Assis é, e permanece, um homem de seu tempo. O saudoso Astrojildo Pereira bem o percebeu. Mas desejo abordar aqui, com base no teatro e sob o título "A década do teatro", um outro ponto, com palavras tabus: carreira, carreirista, ambição. O escritor orientou seu itinerário com ambições naturais, mas estimava-se que ele não tivesse tido o teatro, o palco, como base ou trampolim. Afirma-se que a obra teatral não é seu ponto forte. Voltaremos a falar disso.

O melhor especialista do teatro no Brasil, Sábato Magaldi, assim escreveu (sendo seguido por muitos outros) em seu *Panorama do teatro brasileiro*:

> Feitas as mais diversas ponderações, é forçoso concluir: as peças de Machado de Assis (1839-1908) não apresentam grandes qualidades em si. Tivesse o autor cultivado apenas o teatro, seu nome seria absolutamente secundário na literatura brasileira. Trata-se, porém, do nosso primeiro escritor.
>
> E, a esse título, na pior das hipóteses, como faceta não muito brilhante mas preparadora do admirável romancista, cabe uma tentativa de análise do dramaturgo. Quanto ao crítico teatral, este foi possivelmente a maior autoridade que tivemos no século XIX. (Magaldi, 1997, p.125)

E o capítulo tem como título "Preparação de um romancista".

É lógico que não sou o primeiro a entrar nesses domínios. Sábato, Décio de Almeida Prado, Joel Pontes, João Roberto de Faria também o fizeram. Em minha tese de doutorado, um capítulo, focado em torno do ano de 1863, já tinha este título: "Machado de Assis, homem de teatro".

Gostaria de inventariar uma série de fatos, demonstrar uma intenção, uma ambição. Mas antes uma palavra sobre a política. Influenciado pelos franceses, de modo direto por Charles Ribeyrolles, falecido em 1860, e, indiretamente, por Eugène Pelletan, Machado de Assis opta pela ideologia de esquerda, como diríamos hoje, aquela dos liberais que, com o marquês de Olinda, assumirão a direção dos negócios no Brasil em 20 de maio de 1862, substituindo Luís Alves de Lima, futuro duque de Caxias. Em 1864, às vésperas das eleições legislativas (2º Distrito de Minas Gerais), ele retira sua candidatura. Antes disso, a pena de poeta combate contra a Inglaterra durante a Questão Christie, pela liberdade na Itália, no México, na Polônia contra o imperialismo russo, sem contar todas as intervenções, por meio de crônicas, na vida política brasileira.

Magalhães Jr., em seu volume *Machado de Assis desconhecido* (1957), estuda e enumera essas ações ou os comentários sobre elas. Machado de Assis nunca foi omisso, nem absenteísta, nem indiferente à sorte dos escravos. Nas crônicas dos anos 1859-1869, aparecem uma dezena de vezes os termos "escravo" e "negro", quando alguns o criticam por nunca haver escrito tais termos ou evocado problemas como esses.

* * *

Mas estamos nos afastando de nosso propósito. Retornemos ao teatro, também mal avaliado por parte da crítica. Antes de justificar meu propósito, anuncio desde já a conclusão. Em razão da importância do teatro, de seu impacto social – e tendo como pano de fundo a França e o tropismo que ela engendra –, Machado de Assis, cheio de vitalidade, *homme de 20 ans*, como ele mesmo se apelida em francês na poesia ao filho de Frond, goza de excelente saúde. Vários de seus amigos faleciam de tuberculose com essa idade – Francisco Gonçalves Braga, Casimiro de Abreu, Macedo (Macedinho) e dezenas de outros. Joaquim Maria (chamemo-lo pelo nome), sedutor, ao menos pela verve, aposta no teatro para alcançar a glória. É ambicioso, conhece as atrizes, vai a todas as *premières* do teatro, escreve em diversas revistas ou jornais recensões de teatro. Esse gênero de crônica praticamente não existia antes dele. Ele tem um público que adula: as leitoras. É um público novo que, se ele não criou, ao menos transformou em alvo sistemático. Alencar havia feito o mesmo, por vezes, em *Ao correr da pena*. Joaquim Maria, durante toda a vida, prosseguirá nesse caminho. Fará isso no *Jornal das Famílias* e em vários de seus contos e romances. É um dos elementos do sistema literário machadiano.

Pelo jornal, ele assegura um poder, modesto, porém certo. E o exerce durante essa década nas inúmeras festas das quais participa e às quais assiste. Nelas, ele brilha, declama, é visto, olhado. Lembremos, novamente, o ridículo das afirmações demasiado numerosas julgando que, desde a infância, criança doentia, ele era gago e epilético. Podemos, aliás, interrogar-nos sobre a data na qual Machado teria ficado gago. Se acreditarmos no que diz a imprensa, em 6 de outubro de 1886, no 22º aniversário da publicação de *Crisálidas* (comemoração inesperada, pois não é data usual para um aniversário), *A Semana*, *A Vida Moderna*, *O País* e *A Gazeta de Notícias* relatam a festa com detalhes. Remeto ao *Boletim da Sociedade dos Amigos de Machado de Assis*, n.1, setembro de 1958. Uma vintena de escritores celebrou aquele que já era chamado "o mestre". Vários discursos são pronunciados, vários poemas, declamados. E lemos, por exemplo, em *A Semana*: "Machado de Assis agradeceu a prova de alta consideração que recebia naquele momento, dizendo que aquela data seria para ele duplamente memorável: festejava-se o aniversário do aparecimento do seu primeiro livro [...] e o seu primeiro discurso". Vários equívocos. De fato, era o quarto livro e, seguramente, não era o primeiro discurso. Uma verdade: é pouco verossímil que em 1886 ele fosse gago. Ele muda, por assim dizer, de meio social, mesmo que seus recursos financeiros sejam modestos. Repito: ele seduz, conquista. Pertence a seu tempo, está como peixe n'água nesta sociedade, não diria superficial, mas na qual aparecer é, às vezes, mais importante que ser.

O Brasil é um Império, com sua etiqueta, suas classes, sua aristocracia. O imperador, reverenciado e celebrado pelo escritor, ocupa um lugar de destaque. É verdade que há os escravos e os negros que, mesmo libertos ou livres, encontram-se numa posição social inferior, mas *les mulâtres règnent* (os mulatos reinam) – lembremo-nos do que dizia Ribeyrolles. O Brasil, pragmático e complexo, com falta de quadros, não pode – ao menos na capital – dar-se ao luxo do racismo. E creio que posso dizer que Machado de Assis galgou socialmente um degrau no pequeno grupo – numérico, entenda-se – da média ou alta sociedade. Em sua *Vida e obra de Machado de Assis*,

Magalhães Jr. chama esta fase de "Ascensão". O teatro será o meio de atingir suas finalidades.

É evidente que o poder da imprensa não é, então, como aquele de nosso século. No entanto, no Brasil, esse poder aumentou, internacionalizou-se. A cada chegada de navio, com um mês de atraso, a Europa e a América do Norte recheiam os jornais. Os folhetins franceses, traduzidos, pululam. As peças teatrais de Paris invadem os palcos. Mesmo a ópera francesa, embora mais modesta, corrói a ópera italiana. Só existem teatros no Rio, mas a capital conta com uma boa dúzia de salas, mesmo que algumas sejam menos frequentáveis que outras. E não esqueçamos que os estudantes de São Paulo, cidade pequena nos anos 1850 (pois o Império não quis universidade, mesmo de Direito, na capital), descem de São Paulo até Santos e vêm de barco ao Rio para distrair-se (ou envilecer-se) nas salas da capital.

Afora as traduções de peças francesas, o teatro brasileiro é pobre. Tem Martins Pena. Machado de Assis lhe concede um lugar, mas numa espécie de panteão, pois faleceu jovem. O teatro trágico brasileiro, importante trinta anos mais cedo com Gonçalves de Magalhães, pertence ao passado. Alencar é importante e reverenciado, mas não é um concorrente para Machado de Assis. Tem dez anos mais do que ele. Ele abriu o caminho. Os outros contemporâneos, como Macedo (Macedinho), escrevem um teatro leve, que não responde às necessidades nacionais. Mais que pela poesia, a glória, o sucesso virão pelo palco. Em nossa opinião, é a escolha, ou melhor, a aposta do jovem Machado de Assis. Será uma aposta perdida, um fracasso que ele perceberá dez anos mais tarde. O caminho escolhido será então o do romance. Segundo fracasso, pois o primeiro será, como já vimos, em 1864, o da política.

* * *

A posição assumida pelo jovem Machado de Assis, não declarada nem explicitada, é difícil de discernir, de definir, de expor. Lembremos que nesse período ele tem entre vinte e trinta anos. É trabalhador, enérgico e quer ter sucesso. Toda a sua atividade – e é intensa

– o prova. Nossa interpretação se apoia em alguns fatos e, logicamente, em algumas contradições que também enumeraremos. Ele assume por completo as funções do censor no Conservatório Dramático, com o qual colabora de março de 1862 a 1864. Respeito escrupuloso das regras da sociedade imperial: moral, família, crítica e rejeição ao adultério, à prostituição. Com um bemol acrescentado pelo autor: a crítica deve envolver também a qualidade da língua e a pertinência teatral, o que não está nas regras do jogo. Ele exerce essa atividade não remunerada durante três anos com a autoridade que lhe confere a função.

Falemos agora da atividade de autor. Machado de Assis adota um tema que está no coração da sociedade brasileira, aliás, de todas as sociedades: o tema das mulheres, do amor, do casamento – e será um guia que fornece conselhos. Primeiro, *Hoje avental, amanhã luva*, de 1860, que retoma o velho tema da "criada patroa", representado mil vezes durante séculos e por ele ilustrado na expressão "Aquela subiu um degrau na sociedade".

Em *Dispersos de Machado de Assis*, comparando esse primeiro texto com aquele que identifiquei, *La chasse au lion*, de Gustave Vattier e Emile de Najac (Odéon, 12 de maio de 1852), seguimos o trabalho do escritor. Mas, ao conceito de *imitação* e *imitador* (que sugere estarmos reproduzindo um modelo que copiamos), prefiro outro conceito mais exato: o da adaptação que introduz elementos diferentes e deixa um lugar ao escritor Machado de Assis. Falta-nos espaço para fornecer os exemplos necessários, mas, na edição de *Hoje avental, amanhã luva*, há 51 notas que recenseiam os cortes e, em particular, os acréscimos, os aportes. Somente dois exemplos. A sentença-chave "Aquela subiu um degrau na sociedade" está totalmente ausente no original. Adaptação, porque a peça se torna de fato brasileira. O local: Rio; a data: Carnaval de 1859; além disso, há a imagem do título inserida no texto – "Quem traz um avental não pode também calçar uma luva?" – e um tom, um ritmo mais vivo que *La chasse au lion* (título, por sinal, medíocre).

Essa comédia, primeira tentativa, e tentativa bem-sucedida, faz parte do período de aprendizagem e já mostra certo domínio da linguagem do palco, um senso da comunicação. O tema – todas as proporções guardadas – da superioridade da mulher, superioridade de Rosinha, criada ambiciosa, sobre o homem levado a sério ou levemente zombado, será tema recorrente em toda a sua obra, da mesma forma que o tema e a *mise-en-scène*, na peça seguinte (*Desencantos*), das viúvas, sempre jovens, porém vividas e não raro astuciosas. Há também várias piscadelas do autor (então com 21 anos) para si mesmo: "Nem teatro lírico, nem rua do Ouvidor, nem Petalógica" – referência à Sociedade Petalógica, seu grupo de amigos, de confrades.[2]

Mil oitocentos e sessenta e um será o ano de uma dupla convergência. Aquela das duas primeiras obras publicadas em nome de nosso escritor: *Queda que as mulheres têm para os tolos*, tradução de Machado de Assis de um texto, do qual encontrei o autor, Victor Hénaux, e um outro volume, *Desencantos*, que é, de certa forma, a adaptação – refrão conhecido sobre o mesmo tema – de *L'amour des femmes pour les sots*, traduzido infielmente como *Queda que as mulheres têm para os tolos*. *Queda* é tradução, maliciosamente escolhida com deleite e distanciamento, que faz eco de uma crítica antifeminista, que o panfleto repete sem cansar. Também como eco, *Desencantos* nos faz assistir (em duas partes, dois atos) ao triunfo de Luís, não sem alguns pontos irônicos. Ele desposa a filha de Clara, aquela mesma que o havia dispensado cinco anos antes, em proveito de outro, uma espécie de... *tolo*.

Os dois textos, praticamente contemporâneos, dialogam: *chants amébées* (cantos alternados). Machado de Assis continua discernindo os problemas da sociedade: as mulheres (principalmente as viúvas), o amor, o casamento.

Em 1863, Machado de Assis aprofunda o veio que o leva à arena do teatro, afirmando ainda mais o interesse pelo palco. Foi muito citada e criticada a observação de seu amigo Quintino Bocaiúva, no

---

2 A frase é dita pela personagem Durval, na primeira cena de *Hoje avental, amanhã luva*. A rua do Ouvidor era o ponto de encontro da vida literária da época. A Sociedade Petalógica – cujo nome deriva de "peta" ("mentira, fraude") – era um grupo reunido em torno do tipógrafo Francisco de Paula Brito.

célebre prefácio às duas peças publicadas: "As tuas comédias são para serem lidas e não representadas". Quintino é um amigo de sempre – e poderoso, pois foi ele quem o fez entrar, em 25 de março de 1860, na redação do *Diário do Rio de Janeiro*, que voltava a aparecer e lhe permitiria conquistar a posição de crítico dramático, esboçada no *Espelho* (1859-1860). Apreciação severa, tomada como julgamento para torpedear o homem de teatro.

Pode ser que tivesse razão, mas devemos insistir sobre quatro outros pontos. Acompanhamos o escritor em seu itinerário, seguindo atentamente as datas. Daí as numerosas evocações a sua idade. Tomamos consciência de sua progressão. Com poucos meses de intervalo – setembro–novembro de 1862 – ele vai ser encenado. Uma verdadeira *estreia*. E em um teatro de verdade, por um elenco verdadeiro, regular, no Ateneu Dramático. *Estreia*, profunda alegria para um escritor que conta somente com um quarto de século de vida. As palavras escritas no papel ressoam em palavras ditas, ouvidas.

Duas outras indicações igualmente expressivas, e que manifestam a opinião e a intenção profunda do autor.

O volume *Teatro de Machado de Assis*, de 1863 (que contém *O caminho da porta* e *O protocolo*), traz o seguinte comentário: "Estas comédias, embora impressas, não podem ser representadas sem licença do autor". A observação mostra a reserva de um profissional num momento em que o direito autoral não existia. O Brasil não era a França, onde, no entanto, Balzac teve de brigar para ser pago; nem Portugal, onde se começava a falar em dinheiro, graças a Garrett e a Herculano.

E, enquanto as capas de livros como *Contos fluminenses* ou *Falenas* apresentavam as obras indicando, no primeiro, os títulos dos sete contos que compunham o volume ("Miss Dollar", "Luiz Soares" etc.), e, no segundo, os poemas ("Varia", "Lyra Chinesa" etc.), neste terceiro volume as indicações *Theatro* e *Volume I* não são acompanhadas dos títulos das peças. São duas escolhas gráficas às quais acrescentaria uma terceira: o aumento do corpo das letras que assinalam o nome do autor (anteriormente de 4 cm; agora, de 8,2 cm), duas vezes mais visíveis. O subtítulo *Volume I* é uma clara indicação: o anúncio de uma continuação. No entanto, sabemos que o *Volume II* nunca verá a luz.

Durante todo esse tempo, Joaquim Maria procura seu lugar. A análise desse período é complexa, pois é duplamente heterogênea. Numerosas traduções, das quais muitas desapareceram. Existem também as peças esboçadas, nunca acabadas. Ou outras peças perdidas, e das quais não se sabe nada, por exemplo, *Gabriela*. Ela será encenada em São Paulo (1862), uma peça sobre o amor paterno de um homem pela filha cega.

Mais duas obras acabadas: *Quase ministro* (1862?-1864?), escrita, encenada e publicada, uma sátira que explora o círculo da política; e *As forcas caudinas* (1863?-1865?), provérbio dramático, como o apelida João Roberto Faria, do tipo bumerangue, em que Emília, 25 anos, já viúva duas vezes, vive uma situação à qual se aplica a expressão citada por Faria: "Quem com ferro fere, com ferro será ferido".

Falta-nos tempo para analisar com mais detalhes cada uma das peças, mas são tentativas, experiências. Como nos Jogos Olímpicos de hoje em dia, Joaquim Maria quer ganhar, ser campeão, e procura, se não a glória, ao menos o sucesso.

Machado de Assis é, durante esse período, extrovertido. Quem poderia crê-lo? Ele participa de numerosas reuniões, nas quais lê suas obras, sem contar aquelas, igualmente numerosas, em que atores e atrizes de renome leem seus poemas. E não pretendo dizer que são todas conhecidas. Baseio-me na *Bibliografia* de Galante de Sousa, mas seria necessário vasculhar os jornais dessa época, o *Diário do Rio de Janeiro*, o *Jornal do Comércio* etc. De qualquer forma, eis pelo menos quatro ocasiões em que nosso herói esteva presente, e, se nos permitem dizer, representando.

• Em 6 de julho de 1862, no Retiro Literário Português, declamando, segundo o *Jornal do Comércio* de 7 de julho, o poema "Nostalgia", hoje perdido.

• Em 7 de setembro de 1863, comemoração da Independência, em uma reunião da Sociedade dos Ensaios Literários, ele declama "A menina que se perde".

• Em 22 de novembro de 1863, ele declama "Epitáfio do México", durante uma reunião literária e musical pela partida do amigo, o pianista português Artur Napoleão, se dermos crédito a uma crônica do *Diário do Rio de Janeiro*. É uma das poesias engajadas do autor, por sinal retomada em *Crisálidas*.

• Em 1864, no dia 4 de abril, por ocasião de um sarau literário e musical em homenagem a João Cardoso de Meneses e Sousa, declamação de "Os arlequins – sátira". Algumas vezes ele não está só, mas nos fixamos nele quando é autor e ator declamando. Observação curiosa em *Crisálidas*: ele inseriu uma nota afirmando que não faz política; no que diz respeito tanto à Polônia quanto ao México, a verdade é exatamente o contrário!

De qualquer forma, tais intervenções públicas rechaçam a ideia de que seja gago e epilético desde a juventude. E, como complemento a essa década de intensa atividade pública, ele se interessa em particular por festas e dança. Não é o Machado de Assis clássico, aquele que a velhice nos legará. Neste caso, a biografia esclarece o homem e a obra. Ele toma gosto pela vida social. As crônicas do *Diário do Rio de Janeiro* e, principalmente, da *Imprensa Acadêmica* (17 de julho de 1864) – jornal dos estudantes de São Paulo, do qual ele foi, durante algum tempo, correspondente no Rio –, que republiquei em *Dispersos*, não deixam nenhuma dúvida. As reuniões literárias não acolhem sempre o belo sexo:

> Este [sarau] terá mais uma novidade; terá a presença de senhoras. Temem alguns que elas vão e não achem em tais diversões o prazer que se lhes quer proporcionar. Mas, além de não ser isto verdade, decorre mais que, desde que se intercalar a dança, tudo o que houver de inconveniente desaparecerá.
>
> Eu de mim digo que acho acertada a presença de senhoras. Não é que eu as queira letradas e pedantes, Armandas e Belisas. O exemplo e Molière deixaram-me com opinião nesse ponto. Mas se fujo de um extremo não é para cair em outro. Se as não quero *bas bleus* e falansterianas, também não acho que todas deverão limitar-se ao governo do *pot-au-feu* ou a darem resposta ao *tarte à la crème* de Arnolphe. Há um meio-termo e nesse estou eu. (Assis, 1950, p.41)

Outra reunião, na Arcádia Fluminense, um tipo de Academia Brasileira antes da época, em 28 de dezembro de 1865, na qual é celebrado o centenário da morte de Bocage. Numerosos escritores dela participam, entre os quais Joaquim Maria, e, segundo Magalhães Jr. (*Machado de Assis desconhecido*), "este, na ocasião, recitou algumas de suas poesias, não se sabendo quais tenham sido".

Ainda na *Imprensa Acadêmica*, ao final da crônica de 17 de julho de 1864 (n.27), há um texto pouco conhecido (pois esta correspondência somente figura em meu volume dos *Dispersos*) sobre o Club, local de reunião, um clube à inglesa onde se jogava (é neste local que, um pouco mais tarde, Sileno [sósia de Machado de Assis] vai comentar um "craque" financeiro do banco Casa Antônio José Alves Souto e Cia.). Citamos da *Imprensa Acadêmica*: "Anunciou-se um grande sarau literário, musical e dançante no 'Club'. É festinha de minha paixão. Lá irei e narrarei o que vir".

O gosto da festa – não escrevamos *farra* – é muitas vezes confirmado. E com uma boa desculpa: ele ali vai por razões profissionais, a fim de contá-las aos estudantes da Faculdade de Direito de São Paulo e de informá-los. Mas, em numerosas crônicas, será o eco dessas reuniões, às quais não está sempre presente.

De 1859 a 1869, contamos pelo menos (sem as *Badaladas*, cuja autoria às vezes é incerta) 164 crônicas ou textos semelhantes, sob diferentes títulos, nas quais a palavra teatro é predominante ("Revista de teatros" em *O Espelho*, "Revista dramática" no *Diário do Rio de Janeiro*) – mas as demais crônicas de *O Futuro* e *O Diário* também reservam lugar importante ao teatro, ao lado das efemérides poéticas. A crítica dramática exprime suas opiniões, que esquematizamos brevemente: atenção, respeito ou veneração pelas peças francesas traduzidas, em particular a escola realista e os grandes nomes parisienses (Dumas, Sardou, Feuillet etc.). Duplos lamentos, mas compreensão: "Não censuremos a direção de um teatro que busca viver; nem ela é culpada do caminho que leva o gosto público. Já há de muito que os outros dramáticos tomam por colaboradores o maquinista, e o pintor, deixando-se vencer por ele.

Eu não vejo esperança de reforma e acho que não se deve censurar a quem procura viver honestamente".

Essas frases de bom senso esclarecem *hic et nunc* (aqui e agora) a posição de Machado de Assis. A difícil profissão do teatro, o gosto do público que aprecia uma certa vulgaridade, da qual, vale lembrar, Paris não estava isenta. O público culto capaz de apreciar o teatro de qualidade não era o mais numeroso – eis a explicação, por exemplo, para o revés *O barbeiro de Sevilha*, a bela peça de Beaumarchais.

Algumas outras observações desabusadas sobre o teatro: *A arte para nós foi sempre órfã [...]. A arte divorciou-se do público. [...] o abrir gradual mas urgente dos olhos do público [...]. A arte dramática não é do público [...]. A arte dramática não é entre nós um culto* (1859).

Não é possível, como tantas vezes se fez, analisar (ou criticar) a produção teatral de Machado de Assis sem considerar a real situação do teatro durante essa década e quem oferecia uma alternativa: como, para Machado de Assis, conciliar o sucesso teatral com suas ideias, ideias mais rigorosas, quase de princípios? Concretamente, pena na mão, qual caminho seguir? "A reforma da arte dramática estendeu-se até nós e pareceu dominar definitivamente uma fração da sociedade." Em qual *fração* se situará Machado de Assis?

Em outros termos: nosso autor tem de escolher entre conquistar a glória ou preferir o sucesso popular. Sua opção é, se não escolher, ao menos comprar numerosos bilhetes do *bicho* – se me permitem a metáfora. Daí o grande número de peças e de ensaios: nem todos os bilhetes podem ser premiados.

Lembremos que, nessa década, vamos assistir a um verdadeiro frenesi de criações, traduções, tentativas de escrita e realizações. Nem todas chegarão a ser peças concluídas. Como crítico teatral, nosso autor será excelente, sem abrigar-se por trás de teorias, mas sendo espectador e ouvinte perspicaz. Está subentendido que ele é um apaixonado pelo teatro, pelas razões e situações aqui elencadas. Essa pletora não foi muito analisada. Aliás, era difícil, pois mais da metade desapareceu, e é complicado – embora seja o que estamos fazendo – estudar textos desaparecidos. Tem-se ideia do número de textos dramáticos escritos em dez anos?

1. *A ópera das janelas* (ópera perdida, tradução e imitação, 1857).
2. *Hoje avental, amanhã luva* (1860, adaptação).
3. *Pipelet* (1859, perdido, tradução).
4. *A odisseia dos 20 anos* (1860, incompleto).
5. *As bodas de Joaninha* (1861, perdido, tradução).
6. *Desencantos* (1861).
7. *O caminho da porta* (1862, encenado, publicado com *O protocolo* em 1863).
8. *Gabriela* (1862, perdido, encenado).
9. *O protocolo* (1862, encenado, publicado com *O caminho da porta* em 1863).
10. *Quase ministro* (1863, encenado).
11. *Dilúvio universal (Quadro)* (1863, declamado).
12. *O casamento de Tartufo* (1863, perdido).
13. *O pomo de discórdia* (1864, perdido).
14. *Montjoye* (1864, tradução perdida).
15. *Suplício de uma mulher* (1865, tradução).
16. *As forcas caudinas* (1865).
17. *Os deuses de casaca* (1866, encenado).
18. *Noite* (tradução, perdida).
19. *O barbeiro de Sevilha* (1866, tradução, perdido).
20. *O anjo da meia-noite* (1866, tradução, perdido).
21. *A família Benoiton* (1867, tradução, perdido).
22. *O paraíso perdido* (1869, perdido, incompleto).
23. *Como elas são todas* (1869, tradução, perdido)
24. *Debaixo de ruim capa* (data desconhecida, perdido).
25. *O espalhafato* (data desconhecida, perdido).

Vinte e cinco peças em uma década. Treze estão perdidas. Devemos considerar a importância do trabalho. É a contribuição com vistas a criar no Brasil um teatro nacional, verdadeiro, aquele pelo qual faz seus votos no artigo capital "O teatro nacional", na *Semana Literária do Rio de Janeiro* de 13 de fevereiro de 1866 – enfim, um teatro que ele desejava que, com algumas reformas, constituísse *uma nova era para a literatura*, um teatro com missão de educação, de moral, de civilização.

Em 18 de dezembro de 1859, dois apelos à *leitora*. Em 25 de setembro, não é apelo à leitora, mas um rasgado elogio, sedutor, à mulher:

> Os camarotes irradiavam com as belezas que molemente reclinavam lá [...] Como era intenso o calor, andavam os leques em contínua agitação.
>
> É uma bela invenção o leque.
>
> É uma qualidade de mais que a arte consagrou à mulher.

Em 2 de outubro, cinco apelos à *leitora*. Paro por aqui o inventário, considerando que a demonstração está feita, já acompanhamos o caminho do autor. Conquistar, seduzir – simbolicamente –, ser amado, admirado e respeitado. Durante toda essa fase, meu leitor – ousaria eu dizer: minha leitora! – entendeu que se trata de um novo Machado de Assis se comparado à imagem que apresentavam dele.

Lógico, pensamos em dois livros recentes: *Os leitores de Machado de Assis*, de Hélio de Seixas Guimarães, e aquele de Ubiratan Machado, *Machado de Assis, roteiro da consagração*, continuação, de certa forma, de *Fontes de Machado de Assis*, do saudoso José Galante de Sousa. Desde Jean-Paul Sartre, essa aproximação tornou-se frequente na crítica sob a palavra bastante vaga de *recepção*, uma vez que, se um autor não é (ou não é mais) lido, está em vias de desaparecer. De mil maneiras, é o leitor que faz o autor viver. O objetivo verdadeiro, nem sempre confessado, de uma obra literária é o de atingir o leitor no que este tem de mais profundo, por meio da ficção, eventualmente divertindo-o.

Um dos elementos da estratégia do escritor, e que lhe permitirá isentar-se de responsabilidade, será a de encontrar, de inventar um interlocutor. Ou melhor, uma interlocutora: *a leitora*. Personagem construído, consciência, pseudoconsciência e, principalmente, álibi na estratégia de saber tudo dizer nada dizendo. Salvo erro, essa personagem feminina aparece pela primeira vez para Machado de Assis – não é uma coincidência – na primeira crônica da "Revista do teatro", no segundo número de *O espelho* (11 set. 1859). Nessa crônica, fundadora de uma técnica que será recorrente, reconhecemos várias chamadas: "Posso informar a minha interessante leitora"; "Encoste-se a leitora"; "A leitora tem uma ideia aproximada do drama"; "Desculpem as leitoras"; "Dê-me a leitora o braço"; "Como vê a minha leitora"; "Se a minha leitora é do mesmo credo"; e, finalmente, "Descanse os seus lindos olhos; se gostou da minha prosa espere-me domingo". Oito interpelações em uma única crônica é uma estratégia de ataque digna de Napoleão.

* * *

Essa missão, Machado de Assis a confiava também ao jornal, mas ele se considerava igualmente pedagogo e professor. Homem engajado, homem de dever, ambicioso também, igualmente patriota, tantos termos que não são em geral atribuídos ao autor. Ele reflete, pensa em seu país, porém sem ser dogmático, pois sua inteligência superior lhe faz perceber que esse anseio não é mais que uma longínqua esperança, e que ainda há um longo caminho a ser percorrido (mesmo com o jornal).

A década 1859-1869 não foi estudada nem apresentada de forma autônoma nem mesmo em minha *Juventude*. No entanto, as datas não devem ser tomadas ao pé da letra, se me permitem dizer. Antes de 1859, há o aprendizado da literatura, em particular com um patrimônio poético, aquele da formação e da entrada na poesia. Nesse período, devemos igualmente citar dois poemas quase desconhecidos no Brasil e que exumei, primeira manifestação de interesse pelo fato teatral. O poema para a "Diva Charton Demeur" no *Diário do Rio do Janeiro* (7 fev. 1856) e a canção de Carnaval (21 dez. 1860) na *Marmota*. Mil oitocentos e sessenta e nove representa uma guinada na vida e na obra: o casamento com Carolina. Mas, antes, relembremos os "Versos a Corina" e os dois amores de Joaquim Maria. Acaso ou coincidência, haverá, com Carolina, ou por sua causa, uma redução no que podemos considerar como sendo o episódio do teatro.

Acrescentarei ao inventário um poema encontrado pelo amigo do Porto, Arnaldo Saraiva (1867), "A uma actriz portuguesa".

A UMA ACTRIZ

Bem cedo foges tu às plagas nossas,
Onde hás passado tão ligeiros dias;
Bem cedo volves à montanha agreste,
Pálida musa, onde o labor celeste
É o repouso às tuas romarias.

Do talento vivaz com que fascinas
Os que sabem sentir, não mais veremos
A doce inspiração, os rasgos belos,
Nem esses ardentíssimos aos desvelos
Que a arte impele aos últimos extremos

Vai tudo em ti, e mais, aquele encanto,
Aquela graça própria de teu riso,
A bondade e o verdor de uma alma eleita,
Tudo o que nos encanta e nos deleita,
E faz da tua sala um paraíso.

Parte, e lá, entre aplausos que te esperam,
Não te esqueça o fervor e a simpatia
De um povo que o talento estima e adora:
Mulher e musa, fugirás agora;
Mulher e musa, volverás um dia.

25 de março de 1867
Rio de Janeiro
Machado de Assis.

São imagens, declarações de interesse, quem sabe de amor, para a atriz que se afastava do Brasil, que é celebrada e quiçá amada. Ele se inscreve no quadro que reconstruímos: o do escritor conquistador, eventualmente sedutor. As atrizes levavam uma vida mais livre que um grande número de brasileiras, mesmo se as viúvas ocupam no conjunto, graças a Machado de Assis, um lugar particular e original...!

Terminamos com um aporte, ligado ao teatro e que é quase desconhecido no Brasil, pois apareceu em uma homenagem a Vitorino Nemésio, por ocasião de sua aposentadoria: "Um amigo português de Machado de Assis: António Moutinho de Sousa" (1971). O texto é um prefácio de Machado de Assis para uma peça de seu amigo português, ele próprio ator e autor de *Fumo sem fogo*, publicado em 1861, em Salvador.

Juízo crítico

Moutinho,

Pediste-me que trasladasse para o papel as impressões recebidas com o teu drama. Vou comunicar-tas tais quais as tenho presentes no espírito.

Previno-te desde já que isto não é, não pode ser nunca uma crítica. Sem modéstia, a crítica é uma função que recomenda predicados e habilitações que, com ingenuidade confesso, não existem em mim.

As considerações que te vou comunicar são as que a todos é dado fazer sem incorrer nas graves responsabilidades de que está investida a crítica.

Eu podia, à semelhança de alguns que estão nas minhas circunstâncias, arriscar-me a tomar a toga do censor e julgar da tua obra com o entono de oráculo já feito.

À semelhança desses eu podia ainda, sem possuir uma toesa de terra, retalhar à vontade no teu mundo e tratar dele come se tratasse de morgadio próprio.

Parece que a bazófia não é ainda privilégio exclusivo de ninguém.

Não será esse entretanto o tom das considerações que te vou fazer.

Escrevo a um amigo, no canto de uma folha de papel, com a singeleza de uma conversa íntima, manifestando a impressão recebida sem outro comentário.

Essas palavras que aí vão escritas, à guisa de preâmbulo, têm um fim. Indicar-te o ponto de vista em que te deves colocar a respeito desta singela carta.

Tomaste por assunto do teu drama o sacrifício perseverante e clandestino da mulher, pela felicidade e reabilitação de seu marido que se perde na carreira do vício e da devassidão. Não podias melhor enobrecer a tua protagonista. O papel que lhe dás constitui um protesto a favor dessa parte do gênero humano que tanto consegue e de tanto dispõe, empregando os próprios esforços na escala que a sociedade e a natureza lhe marcam.

Basta esta ideia geral, aliás já tratada, para tornar a tua peça uma composição simpática.

Partindo dela, conduzes o drama, através de peripécias diversas, com felicidade, até à frase final donde tiras o título da composição.

A intriga com que motivaste o drama parece-me bem cabida. Mais ainda, completa o tipo da mulher virtuosa que quiseste dar-nos em Eulália. Bastava já que ela vendesse as suas joias, a ocultas do esposo, para acudir às necessidades domésticas, ao passo que ele se empenhava no vício do jogo. Julgaste pouco; ao lado dessas colocaste outras tribulações, resistindo às quais Eulália se engrandece e renobilita.

Puseste pois a tua protagonista entre os desregramentos do esposo e o amor sensual de um Barão sem outras considerações que a satisfação de suas aspirações brutais. Corrigir um e resistir ao outro, eis o grande papel de Eulália de Magalhães.

Efetivamente o desenvolvimento deste plano devia conduzir através do enredo à consequência moral vertida no pensamento que serve de base à composição.

Eis o que de largo se pode apreciar encarando a tua concepção.

Na execução dela as figuras concebidas estão um pouco incorretas e frouxas, e os acontecimentos não parecem às vezes justificados.

Por exemplo, a carta de Eulália no terceiro ato, carta importante que dá a Augusto a revelação de uma perfídia que não existe, não está justificada com as palavras de Eulália na cena décima quarta. Se ela tinha o dinheiro a carta era escusa visto que saldadas as dívidas, cessava a necessidade do paliativo empregado sempre por ela.

Eu corrigiria também a cena em que se declara que o Barão do Sapal é pai de Eulália. O Barão, apesar da sensualidade e do cinismo mesmo de que mais de uma vez dá tristíssima cópia, devia elevar-se ali pelo arrependimento e pela vergonha. Vendo uma filha na mulher que perseguia com os seus desejos de sensualidade, cumpria que o Barão ficasse, ao menos por um momento, homem de bem. As palavras que profere e a cordialidade que parece reinar até ao fim da cena entre todos não são por certo uma consequência dos acontecimentos que fazem o Drama.

Colocaste ao lado de Eulália, como que para remi-la da funesta afeição que inspirou a seu pai, o amor ideal de Avelino Leão. A intenção foi boa e a execução feliz. Que há de mais sublime que o amor sem esperança, puro e desinteressado, alimentado na sombra e no segredo, vivendo das ilusões, estremecendo pela menor nuvem que passa e sombreia a fronte adorada da mulher que se ama?...

Essas afeições contemplativas são menos raras do que se pensa. Não é pueril crer nelas. Cá fora, no mundo real, causa riso e custa-se a tomar ao sério o homem que vê na folha que treme, na fonte que chora, no lírio que reverdece às solidões do vale, a imagem de uma mulher que se traz na mente e no coração e diante da qual o impossível levantou eternas barreiras... Ainda bem, que tu, poeta, tu, homem de coração e de espírito, tens alma para estas compreensões e não recuaste em criar Avelino Leão. Para Avelino Leão, Eulália, como ele mesmo diz, não é menos pura que suas irmãs, nem sua própria mãe mais santa que ela!

Um reparo porém. Nem a pureza do amor de Avelino, nem a indiferença da sociedade, vão ao ponto de justificarem da parte daquele a declaração que faz na cena sétima ao próprio marido. Nenhum homem nas condições de Augusto ouviria com placidez as palavras de Avelino e muito menos lhe estenderia a mão em testemunho da fé que lhe põe nas palavras. Augusto tem recebido do Barão uma carta em que aquele lhe diz ser Avelino amante de Eulália. A simples peroração de Avelino não pode convencer a Augusto de que o Barão mentia. A declaração de um amor puro não podia ser um embuste? E por que acreditar mais em Avelino do que no Barão?...

Despertada a fibra do ciúme não era dado a Augusto, que saía das loucuras do jogo e que estava estragado pelo vício, ter dessas confianças em palavras, quando a suspeita lhe havia entrado no espírito. Depois é preciso também não admitir uma cega confiança em Avelino a ponto de o fazer revelar o segredo do seu coração ao próprio de quem ele devia ocultá-lo. É verdade que a franqueza e a confiança são próprias dos caracteres leais como o de Avelino, mas tratava-se de um ponto de honra ofendido, e as palavras sinceras do amante platônico não convinham de certo na ocasião.

Mas fora isto, fora algumas palavras arrebatadas de Avelino a Eulália no primeiro ato, o papel é em geral bem sustentado, e a figura de Avelino

Leão contribui como um raio suave de luz para o grupo dos outros personagens.

Augusto é um papel desenvolvido com verossimilhança. Tem, porém, às vezes, teorias filosóficas demais para um jogador de profissão.

Há no teu drama cenas que, ou eu me engano, ou posso asseverar-te que hão de produzir grande efeito na execução do tablado. Escritas com cores vivas de sentimento e paixão, sendo representadas por aqueles artistas que as tuas personagens estão indicando, hão elas de arrancar do fervor público a sanção do valioso merecimento que eu, o menos próprio de julgar, aqui lhe confesso.

Venceste com felicidade a dificuldade de remover as tuas quatro personagens de Portugal para o Rio de Janeiro; dificuldade que, aliás, ficaria superada fazendo todos os atos nesta última localidade.

Em geral a tua peça tem movimento, principalmente as cenas do jogo no segundo ato, e todas as do terceiro.

Para fugir a arcar com grandes dificuldades dramáticas, simplificaste o teu enredo. Está bem assim. Eu não conheço nenhuma outra peça tua; mas creio que nesta é que puseste maior cuidado e exame. Se assim é andaste assisado em estreitar o círculo da tua ação.

Confio em que tua peça há de merecer do público os aplausos com que ele coroa os trabalhos que se lhe apresentam asselados de verdadeiro merecimento. Deves sabê-lo, tu que és artista e que estás acostumado a tocar o coração das plateias.

Quando li a tua peça imaginei-me sentado em uma cadeira do Ginásio. As observações que aí vão escritas são as que se fazem depois de cair o pano, nos corredores e no saguão.

Um mérito levo eu nelas e do qual ninguém me esbulhará: é que falei franco e sincero, sem precedência de cálculo ou embuste.

No resto, serão sempre, ao contrário do amor de Avelino Leão – puramente *fumo sem fogo*.

Rio; janeiro de 1861

J. M. Machado d'Assis

Os leitores e leitoras encontram aqui tudo aquilo que foi defendido por Machado de Assis durante essa década.

A modernidade do eterno em Machado de Assis

K. David Jackson

To see a world in a grain of sand,
And a heaven in a wild flower,
Hold infinity in the palm of your hand,
And eternity in an hour.
William Blake, "Augúrios da inocência"

[Ver um mundo num grão de areia
E um céu numa flor selvagem,
Na palma da mão conter o infinito,
E a eternidade numa única hora.]
Tradução de Yvette Centeno

Para a catástrofe, em busca
Da sobrevivência, nascemos.
Murilo Mendes, "As ruínas de Selinunte"

I.

"Cada obra pertence ao seu tempo", escreveu Machado de Assis na "Advertência" à nova edição do romance *Helena*, de 1905, pensando na primeira edição, do ano de 1876. Vê com bons olhos a "feição passada" do romance, que soa como "um eco remoto", lembrando ao autor tanto "um capítulo da história do meu espírito" como "outras e diferentes páginas" a que chegara, levado pelo tempo. O conceito de evolução literária, embora implique a presença desde os primeiros escritos do embrião das tendências ou características que, mais tarde, se concentrariam para formar a base de um estilo diferente, não pretende explicar as reformulações radicais da segunda fase do autor, marcada por inovações estilísticas e formais introduzidas nas *Memórias póstumas de Brás Cubas*.

Numa carta a Mário de Alencar, Machado ensaiou uma razão pela mudança de estilo, explicando que se modificara "porque perdera todas as ilusões sobre os homens" (Bosi, 2002, p.27), mas essa reflexão imprecisa tampouco ilumina a nova escolha narrativa. Entre as tentativas da crítica de explicar a virada estilística em Machado, a corrente que liga o humor irônico ao pessimismo filosófico continua sendo muito sugestiva, mas talvez não mais do que outra que estuda os mecanismos linguísticos na crônica (Cruz Jr., 2002, p.225-6), em que a superposição de níveis entre enunciador, narrador e leitor equivale, naquele gênero, a uma máscara de distanciamento e fingimento.

Da mesma maneira, outras leituras veem em Machado um mestre de fingimento e desmascaramento na prosa (Melo e Souza, 1998, p.65-79; Xavier, 1998, p.105-13). Mais convincente ainda, no nosso entender, é o conceito de universalismo em Machado, "uma força [...] inteligível em línguas, culturas e tempos bem diversos" (Bosi, 1999, p.11-2), perspectiva que vê nas personagens do Rio de Janeiro durante o Império apenas os casos nacionais da época de uma humanidade milenar, que enfrenta os mistérios seculares da existência. Ao investigar a psicologia e o comportamento da sociedade carioca, dos quais é assíduo observador, Machado pode não parecer muito diferente do suposto autor de *O livro do desassossego* que, ao observar as ruas de Lisboa, escreve: "Todo o mistério do mundo desce até ante meus olhos se esculpir em banalidade e rua. Ah, como as coisas cotidianas roçam mistérios por nós! [...] Que moderno que tudo isto soa! E, no fundo, tão antigo, tão oculto, tão tendo outro sentido que aquele que luze em tudo isto!" (Pessoa, 1998, p. 400).

Mas, enquanto Bernardo Soares, suposto autor do *Livro*, anda nas ruas como filósofo-autor, Machado esconde suas ideias nas palavras de narradores-personagens. A rua do mundo social depende, para interpretação, de outro mundo paralelo, o de sua biblioteca, povoado de referências densas a literatura, história ou filosofia, em média de umas trezentas por romance. Sujeito a uma referencialidade intensa, o mundo dos vivos depende da história dos mortos, à qual apenas o autor e alguns narradores já mortos têm acesso privilegiado. Para atribuir significados mais profundos às observações rotineiras de uma vida inteira passada no Rio de Janeiro, Machado recorre à sua biblioteca, arquivo de vozes mortas, onde encontra referências a literaturas, filosofias e culturas antigas (Jobim, 2001).

É da biblioteca, arquivo do saber, que constrói uma verdadeira narrativa paralela, feita de conhecidos exemplos de alcance universal, no sentido de um enciclopedismo filosófico-literário de fontes, uma seleção sincrônica inspirada pelo Iluminismo europeu. Cada romance está construído sobre um arquivo de centenas de referências (identificadas em notas de rodapé preparadas por Massaud Moisés nas velhas edições da Brasiliense), especializadas sobretudo em aforismos, sentenças e máximas morais do Iluminismo oitocentista. Seu universalismo letrado, desenvolvido no espaço criado entre narração e narrador, e entre narrador e autor, ajuda a explicar a oscilação observada na prosa entre negação e atenuação, condenação e perdão, e até a latitude especial concedida aos diferentes narradores, os quais dirigem as histórias e biografias sem poder controlar a – e às vezes sem ter consciência da – totalidade de seus significados.

A crítica de modo geral continua a achar bizarras as ousadias das "novas e diferentes páginas" após 1880; alguns capítulos dos últimos romances ainda são qualificados por especialistas de "absurdos" ou *nonsense*, mesmo quando são precisamente tais inovações, encontradas nos cinco grandes romances da última fase e em alguns contos, que mais atraem e fascinam os leitores, em particular na questão do enfoque narrativo e da forma experimental de certos capítulos. A possível origem na leitura do romance inglês oitocentista de Lawrence Sterne, apesar de influente, é insuficiente para resolver o impasse crítico, tampouco a ligação do novo estilo ao pessimismo filosófico, à sátira menipeia ou ao humor irônico; ainda sente-se um desconexo entre a forma do romance e o retrato da sociedade. Alfredo Bosi desenvolveu uma teoria do olhar machadiano, um olhar abrangente, largo e profundo que estaria à raiz do mecanismo de foco narrativo, com o propósito de superar a dicotomia entre sociologia determinista e atenuação humanista, a "suspeita bem voltairiana de que os homens de todas as épocas foram vítimas complacentes das suas ilusões" (Bosi, 1999, p.28-9).

Fica mais sugestivo para leitores contemporâneos teorizar a possível modernidade precoce do estilo em Machado, fator considerado relevante pelos leitores de hoje em virtude da consagração da prosa modernista mundial, uma tradição influente e já quase centenária. Aparentando afinidades com o romance modernista, as novidades machadianas na arte de composição podem adquirir uma aura de experimentalismo de vanguarda.

De uma perspectiva comparada, existiriam conexões entre o novo estilo machadiano e uma corrente literária das últimas décadas do século XIX que teria influído no modernismo literário, problematizando o relacionamento entre autor, texto e personagens; fundamentando os jogos formais do modernismo histórico desde a prosa poética de Lautréamont até a correspondência de Fradique Mendes, de Eça, ou até as "obras completas" de A. O. Barnabooth, de Larbaud.

Mesmo colocado nessa companhia, Machado se destaca e se singulariza, ao nosso ver, pela sutileza com que o conceito formal opera sobre a motivação humana; em seus romances e contos consegue abrir um espaço entre estilo e conteúdo, ou, nos termos da linguística saussuriana, entre significado e significante, que, se antecipa algumas práticas do romance modernista, não deixa de ser uma invenção do momento, uma síntese *sui generis* de perspectivas e ideias. Mais do que modernista *avant la lettre*, o chamado novo estilo machadiano ensaia técnicas que ilustram a complexidade da produção literária do último quartel do século XIX, práticas que a prosa modernista aproveitará ainda que passadas alguma décadas, com o exemplo em língua portuguesa de Pessoa. São essas inovações de perspectiva na forma de narrar que parecem ser responsáveis pelo "resíduo de insatisfação cognitiva" sentido por alguns leitores (Bosi, 1999, p.10), no hiato que persiste entre conceito crítico e texto machadiano, no descompasso e no desequilíbrio entre situação e modo de narrar, ou na tensão entre sátira e moralismo, entre narrador interessado e estilo mediador.

A intuição é geral, entre leitores de Machado, de que são as inovações na escrita, no texto em si, que fazem com que o autor possa descrever o comportamento humano "por dentro", comunicando os profundos intuitos quanto à complexidade tanto da psicologia humana quanto do comportamento social. Tais técnicas, influentes no desenvolvimento do romance moderno, merecem nossa atenção, uma vez que são chave para a compreensão da densidade da narração machadiana ou, para repetir a frase de Bosi, do "coração da escrita ficcional" (Bosi, 1999, p.24).

Propomos aqui a hipótese de que o estilo radicalmente novo na ficção machadiana teria origem não apenas em olhares móveis, mas na adoção de uma perspectiva do eterno, ou seja, do universo, desde uma distância absoluta de onde o autor observa a comédia humana em todas as suas dimensões e vicissitudes através dos tempos. A nova perspectiva do eterno serve para aprofundar a observação do dia a dia da sociedade carioca, pois, como Machado explica numa carta a Joaquim Nabuco, a 5 de janeiro de 1902: "O passado (se o não li algures, faça de conta que a minha experiência o diz agora), o passado é ainda a melhor parte do presente" (Assis, 1979a, p.1059). Machado analisa a realidade brasileira, como explica Silviano Santiago (2008, p.4), pela "inserção da inteligência e da sensibilidade brasileira na tradição ocidental". No conhecido ensaio sobre o "Instinto de nacionalidade", Machado afirma que é mais um homem de seu tempo e país "ainda quanto trate de assuntos remotos no tempo e no espaço".

Como foco narrativo, o achado do eterno é inesperado e original; sua finalidade é de abrir a maior distância possível entre autor e situação, de maneira que a narração pareça sair do polo oposto das minúcias do mundo social e das observações finas da sociedade do

Império. Como observa o filósofo Peter Singer, porém, o "ponto de vista do universo", embora importante para a formação de julgamentos morais, não pode ser entendido de modo literal, uma vez que "o universo em si não pode ter ponto de vista nenhum" (Singer, 2006, p.C5). Trata-se evidentemente de um ponto de vista metafórico, invenção de um universalismo neobarroco, abstrato e até mítico; ao imaginá-lo, Machado começa a escrever de um observatório do eterno, de onde o olhar possa revisitar a saga da humanidade com uma visão enciclopédica, sem ser onisciente, bem centrada na sua biblioteca.

Pode ser que Machado tenha chegado ao ponto do eterno por meio de uma de uma de suas metáforas insólitas, explicitadas em *Dom Casmurro* (capítulo XVI), a de um "relógio do céu" cujas pêndulas unem a brevidade do cotidiano ao infinito: "Só os relógios do céu terão marcado esse tempo infinito e breve. A eternidade tem as suas pêndulas; nem por não acabar nunca deixa de querer saber a duração das felicidades e dos suplícios" (Lopes, 2001, p.124).[1] É do ponto de vista do eterno que Machado constrói a visão mais completa do tempo no mundo hierárquico e neobarroco do Império que habitava.

A nova perspectiva equivale a uma "máquina do mundo", versão brasileira da camoniana que revela a regência do mundo pelos textos, mesmo quando o poder emana dos deuses. Trata-se de um jogo narrativo, através de um olhar eterno, de onde o autor encontra meios de julgar a sociedade carioca em virtude de uma visão compreensiva do tempo, tão reveladora que engloba até mesmo a visão alucinatória e fantástica que carregou Brás Cubas nas costas do estranho hipopótamo voador. Baseado num ponto de vista do eterno, fundamento para julgamentos morais, Machado atravessa o Atlântico nos dois sentidos, conseguindo unir o microcosmo do Rio de Janeiro, cidade-universo, aos padrões universais da história, da lite-

---

1 Citado em Lúcia Leite Ribeiro Prado Lopes, *Machado de A a X*: um dicionário de citações, São Paulo, Editora 34, 2001, p. 124.

ratura e da filosofia; comprova que o "Novo Mundo" que os românticos consideraram diferente por natureza é apenas o exemplo mais novo, embora nem mais triste nem mais alegre, da sociedade humana, se bem que habituada a normas tropicais.

No Rio de Janeiro, as verdades registradas e guardadas na biblioteca encontram um lugar certo e brasileiro para se reafirmar e se enraizar, contextualizando-se nas narrativas do mestre com toda a complexidade que sempre tiveram em qualquer cultura. Em vista do ceticismo com que passa a tratar dos problemas morais, Machado poderia ter escrito com Fernando Pessoa: "Que império é útil ou que ideal profícuo? Tudo é humanidade, e a humanidade é sempre a mesma – variável mas inaperfeiçoável, oscilante mas improgressiva" (Pessoa, 1998, p.400).

Da mesma maneira que o universalismo do Império abriu os portos, Machado abriu seus livros aos grandes padrões do comportamento humano. Na sua biblioteca, arquivo da humanidade, encontrou um enciclopedismo aforístico do eterno, que adotou para formar um enfoque narrativo singular: "Não há tempo nem espaço, há só eternidade e infinito, que nos levam consigo[...]."[2]

A orientação do eterno

Se o mundo dos romances e dos contos de Machado de Assis nos apresenta um amplo panorama do espetáculo da tragicomédia humana, no seu *pathos* e na sua profunda humanidade, o que mais caracteriza a obra do autor, na sua visão filosófica de escritor, na inovação estilística e formal e na apreensão universal dos leitores, é a consciência sempre presente nos textos do eterno e as constantes referências que o autor faz à eternidade, apoiadas por um subtexto de máximas, aforismos e pensamentos tirados da tradição filosófi-

2 "A semana", 16 set. 1894, crônica. Citado em *Machado de A a X*, p. 125.

ca e iluminista, de Montaigne a Pascal, La Rochefoucauld e Schopenhauer.[3]

Numa carta a Nabuco (19.8.1906), Machado confessa o gosto pela leitura filosófica: "Desde cedo, li muito Pascal, para não citar mais que este, e afirmo-lhe que não foi por distração. Ainda hoje quando torno a tais leituras, e me consolo no desconsolo de *Ecclesiastes*, acho-lhes o mesmo sabor de outrora". E, ao comentar os *Pensées detachées et Souvenirs* de Nabuco (1906), parece tratar de uma forma narrativa que lhe é especialmente cara: "Há nestas páginas a história alternada da influência religiosa e filosófica, da observação moral e estética, e da experiência pessoal, já agora longa. O seu interior está aqui aberto às vistas por aquela forma lapidária que a memória retém melhor. Ideias de infinito e de absoluto [...]" (Nery, 1932, p.66). Machado lê a nossa realidade pela lente de uma eternidade escrita: os tempos da ação humana – passado, presente e futuro – são reflexos de uma perspectiva atemporal, portanto simultaneamente próxima e distante do mundo que conhecemos. Já no desfecho de *Helena*, a paixão entre a heroína e Estácio é atribuída a ocultos poderes do Céu:

> A princípio foi esse olhar um simples encontro; mas, dentro de alguns instantes era alguma cousa mais. Era a primeira revelação tácita mas consciente, do sentimento que os ligava. Nenhum deles procurara esse contacto de suas almas, mas nenhum fugiu. O que eles disseram um ao outro, com os simples olhos, não se escreve no papel, não se pode repetir ao ouvido; confissão misteriosa e secreta, feita de um a outro coração, que só ao Céu cabia ouvir, porque não eram vozes da Terra, nem para a Terra diziam eles. (Assis, Capítulo XXVIII)

Essa perspectiva singular na obra machadiana cria um elo entre o mundo brasileiro do enredo e o das personagens, representando um microcosmo do Império, de um lado, e das grandes forças eter-

3 Lúcia Leite Ribeiro Prado Lopes colecionou centenas de citações, apresentadas alfabeticamente em *Machado de A a X: um dicionário de citações*.

nas responsáveis pelo tempo e o universo, do outro, que permanecem fora de alcance e, às vezes, longe de nosso entendimento. Machado quer investigar, desvendar e evocar não só as verdades e os mistérios do nosso tempo, mas os do tempo universal. Habitamos, na sua ficção filosófica, um mundo-universo de significação épica, pseudoeterno, governado ou por deuses fatais ou forças ocultas que se manifestam por brechas abertas na narrativa ficcional, encontradas por entre as linhas e os conceitos e, às vezes, no humor das suas invenções e colocações.

Num ensaio satírico sobre a existência incômoda dos parasitas sociais – os da mesa, os parasitas literários e os da Igreja –, Machado repara que é uma raça muito antiga, presente na Índia e em Roma, e recomenda um único remédio: "Um coice é sempre uma resposta às suas súplicas [...] Represália no caso. Eterna lei das compensações!" (Assis, 1979b, p.954). Comenta o Conselheiro Aires em seu memorial, ao se encontrar inesperadamente no Largo do Machado com Fidélia e D. Carmo, que depois da despedida foi obrigado a olhar para trás: "Poderia fazer outra coisa? É aqui que gostaria de possuir tudo o que a filosofia tem dito e redito do livre-arbítrio, a fim de o negar ainda uma vez [...]" (Assis, 1979b, p.1115).

À guisa de um futuro desconhecido ou de um passado repetido, os valores eternos com seu peso certo orientam a obra de Machado e conseguem assombrar o tempo presente da narrativa e da ação. Da mesma maneira, nos romances e nos contos, a realidade do tempo presente, em muitos casos, não é mais do que a evidência de uma "eternalidade", como dizia Drummond, através das incongruências ou ambiguidades que nos permitem vislumbrar uma origem ou "causa secreta", mais profunda nas linhas tortas do eterno, excetuando apenas a ressalva cética do autor de que a fraca percepção humana é capaz de tirar da presença do eterno conclusões tão tolas quanto certas.

Para além de uma visão filosófica ou escatológica do autor, o conceito de eternidade é trabalhado, por meio da obra machadiana, como técnica temática, retórica e narrativa; sua força suprema é reconhecida e aproveitada para abrir e investigar um espaço irônico e consciente entre os tempos deste mundo – passado, presente e futuro – e a eternidade absoluta. Esse espaço abstrato constitui em si uma objetivação insólita da experiência e da realidade humanas, de um ponto de vista exterior, de além-mundo, apresentado ao leitor por intermédio da retórica e do humor insólito de um "narrador morto". Sempre com um olho na eternidade, Machado segue as ações das personagens com um humor e uma benevolência compreensivos e liberais, se bem que acompanhados por um ceticismo amargo e um sentido de fatalidade que marcam sua ficção, medem a originalidade de seu estilo e propiciam a grande receptividade de suas obras e o fascínio com que encanta leitores mundiais.

Na dialética entre o tempo e o eterno em Machado, existe uma força vital, caprichosa e misteriosa, que anima os valores eternos – aparentemente desconexa, ilógica e irracional – e, em paralelo, existe uma consciência humana que, por meio dos interlocutores (e, às vezes, do próprio autor), tenta reconstruir a memória dessa vida, desculpando-se ou inocentando-se dos acontecimentos existenciais e culturais pelos quais se sentem responsáveis *post factum* ao montar uma estrutura poderosa de discurso que se estende para além do tempo e do espaço da ação.

Machado cria uma "geografia do além" na prosa de ficção, para usar a frase de Laura Graziela Gomes (2000, p.221-51), sendo o outro lado da realidade de um mundo onde predomina o ponto de vista dos mortos, a "obra de finado" de que fala o primeiro narrador morto, Brás Cubas. É uma "terceira margem" em que a realidade fluminense coexiste com as regiões eternas, onde vigora o discurso permanente dos mortos, lado inverso da narração realista, repleta de digressões que ressoam sobre o tempo presente como memorial fatal, sendo a digressão parte do método do eterno na prosa de Machado de Assis.

A filiação dos tempos: três fontes

Machado soube procurar e ler o eterno, encontrando originalidade na herança comum que relaciona o passado ao futuro, sentindo a necessidade de descobrir "a filiação dos tempos". Segundo o argumento de Afrânio Coutinho, Machado soube unir "o passado, o eterno e a tradição à novidade e à originalidade [...] respeitando aquela 'coisa inalterável, universal e comum', a que ele mesmo se referiu" (Assis, 1979b, v.III). Contra esse mundo dos tempos existe outro na eternidade; pensando na esposa enterrada na Europa, confessa o Conselheiro Aires que "Quando eu morrer, irei para onde ela estiver, no outro mundo, e ela virá ao meu encontro" (Assis, 1979b, v.I).

Aqui neste mundo, Machado fez com que se repetissem os arquétipos da história humana, de que os textos bíblicos e clássicos formam uma biblioteca de referência, o pano de fundo de um teatro existencial de bis e reprises, cada ato com suas ilusões de originalidade e primazia nos papéis, vaidades e verdades. Ao fazer a leitura do passado, presente e futuro, Machado relacionou os tempos de uma maneira insólita e pouco comum: tomou um ponto de vista exterior aos tempos, mas em simultâneo firmemente ancorado na observação de seu momento, imbuído de sua história e cultura. Em outros autores, teria acabado talvez num realismo mágico, numa prosa poética ou num paradoxo problemático e estético, também comuns ao fim do século XIX; muito pelo contrário, Machado nos faz ouvir a voz dos deuses clássicos, incluindo alguns orientais e suas parábolas ético-morais, na passagem esperada e fatal deste mundo para qualquer outro.

O enfoque narrativo resulta de uma arte de leitura e reflexão, minando uma biblioteca do mundo, ordenada pelos temas eternos da mitologia, psicologia, filosofia e ética humanas. Pela referencialidade e primazia de fontes, Machado chega a ser um nítido precursor de um conceito de vanguarda de biblioteca, de uma escritura à base de textos, elaborados na imagem de um museu sincrético, resultado de uma seleção pessoal de autores e obras da cultura universal. Antecipa alguns "museus" particulares de autores modernistas, como o "Museu de Tudo" ou "Museu sem muros" de poetas e autores inovadores, entre eles, Murilo Mendes, Jorge Luis Borges, João Cabral de Melo Neto e André Malraux.

Ao prefaciar a relação dos livros na biblioteca de Machado, Jean-Michel Massa vê nela "as qualidades do espírito de seu inventor", reparando que a classificação das obras em grandes domínios separou os livros primeiro segundo o gênero e, depois, por língua e civilização (Massa, 2001, p.27). Há o domínio das literaturas clássicas e neolatinas; o bíblico, religioso e oriental; o da filosofia; o da literatura moderna; e o das novas ciências. Massa afirma que a biblioteca adquire uma existência própria, independente do criador, mas, na medida em que a seleção de livros representa a visão pessoal de Machado, na escolha de textos e ideias, na biblioteca encontram-se as raízes e, de certa forma, a originalidade de seu pensamento e estilo.

A partir da biblioteca, há três grandes fontes, de diversas épocas, que formaram o pensamento de Machado de Assis, começando pelas referências bíblicas e clássicas; essas se encontram dialogando com a tradição pirrônica e a filosofia de Spinoza, passando pelas máximas iluministas de observação social e a sátira luciânica, cheias de humor irônico; e, como homem de seu tempo, Machado reflete o cientismo da natureza tão debatido com base em Darwin e Bergson, filtrado pela memória do passado que antecipa Proust, porém mais arrojado. Ao filiar assim os tempos de sua formação intelectual e filosófica, na grande biblioteca do mundo e dos tempos possíveis, Machado opera uma síntese de conhecimentos, aparentemente iluminista e racional, porém construída sob os conceitos de desengano moral e do desconcerto do mundo da contrarreforma maneirista, ainda dominantes no fim do Império.

A fonte bíblica do conceito de eternidade em Machado corresponde aos argumentos de Santo Agostinho em *De Civitate Dei* sobre a diferença entre o tempo cronológico, no qual existe movimento, e o tempo em que não há mudança:

> [...] como o tempo é composto de mudança, o tempo não pode ser coeterno com a eternidade imudável. E, por isso, embora a imortalidade dos anjos não passa no tempo, sendo nem passado como se não existisse mais, nem futuro como se ainda não fosse, contudo os seus movimentos, pelos quais os períodos são levados do futuro ao passado, passam, e por essa razão não podem ser coeternos com o Criador, em cujo movimento não se pode dizer ou que há aquilo que não é mais, nem que haverá aquilo que ainda não é.[4]
>
> (XII *De Civitate Dei*, capítulo 16)

A distinção entre o fundamento eterno, daquilo que é imutável, e aquilo que se move ou passa, como o tempo, se traduz na obra de Machado em termos da oposição entre as leis invisíveis de uma mortalidade fatal e os conceitos científicos da natureza, dominantes no discurso intelectual ao fim do século XIX. Tal é a base da filosofia suprema de Humanitas, satirizada na loucura de Quincas Borba, convencido de que é na verdade Santo Agostinho, na sua síntese *sui generis* de filosofia e ciência.

A coexistência de um mundo eterno e esse mesmo mundo sujeito à operação do tempo encontra uma base teórica, desenvolvida a seguir, no trabalho de Fernando Gil, em seu ensaio teórico sobre a fundação de Portugal e a viagem iniciática de expansão. Em termos do contraste entre uma fundação, equivalente no mundo machadiano à eternidade, e uma ação no tempo, no qual a viagem equivale à ação de um romance, afirma Gil (e Macedo, 1998, p.29) que "o infinito 'actual' do absoluto constitui uma passagem conceptual ao limite, enquanto o infinito potencial da continuidade é uma intuição que se experiencia". Esses são os dois polos que apoiam o conceito de eternidade: o de um limite absoluto e fatal da lei, contra um tempo hu-

4 "[...] tempus autem quoniam mutabilitate transcurrit, aeternitati inmutabili non potest esse coaeternum. Ac per hoc etiamsi inmortalitas angelorum non transit in tempore, nec praeterita est quasi iam non sit, nec futura quasi nondum sit: tamen eorum motus, quibus tempora peraguntur, ex futuro in praeteritum transeunt, et ideo Creatori, in cuius motu dicendum non est vel fuisse quod iam non sit vel futurum esse quod nondum sit, coaeterni esse non possunt."

mano que, na sequência temporal, chega a refletir e imitar os processos eternos.

Uma segunda fonte é filosófica, conjugando a obra de Spinoza, a quem Machado dedicou um poema, com o pirronismo estudado por Maia Neto (1994), que traça a descendência da tradição pirrônica por meio de Pascal e Montaigne, como presença sistemática na obra machadiana. As ideias dessa corrente que Maia Neto encontra representadas são três: a equivalência dos juízos contrários (*zetesis*), a suspensão do próprio juízo (*epoche*) e a impossibilidade de chegar a qualquer verdade definitiva (*ataraxia*). A impossibilidade de conhecer os fundamentos do real faz parte de um ceticismo gnosiológico e moral. Na interpretação de Spinoza (1996), porém, o comportamento humano sai do ambiente gnóstico e torna-se perfeitamente explicável pelo mesmo método que se aplica ao mundo natural, cujas leis determinam tudo que existe, porque comparte a mesma substância com atributos infinitos. O mesmo esquema se aplica às ações e à motivação humanas, que seguem uma "geometria das paixões" comum.

Ao aplicar essa tradição à leitura de Machado, esta linha alia-se ao aventurismo romanesco de *Tristram Shandy*, no romance de Sterne, assim como à ironia polida e ao sarcasmo das máximas dos *philosophes* franceses do Iluminismo, sobretudo as "Reflexions ou sentences et maximes morales" de La Rochefoucauld, do século XVII. Essa fonte de influência se reflete parodicamente no capítulo CXIX das *Memórias póstumas de Brás Cubas*, em que o narrador deixa, "entre parêntesis, meia dúzia de máximas das muitas que escrevi por esse tempo", epígrafes a um "discurso sem assunto". Entre elas, encontramos a batalha entre a humanidade e a eternidade: "Matamos o tempo; o tempo nos enterra".

Como terceira grande fonte, há o determinismo do Realismo-Naturalismo, escola de Balzac e Zola com forte influência sobre o romance social realista de fins do século XIX no Brasil. De modo geral, Machado rejeita e até satiriza tal determinismo, por não refletir as veleidades do fluxo do eterno no mundo cotidiano. Incorpora em maior grau o conceito darwiniano da luta pela sobrevivência, no conhecido grito "ao vencedor as batatas", mas também temperado pela mesquinhez da luta ao enfrentar o abismo infindável do eterno. Prefere trabalhar à base do testemunho e da memória, nas peripécias da reconstrução de uma vida por parte de narradores interessados em emendar a sua primeira "edição humana" com outra, revista e corrigida. Dessa maneira, Machado opera a "busca do tempo perdido" proustiana, no mesmo sentido apontado pelo estudioso Roger Shattuck (1963) no livro *Proust's Binoculars*: "[...] um acontecimento, originalmente passageiro e sem sentido, pode mais tarde por algum reflexo ser evocado novamente e visto, desta vez em foco exato, como se visto com binóculos".[5]

O "velho diálogo" como retórica narrativa: tudo está dito

Ousado nas suas inovações, Machado cria capítulos insólitos que ilustram cada um dos enfoques sobre a eternidade apresentados e analisados neste ensaio. A inovação estilística e narrativa representa uma perspectiva retórica sobre o tempo e a eternidade. São verdadeiras invenções à guisa de mensagens do além, sejam marcas gráficas, vozes mudas ou – o que é uma predileção – os epitáfios esculpidos nas lápides de cemitério. Se os autores falam de além-túmulo, os leitores também enfrentam um perigo ao entrar nos livros, que os excluem e desafiam, preparados a devorá-los como o enigma X. Cruzando as artes, interessa saber que as variações do compositor inglês Edgar Elgar, conhecidas pelo nome de "enigma", publicadas em Londres em 1899, parecem dialogar com os romances-variações enigmáticas de Machado de Assis.

Por entre as inovações, há vozes que aparecem do além e se revelam por meios ocultos, lembrando o verso de Pessoa: "oculta mão colora alguém em mim". Depois que o pai de Brás sobe a Tijuca e oferece uma alternativa para o beco sem saída da vida do filho – um

5 "[...] an event, originally fleeting and meaningless, may later by some reflex be recalled and seen, this time in true focus, as with binoculars." (Tradução livre.)

casamento e um posto no Ministério –, Brás se senta para escrever "desvairadamente num pedaço de papel". Escrevendo repetidamente ao acaso, vê, acidentalmente, que acaba de escrever variações sobre o primeiro verso da *Eneida* de Virgílio, na forma da poesia concreta espelhada na página, mas acabando com a palavra "Virgílio". O pai logo viu e pronunciou: "[...] a tua noiva chama-se justamente Virgília".

Observamos que nesse desvendamento de um "diálogo eterno" não acertou no alvo por uma questão de gênero. Acerta no geral, mas erra no particular. Interessa também estudar essas linhas rabiscadas em latim como provenientes do primeiro verso da *Eneida*, traduzido para o português na primeira estrofe do poema épico *Os Lusíadas* de Camões: "As armas e os barões assinalados". Neste caso, porém, não existem nem armas nem barões, uma vez que a genealogia dos Cubas é falsa. Longe de estar pronto e armado, Brás está numa posição confusa quanto a seu possível amor por Eugênia, de um lado, e a vontade de "descer" para a Corte e assumir uma vida política e social, do outro. Neste livro, os versos anunciam um falso épico, uma pseudoversão da realidade. Esse poema "sem ordem, ao acaso", aproxima-se mais do "jogo de dados" do poeta francês Mallarmé, que publica o célebre poema em 1897 na revista *Cosmopolis*. É uma voz do além que cá na terra não se sabe ler com precisão.

Um terceiro capítulo-invenção interrompe o livro e põe um fim definitivo às possibilidades de ressurreição dos amores e da vida social de Brás na figura da bela jovem Nhá-Loló, objeto de casamento esperado e planejado pelos primos Sabrina e Cotrim. O capítulo CXXV ("Epitáfio") é um verdadeiro anúncio caído dos céus para abalar qualquer leitor:

Aqui jaz
D. EULÁLIA DAMASCENO DE BRITO
Morta
aos dezenove anos de idade
Orai por ela!

A sensação de estranheza é maior porque se trata da primeira vez no romance que o nome verdadeiro de Nhã-Loló é mencionado. O aviso é fatal e sem resposta; como qualquer mensagem do além, nas palavras de Brás, "diz tudo". Ajudando o destino, sabe-se, foi a febre amarela que pegou uma pessoa não só jovem e inocente, mas preparada a se casar com o nosso herói, salvando-o ao fim de um caminho solitário. Ao enfrentar outro abismo, medita Brás: "[...] não cheguei a entender a necessidade da epidemia, menos ainda daquela morte. Creio até que esta me pareceu ainda mais absurda que todas as outras mortes". Rejeita o raciocínio do filósofo do Humanitas, Quincas Borba, sobre a vantagem das epidemias para a espécie humana, embora desastrosas para alguns indivíduos, enquanto Brás se acha vítima de um acaso cego, "matando à direita e à esquerda".

Repetem-se no tempo presente os discursos da eternidade no caso do "velho diálogo de Adão e Eva" (*Memórias póstumas de Brás Cubas*, Capítulo LV), capítulo composto inteiramente de marcas gráficas. Trata-se de um diálogo em que Brás Cubas e Virgília substituem Adão e Eva, mas com igual conteúdo: o início de um diálogo amoroso, com os primeiros lances interrogativos, a hesitação e a espera, seguido pela confirmação exageradamente afirmativa, em que o namoro se completa à força de duas marcas de exclamação. Equivale, sem palavras, a um rapidíssimo namoro, brevíssimo noivado, seguidos por uma cerimônia de casamento por afirmação comum. Nesse caso, as vozes do passado se repetem no presente da mesma maneira que se afirmarão no futuro, testemunhando à continuidade de um tempo presente eterno, graças ao arquétipo repetido infinitamente.

Afirmamos que é essa perspectiva do eterno que torna possível a invenção de uma alta autoconsciência literária, de uma metanarrativa que contempla, ora aceitando ora rejeitando, os próprios escritos. Alguns desses capítulos se encontram entre os mais criativos da obra machadiana: o capítulo que Aristóteles se esqueceu de escrever; um capítulo perdido; notas para um capítulo triste e vulgar que o narrador se esqueceu de escrever; e o do narrador que se arrepende do livro em curso, porque "expedir alguns magros capítulos para esse mundo sempre é tarefa que distrai um pouco da eternidade".

Leva-se adiante a inovação gráfica no capítulo "de como não fui ministro d'estado", consistindo apenas de pontos de suspensão, sem palavras nem outra pontuação. Aproxima-se a um antidiscurso icônico, ou à comunicação ilegível sem nenhum conteúdo, procedimentos apenas conhecidos com base nas vanguardas do século XX. Há capítulos que corrigem outros e capítulos desprezados e rejeitados: "Mas, ou muito me engano, ou acabo de escrever um capítulo inútil" (*Memórias póstumas de Brás Cubas*, "Inutilidade", Capítulo CXXXVI).

O narrador convida o leitor a observar o estilo e a arte com que faz a transição de um tempo presente para trás, para o dia do nascimento; mas a inovação mais ousada talvez seja a acusação que o escritor faz ao leitor de ser ele mesmo o maior defeito do livro em progresso: "[...] o maior defeito deste livro és tu, leitor. Tu tens pressa de envelhecer, e o livro anda devagar [...]" (*Memórias póstumas de Brás Cubas*, Capítulo LXXI).

Vozes vivas e vozes defuntas

> [...] e saiu apalpando a botoeira, onde viçava a mesma flor eterna.
>
> *Esaú e Jacó*

O que há, enfim, de moderno na eternidade? A eternidade não implica uma visão sempre conservadora ou clássica, proveniente da Europa ou da terra santa? Pode alguma vez o novo mundo dos trópicos possuir uma "eternalidade"? Oswald de Andrade (1975, p.142) ironizava sobre a efemeridade e a infantilização da imagem do país em prosa modernista: "O Brasil é uma República Federativa cheia de árvores e de gente dizendo adeus. Depois todos morrem."

Ao adotar um enfoque narrativo da posição no outro lado da vida, ou seja, do eterno, Machado moderniza a eternidade ao incluir a civilização brasileira – cujos costumes podem parecer ao mesmo tempo tão dissimilares das culturas universais de origem, e até insólitos ou ilegíveis para quem não conhece bem seu mundo restrito e fechado de referências – na história do comportamento da alma e da psique humanas. Ao abrir o mundo brasileiro para uma análise sob a lente da experiência ocidental, dita eterna, e registrada nos textos da biblioteca, Machado tira o Brasil do isolamento e possibilita uma leitura de seu comportamento cultural, já integrado na história muito mais ampla da inteligência ocidental. Por uma leitura da tradição, Machado consegue interpretar a singularidade brasileira, que representa o próximo passo evolutivo do Ocidente, ou seja, a mais recente edição humana.

A reencenação de "cenas da eternidade" na obra machadiana, não obstante, tem um toque de melancolia (ver Rouanet, 2007). Já em *A mão e a luva* (Assis, Capítulo X), as grandes paixões não sobrevivem ao luar brilhante de uma noite romântica:

> [...] o luar que batia nas águas, o céu sereno e eterno. Eterno, sim, eterno, leitora minha, que é a mais desconsoladora lição que nos poderia dar Deus, no meio das nossas agitações, lutas, ânsias, paixões insaciáveis, dores de um dia, gozos de um instante, que se acabam e passam conosco, debaixo daquela azul eternidade, impassível e muda como a morte.

Lembrem-se da humanidade melancólica, nas palavras de Brás Cubas, e de seu emplasto. Num sentido mais amplo, os romances são outro emplasto, mas também estão repletos de humor e do cômico, encenados inclusive no palco e na ópera, chegando à tragicomédia da repetição de tudo na vida, dos grandes arquétipos inevitáveis, até as vozes, a narração, a escritura, o elenco – tocando quase todos os elementos da ficção que a enriquecem. A única exceção a esse grande esquema dramático seria a presença do autor, ele mesmo nos bastidores, observando e escrevendo do outro lado da obra e do cenário, do ponto de vista impossível do eterno, desejoso de mostrar e construir tudo aquilo que não tem explicação, mas de uma maneira que desafie e envolva o leitor, levando-o a questionar se, na incompreensão comum diante da realidade, haveria de fato um mistério ou se, na frase de Alberto Caeiro, "o único mistério é não haver mistério nenhum". Não se trata de ambiguidade na obra machadiana; trata-se de uma filosofia do real que tenciona alcançar a unificação do homem com o universo e com o próprio passado. Mas, para o leitor comum, que se identifica com as personagens conhecidas de um teatro do mundo, os Papageno e Papagena, talvez seja melhor aceitar as coisas por aquilo que parecem ser, *omnia bona*, e deixar as grandes dúvidas para o Cruzeiro do Sul e as estrelas eternas.

A "mesma flor eterna" que usa o Conselheiro Aires, evocada na última frase que fecha o romance *Esaú e Jacó* (Assis, 1979b, v.III), é símbolo da imutabilidade e fatalidade das verdades eternas, válidas sempre acima das opiniões e dos julgamentos humanos. É a imagem com que Machado de Assis fecha toda a sua obra, reescrevendo a história bíblica, suma síntese de uma arte de síntese, resumo da obra inteira, sempre a mesma, porém sempre renovada, igual a si mesma, fixada no momento e também eterna. Aires acabava de saber que os irmãos gêmeos Pedro e Paulo, em briga desde antes de nascer, e depois de jurar amizade à mãe no leito da morte, descobriram que não viviam bem e que se detestavam. Ouvira de um deputado algumas razões que justificavam a "mudança radical e inexplicável" que fez dos irmãos outros, mas Aires já sabia que a aversão recíproca governava a vida dos dois, como motivo mais forte, "persistente no sangue". Não fora a herança da mãe responsável pelo incômodo, como o deputado sugerira, mas o útero que os determinou.

Aires, do jeito diplomático que lhe era peculiar, não vira motivo para discutir. Evitou o debate e pareceu aceitar a sugestão do deputado, mas saiu do almoço apalpando a botoeira com a flor eterna à mostra. Essa flor imutável simbolizava a fatalidade do destino, a condenação humana a repetir os padrões históricos e genéticos do passado perante a impossibilidade de mudar o comportamento por um simples motivo de vontade ou juramento. A flor icônica substitui a voz dessas verdades, para além da linguagem ou da escrita, uma vez que as palavras seriam insuficientes ou falhas, não pertencendo à linguagem desse conceito e incapazes de alcançar a profunda natureza da eternidade, palavra-abstração inteligível apenas em função de um limite, que tampouco corresponde à sua condição sublime. Uma simples flor é símbolo de uma linguagem abstrata e inexistente, flor para além das palavras, em eterna ressurreição, na passagem de flor a flores, em imitação da inevitável cronologia da sobrevivência da espécie.

Basta cumprirmos nosso destino – mesmo culpados ou loucos, convencidos daquilo que não podemos saber com certeza, por bem ou por mal, da eterna condição humana. A eternidade corresponde na arte machadiana à "tela azul de larga tenda" em que retratamos o breve instante de vida, como Machado dizia em versos:

> [...] Raros luziam
> No firmamento os pregos de diamante
> Com que a mão criadora do universo
> Fixou a tela azul da larga tenda
> Em que apenas um dia nos sentamos,
> Os que viemos do nada, os que apressados
> Vamos em busca da encoberta terra
> Da eternidade (*O Almada*, Poesias coligidas, canto VIII).

A flor do Conselheiro é mortal, porém eterna na condição de flor e no ofício do eterno retorno: a flor na botoeira não precisa saber que se trata de apenas um breve elo da "mesma flor eterna". Faz parte de uma semiótica e de uma narração do eterno, inovações narrativas com as quais Machado de Assis criou um caminho à modernidade literária.

Brás Cubas: xamã irônico

Paul Dixon

À primeira vista, o motivo do emplasto em *Memórias póstumas de Brás Cubas* nos parece arbitrário, evidência da personalidade excêntrica de Brás Cubas. Entende-se a "sede de nomeada" ou o "amor da glória" (Assis, 1985, Capítulo II) que o protagonista diz ser o motivo da invenção. Mas entre todos os meios possíveis de atingir a fama, por que, precisamente, o emplasto "anti-hipocondríaco, destinado a aliviar a nossa melancólica humanidade" (ibidem)? A ideia do emplasto é anômala em pelo menos dois sentidos. Primeiro, é ilógico combater a hipocondria com a invenção de ainda outro tratamento. A verdadeira cura para moléstias imaginadas não seria a eliminação de remédios? Segundo, há um desajuste entre problema e solução. Se a hipocondria e a melancolia são condições da alma, por que tratá-las com uma aplicação na pele?

A improbabilidade lógica do emplasto se relaciona com uma insuficiência narrativa. De onde surgiu tal ideia? O que, na experiência do protagonista, prepara-o para a produção de tal remédio? Em que consiste? Além de imaginar o produto pelo nome, "Emplasto Brás Cubas", o narrador faz qualquer coisa para desenvolver seu projeto? A arbitrariedade e a falta de cultivação marcam o motivo do emplasto de tal forma, que deve despertar a curiosidade do leitor. Num texto em que quase tudo obedece a uma regra de associações poéticas, onde estão os vínculos figurados em relação ao remédio?

A cura e a mentalidade pré-moderna

Neste capítulo proponho desenvolver uma visão do emplasto que o revele menos arbitrário, ilógico, desconectado do resto do texto. Para tal fim, quero desenvolver uma ideia já explicitada em meu livro *Retired Dreams:* Dom Casmurro, *Myth and Modernity* [Sonhos esquecidos: *Dom Casmurro*, mito e modernidade] (Dixon, 1989). Nessa análise, sugiro que o protagonista do romance está preso entre dois tempos – o tempo moderno, em que os valores são relativos e a autenticidade, fugitiva, e os tempos míticos, em que há verdades inquestionáveis e empresas sólidas. Ao viver as arbitrariedades modernas, o protagonista sente nostalgia por um mundo heroico e seguro, em que havia sentido universal e gestos admiráveis.

De maneira mais complicada e ilusória, a mesma dialética existe em *Memórias póstumas de Brás Cubas* (ver Nunes, 1983, p.88-9). Em outro ensaio, num projeto monográfico, sugiro uma parte da antítese ao demonstrar que Brás Cubas é ambivalente em sua relação com a natureza. Por um lado, sente uma profunda simpatia pelos seres animados e vegetais, e, por outro, parece afastar-se do mundo natural. Tal ambivalência tem um aspecto temporal, referindo-se a uma época antiga em que o vínculo com a terra era óbvio e universal, e a outra, em que aqueles laços tendem a ser esquecidos em favor de uma "floresta de símbolos" mais arbitrários. O narrador Brás Cubas intui a mesma dialética ao declarar no capítulo de aforismos (CXIX): "Matamos o tempo; o tempo nos enterra" (Assis, 1985). Na primeira leitura (antes de chegar à segunda metade da oração), as palavras "matamos o tempo" sugerem uma concepção moderna. Na época das culturas avançadas e desenvolvidas, quando alguns têm tempo livre, há uma busca de entretenimentos e distrações. "Matar o tempo" tem o aspecto de uma expressão idiomática e corriqueira, de uma busca de diversões superficiais. A frase "o tempo nos enterra", porém, muda o registro da oração para uma visão mais profunda e universal da existência humana. Nossa condição humana (inexoravelmente fundida com o tempo) determina nossa morte. Após ler a segunda parte do aforismo, é obrigatória uma volta à primeira frase. "Matamos o tempo" adquire um tom mais grave e profundo. Parece referir-se aos esforços humanos para combater o tempo e, portanto, a morte. Em meu livro sobre *Dom Casmurro*, há uma discussão do autor Mircea Eliade nesse contexto, mostrando como o rito e o mito, facetas de um "eterno retorno", são mecanismos pelos quais os seres, pelo menos no âmbito psicológico, negam o tempo e vislumbram a imortalidade.

Ecos xamânicos

O mesmo autor, ao estudar o fenômeno do xamanismo, retrata um tipo encontrado numa grande variedade de sociedades pré-modernas, cuja função é justamente a de tentar vencer a morte e o tempo. Combatendo a morte em experiências extáticas, o xamã traz curas para seu povo. Dessa maneira, tentarei demonstrar que pode ser proveitoso examinar o emplasto de Brás Cubas no contexto desse arquétipo.

No livro *Shamanism: Archaic Techniques of Ecstasy* [Xamanismo: técnicas arcaicas do êxtase], Eliade faz um estudo do xamã em muitas culturas diferentes, expondo traços comuns. O xamã, segundo ele, pode ser escolhido para tal vocação por um mestre mais experiente ou por um parente; pode buscar o ofício por si mesmo; ou pode ser "escolhido" pelas próprias experiências extáticas (Eliade, 1964, p.15-9). Seja como for, o recrutamento, o treinamento do xamã consiste em dois tipos de aprendizagem: a experiência extática (sonhos, arrebatamentos etc.) e a orientação tradicional, em geral por parte de um mestre mais velho (Eliade, 1964, p.13-4). Muitas vezes o xamã é de uma constituição fraca ou doentia. A epilepsia é uma das enfermidades mais comuns. Crê-se que tal debilidade torna a pessoa mais sensível, mais sujeita a experiências além do controle do corpo, mais conhecedora das doenças ou dos mal-estares, e que, tendo superado as próprias enfermidades, é mais capaz de compreender a cura para elas (Eliade, 1964, p. 24-7).

As visões extáticas dos xamãs apresentam certos motivos em comum. O xamã contempla a própria morte, às vezes vendo o próprio esqueleto (ibidem, p.62) ou às vezes assistindo a seu desmembramento. Mas há uma recuperação, uma forma de ressurreição simbólica. Uma vez reposto, o sujeito da visão ascende às alturas (ibidem, p.34). Às vezes sobe numa árvore capaz de levá-lo a um espaço paradisíaco. Por vezes, ascende num arco-íris (ibidem, p.131-2). Em outros casos, sobe numa montanha alta, que tem o sentido do centro do mundo (ibidem, p.266-9). Tendo chegado a esse espaço sagrado, o sujeito entra em contato com um ser divino; numa entrevista, recebe conselhos necessários para sua vocação (ibidem, p.34, 199, 227). Com frequência, a entidade sagrada que dialoga com o xamã é uma versão da Grande Mãe – uma Mãe Sagrada, Ave-Mãe, Mãe de Leite, Mãe-Terra, Mãe dos Animais etc. (ibidem, p.62, 89, 187, 379, 463). O maternal tende a confundir-se com o conjugal, porque às vezes a Grande Mãe é também uma esposa divina, com quem o sujeito tem relações sexuais (ibidem, p.76-9, 168, 421).

Os animais figuram com importância nestes sonhos extáticos; em geral como ajudantes ou "espíritos auxiliares". Em muitos casos, o sujeito é transportado para o "além" no dorso de um animal (ibidem, p.89-95), servindo este como um tipo de guia de viagem. Sentindo a força do animal (muitas vezes um cavalo) entre as pernas, o xamã confunde poder sexual com outras potências – de aprendizagem, movimento, contato místico etc. (ibidem, p.79). Em geral, a preparação do xamã – que lhe dá a capacidade de efetuar curas – é o desenvolvimento de uma relação mais íntima com o reino animal. É frequente o motivo de aprender a linguagem dos animais, o que permite a recepção de mensagens primordiais, de importância sagrada (ibidem, p.96-8). Uma constatação implícita nessas comunicações é que havia um tempo, longínquo e esquecido, em que tal diálogo entre os seres humanos e não humanos era a norma; o xamã, portanto, exerce uma função recuperativa.

O sonho do xamã tende a ter o sentido de uma volta às origens do mundo. O regresso, como acabamos de observar, pode envolver a reunião com o reino animal. Pode ser uma questão de comunhão com os ancestrais (ibidem, p.12, 67, 506). Em todo o caso, sugere uma época perdida ou abandonada pelos humanos, que precisa ser restaurada. Diz Eliade (1964, p.133): "[...] estes mitos se referem a um tempo quando a comunicação entre o céu e a terra era possível; em consequência de um certo evento ou falta ritual, a comunicação foi interrompida; mas os heróis e xamãs têm a capacidade, no entanto, de restabelecê-la".

Para facilitar os sonhos ou arrebatamentos, os xamãs contam com auxílios materiais. O traje do xamã pode incluir ossos, sugerindo seu vínculo com a morte e a ressurreição; ou espelhos, sugerindo a visão privilegiada; ou penas, sugerindo a ascensão para o espaço sagrado (ibidem, p.145-68). É muito frequente também o uso de um tambor como um tipo de catalisador da experiência extática. O cilindro do tambor, feito de madeira, sugere a árvore que conduz ao céu (ibidem, p.168-70). A pele do tambor é um elemento figuradamente importante, pois a produção de música na pele do animal morto sugere sua "reanimação" e o estabelecimento de uma harmonia ou comunicação entre o xamã e o animal. Seguro entre as pernas do xamã, o tambor costuma ser chamado seu "cavalo", sendo o elemento que o transporta na viagem mística (ibidem, p.170-4). Em algumas culturas, o tambor é substituído por um chocalho (ibidem, p.91, 178). Quando os materiais do chocalho são madeira e peles, as mensagens xamânicas podem ser parecidas às do tambor. Quando são de cabaça seca, com sementes ou pedras por dentro, podem sugerir uma "ressurreição", "reanimação" ou "comunicação" no nível da planta (ibidem, p.178).

A congruência entre a descrição de Eliade do xamã e várias passagens de *Memórias póstumas* é fascinante. O delírio de Brás Cubas é parecido com o sonho xamânico, respondendo a uma condição de enfermidade, e compartilha vários motivos com aquele outro: viagem de retorno no tempo ("à origem dos séculos"), viagem em que um animal serve de condução e guia (o hipopótamo, substituindo o mais tradicional, o cavalo), comunicação entre o sujeito e o animal (o hipopótamo que fala), subida "ao alto de uma montanha", diálogo com uma fêmea arquetípica que confunde a relação mãe-esposa (Pandora, maternal e sexual), aprendizagem com as forças da natureza (Pandora, de novo), dramatização da morte ("digestão" no ventre de Pandora), volta para o presente e o mundo normal (metamorfose do hipopótamo no gato de Brás Cubas).

A relação com a tradição xamânica, porém, é irônica. O "delírio" não tem o sentido de um grande benefício espiritual para o delirante. O tom da experiência é negativo, pois predomina uma visão de sofrimento ou monotonia. O encontro com a "Grande Mãe" não será uma epifania, mas, ao contrário, uma aproximação medrosa do abismo. Apesar de ver a reanimação do corpo moribundo, na forma de um livro, Brás não vai se recuperar. O resultado do delírio não será uma capacidade fortalecida para efetuar curas. O delírio corrobora a impotência do emplasto e de outros projetos do protagonista.

A doença fatal de Brás Cubas é a pneumonia: "Senão quando, estando eu ocupado em preparar e apurar a minha invenção, recebi em cheio um golpe de ar; adoeci logo, e não me tratei" (Assis, 1985, Capítulo V). Vale notar que, no mundo xamânico, os ares que circulam ao redor do sujeito têm grande força e são capazes de trazer importantes benefícios ou males. A preocupação pelo fumo, em várias curas, evidencia essa sensibilidade pelo movimento dos ares.

Um detalhe menos óbvio merece explicação. No início do delírio, Brás Cubas se vê na forma de um livro encadernado "em marroquim, com fechos de prata". Nessa forma, está "na mais completa imobilidade". Percebe que as mãos são os fechos do livro, e que estas estão cruzadas sobre o ventre. Percebe ainda que "alguém as descruzava [Virgília, decerto], porque a atitude lhe dava a imagem de um defunto" (Assis, 1985). A comparação entre o corpo morto e o livro é uma metáfora de lógica natural. Afinal, os livros são os "restos mortais" dos autores. Confirma-se a equivalência metafórica entre o livro e o cadáver na teoria das "edições humanas" (ibidem, Capítulo XXVII), em que a "edição definitiva" é um livro "que o editor dá de graça aos vermes" (ibidem, Capítulo XXVII). Nesse momento do delírio, então, parece haver uma variação do motivo identificado por Eliade, em que o xamã "contempla o próprio esqueleto". Como nas visões extáticas do xamanismo, o delírio de Brás Cubas se inicia com uma morte figurada, seguida de uma ressurreição, pois o livro imobilizado começa a se mover e inicia uma viagem.

Além do paralelo entre o êxtase do xamã e o delírio de Brás Cubas, há a coincidência do chocalho. Já vimos que o chocalho, nas culturas xamânicas, é equivalente ao tambor, que é um instrumento para convocar a experiência extática.

O emplasto e o mundo do xamã

Se o delírio de Brás Cubas revela um sujeito cujo subconsciente tem fortes raízes na visão pré-moderna do xamã, deve parecer menos arbitrário o fato de que o protagonista também inventa a fantasia de um emplasto, capaz de curar a melancolia humana. Afinal, o *sine qua non* do xamã é a capacidade de curar. Com efeito, o emplasto complementa o delírio de várias maneiras.

Tanto este como aquele são introduzidos por curiosas pessoas, cujos membros sugerem formas geométricas. Já vimos que no caso do delírio é a imagem do próprio protagonista, encadernado como um livro, com as mãos (os fechos do livro) cruzadas sobre o ventre. Quanto ao emplasto, é personificado na forma de um pequeno acrobata, fazendo cabriolas até dar um grande salto: "estendeu os braços e pernas, até tomar a forma de um X" (Assis, 1985, Capítulo II). Veem-se membros cruzados no delírio, membros descruzados e estendidos no capítulo do emplasto, mas ainda sugerindo a forma de um X. No delírio o protagonista vê um aspecto cadavérico nas mãos cruzadas; no capítulo II, é o oposto, pois os braços e pernas estendidos do acrobata sugerem um salto bem-feito ou até triunfante.

Ressalta-se a imagem da pele nos dois casos. No delírio, o protagonista se vê na forma da Suma Teológica de S. Tomás, "encadernada em marroquim" (ibidem, Capítulo VII). O emplasto tem uma relação dupla com a mesma ideia. Primeiro, é o fato óbvio de que o emplasto é uma aplicação feita sobre a pele, assim como a encadernação está aplicada no corpo do livro. O segundo é mais sutil: envolve a "sede de nomeada" (ibidem, Capítulo II). O emplasto remete ao nome do protagonista e, em particular, ao de Cubas. O protagonista conta a origem metonímica do nome. O primeiro Cubas, Damião, obteve-o porque era tanoeiro (ibidem, Capítulo III); o apelido, chegando a ser sobrenome, referia-se ao produto principal do ofício; é fabricante ou restaurador de pipas, tonéis, barris e cubas, vasos normalmente associados com o vinho e outras bebidas.

A palavra "tanoeiro" tem curiosas raízes etimológicas com associações sugestivas. Parece haver duas opiniões sobre a origem da palavra. Por um lado, afirma-se que é do latim tardio *tunna*, que significa "pele" ou "couro" (Houaiss e Villar, 2001, p. 2732). Pela Bíblia sabemos que o vinho era guardado em peles (Mateus, 9:17), prática ainda vigente em algumas culturas; talvez essa tradição tenha exercido influências etimológicas. Por outro lado, diz-se que a palavra se deriva de *tan*, do antigo francês, palavra que significava "carvalho" (Silva, 2004, p.753). Portanto, a palavra faria referência a uma madeira usada para construir cubas e barris. Mas ainda outra palavra relacionada, *tanino*, sugere uma conexão com o fato de que o carvalho e outras madeiras das pipas ou cubas emitem uma química com esse nome, contida no vinho. A mesma química, porém, é essencial para curtir peles (em cubas), o que explica o fato de que, no inglês e no francês, *tanner* tenha a ver justamente com essa atividade. Tanto numa alternativa etimológica como noutra, há uma relação com a noção da pele.

A substância do emplasto também sugere vínculos com um mundo de encantos mágicos. Não há nenhuma sugestão no texto quanto ao conteúdo herbívoro, químico ou medicinal do emplasto. Mas vejamos a estrutura. Sabe-se que os emplastos são veículos para aplicar unguentos, tinturas ou outros bálsamos, pelo contato com a pele do indivíduo. Hoje em dia pensamos em tecidos como gaze ou linho como materiais para que essas substâncias sejam empregadas. Porém, no passado, usava-se a pele de animal com muita frequência (Trease, 1964, p.232). O fato de que um dos sinônimos da palavra "emplasto" seja "parche", palavra derivada (por intermédio do velho francês) do termo latino "pergamena" e relacionada com o vocábulo "pergaminho", confirma a informação. O emplasto, portanto, é uma segunda pele, uma "pele sobre a pele". O eco do tambor xamânico não está totalmente perdido. Em espanhol, a pele do instrumento de percussão e o emplasto têm o mesmo nome: "el parche".

Se, fazendo soar a pele do tambor, o xamã consegue "reanimar" o animal morto, abrindo o caminho para a reanimação ou cura dos enfermos, podemos vislumbrar uma dimensão primitiva ou xamânica no emplasto de Brás Cubas. A sugestão da recuperação vital pode ser sugerida no ato de colocar uma segunda pele sobre a da pessoa desfalecida. Uma pele transfere força à outra. O contato íntimo entre duas membranas, de espécies diferentes mas essencialmente parecidas, evoca o mundo ecológico, antiquíssimo e quase esquecido, em que todos os seres vivos, e mesmo entidades como a terra, a água, o sol e o ar, existiam numa interdependência íntima. Afirma tal rede interativa o tambor do xamã; confirma-a também o rito bíblico do sacrifício animal, em que o sangue de um ser dá força a outro.

O toque e a intersubjetividade

Numa perspectiva mais imediata, o emplasto como panaceia sugere a importância do toque nas relações entre os seres. Quem sabe se a eficácia do emplasto não seja mais uma questão da aplicação do remédio do que o remédio em si? O enfermeiro, pelo contato tátil com o paciente ao colocar o emplasto, contribui para seu restabelecimento. As terapias de massagem confirmam o que todos intuem: o contato físico (não violento) entre os corpos faz bem. Quanto mais "pele a pele", melhor. Hoje em dia os bichos de estimação são considerados terapêuticos para viúvos idosos justamente por oferecer a recuperação do contato físico com outro ser. O desejo sexual se confunde por completo com o desejo de tocar o outro, e de sentir-se tocado. Assim, o caso com Virgília, para Brás Cubas, não é separável do projeto do emplasto.

A pele, e o toque desta, figuram de modo importante na filosofia fenomenológica de Maurice Merleau-Ponty (1964, p.178-90). A epiderme é a membrana entre o sujeito e o mundo. É na pele que o sujeito se torna objeto aos olhos alheios. É um dos principais instrumentos pelos quais o sujeito percebe o mundo. O calor do sol, a circulação do ar, as vibrações da terra, a presença do líquido e do sólido – todos esses fenômenos são acessíveis por meio da pele. O toque recíproco entre dois seres é o emblema ideal da noção da intersubjetividade, pois, tocando o outro, cada indivíduo se torna sujeito e objeto ao mesmo tempo. Como na famosa pintura de Michelangelo, quando o dedo de Deus se estende ao dedo de Adão, o toque recíproco é o quiasmo elemental. No livro *The Spell of the Sensuous*, David Abram (1996) estabelece um vínculo entre uma visão pré-moderna da natureza e a fenomenologia. Em *Memórias póstumas de Brás Cubas*, uma relação imediata e íntima com o mundo natural é representada como realidade desejada pelo protagonista, mas nunca alcançada. O motivo do emplasto, que no início parece arbitrário e sem vínculo, na realidade pertence à lógica dessa busca pela intimidade com o natural.

A salvação da "pele" de Brás Cubas

Como se sabe, a epiderme consiste em camadas diferentes. A concepção do emplasto, no romance, também é uma questão de níveis. No nível mais básico, temos o corpo do protagonista. Brás Cubas sofre da "flor amarela, solitária e mórbida" (Assis, 1985, Capítulo XXV) da melancolia. A melancolia ocupa a curiosidade humana há séculos e séculos (Trevor, 2004, p.1-24). Algumas teorias tratam do fenômeno como a consequência de um lapso emocional ou moral. A pessoa se sente deprimida por haver cometido um pecado, ou por haver deixado de manter boas relações com um ente querido. Mas uma das perspectivas mais influentes trata da melancolia como um fenômeno corporal, e não uma consequência dos atos do indivíduo.

A teoria dos humores afirma que as tendências emocionais – as personalidades, pode-se dizer – são determinadas pelo equilíbrio ou desequilíbrio dos humores (líquidos) no corpo. Os corpos tendem ao desequilíbrio. Assim, o excesso de um dos humores (sangue, bílis, cólera, fleuma), que é mais ou menos constante na vida de uma pessoa, cria uma tendência emocional. E a melancolia é uma das quatro predisposições causada pelo excesso de bílis negra, secretada pelo fígado. Na mentalidade autojustificadora do narrador, não surpreende a preferência por uma teoria da melancolia que responsabilize o corpo, e não a alma. Na sua mente, os cínicos são "[a]lguns metafísicos biliosos" (Assis, 1985, Capítulo CXIII); em outras palavras, pessoas cujas ideias negativas são produzidas pelo fígado. Usa o vocabulário da cólera para referir-se à ira (ibidem, Capítulo LII), e atribui estados emocionais ao sangue (ibidem, Capítulos XI, XIV, XXI). Quando o protagonista pratica atos infelizes, ou deixa de praticar atos generosos, é conveniente uma teoria em que a melancolia é causada pelo corpo. Reconhecida essa perspectiva, talvez a criação de um emplasto para curar a melancolia possa parecer menos aleatória; aplica-se no corpo porque o corpo é a origem do problema. O corpo, portanto, é a primeira camada dessa "pele" que será construída pelo narrador, e o emplasto é a segunda.

Na sua condição de "defunto autor", supostamente isento das tendências hipócritas, Cubas reconhece que, na elaboração do emplasto, "o que me influiu principalmente foi o gosto de ver [...] nas caixinhas do remédio, estas três palavras: *Emplasto Brás Cubas*" (ibidem, Capítulo II). A terceira camada nesta complexa "epiderme" será portanto o rótulo que anuncia o nome do inventor. Emplastadas em cima dos produtos, as etiquetas são uma versão moderna do tambor do xamã, pois chamam a atenção de possíveis usuários indicando o caráter especial do agente, animando o público para dar fé, para "comprar", no sentido de investir financeiramente, mas também no de sentir confiança e vontade de adesão. O nome é o elemento principal da marca e de seu marketing; o que se vende não é somente o produto, mas fama, excelência e o bom conceito de quem o produz e distribui. Nesse sentido, uma coincidência histórica reforça a conotação do remédio e da cura, pois o Brás Cubas histórico, fundador da cidade de Santos, foi também criador do primeiro hospital do Brasil (Baptista, 2003, p.209). É claro que o protagonista não concebe o emplasto somente para curar os males alheios. O principal paciente é o próprio Brás Cubas, carente e enfermo, embora rico e dotado. Para aliviar os sofrimentos desse doente, o rótulo, que publica seu nome, vale tanto quanto o remédio em que está colado.

A etiqueta, terceira camada da "pele" do livro, é um texto elementar. Tal aspecto textual cria uma via associativa para considerar o quarto nível da complexa combinação – o texto das *Memórias póstumas de Brás Cubas*. O romance, em que todos os egoísmos são revelados, faz um estudo da psicologia criativa com o vínculo entre o texto "Emplasto Brás Cubas" e o livro do defunto autor. Ambos, em essência, servem para publicar o nome do produtor (Motta, 2006, p.63). O narrador, sem estar isento do próprio cinismo, sugere que em última análise os livros não deixam de ser um instrumento de marketing, em que a promoção do autor vale tanto quanto o produto em si.

O livro do defunto autor também tem associações com o emplasto. Uma arqueologia da escrita descobre, no passado remoto, o material do pergaminho, que, como já mencionamos, servia como meio para os emplastos. O livro do narrador, como o emplasto, é a tentativa da cura (Motta, 2006, p.61-3). Nisto, o memorial de Brás Cubas se afilia a uma tradição da sátira menipeia, na qual o livro se oferece como remédio da melancolia humana, tradição que inclui autores como Demócrito, Robert Burton, Henry Fielding e Laurence Sterne (Rego, 1989, p.143-4). Quando Cubas tem pele, quer aplicar o emplasto; quando já não a possui, aplica o texto.

Tendo fracassado no projeto do emplasto, não tendo podido satisfazer a "sede de nomeada" antes de falecer, o espírito do protagonista parece permanecer com uma forte sede insatisfeita no mundo das almas. Como o último capítulo, "Das negativas" (Assis, 1985, Capítulo CLX), indica, o emplasto é apenas o último de uma série de projetos malogrados. Apesar de haver proclamado que a falta de um filho lhe deixa com um "pequeno saldo", o mau sabor das repetidas negativas parece ficar na boca (ou ao menos na memória) do defunto. O ressurgimento do defunto, na forma de livro, é ainda outra iteração, ritual e absurda, nessa série de tentativas de se estabelecer como nome e como pessoa. O defunto ainda quer ser "funto" (funcional). Se nas culturas pré-modernas o xamã batia na pele do tambor, convocando uma reanimação, na época moderna o homem se esforça para alcançar o mesmo fim escrevendo sobre pergaminhos e, mais tarde, papéis. As memórias póstumas, portanto, são o eco distante do xamã buscando a ressurreição.

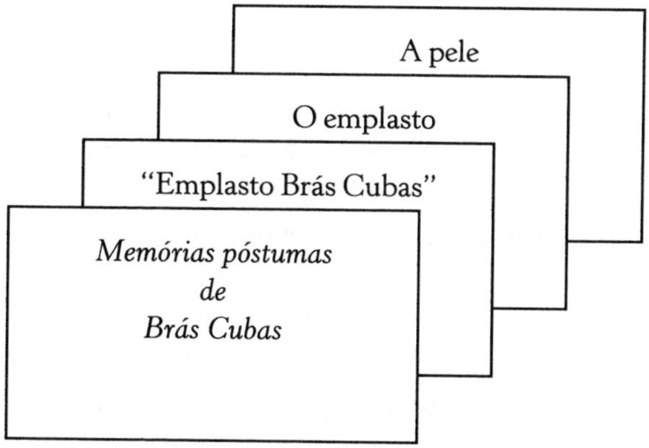

Figura 4.1 As quatro camadas da "pele" de Brás Cubas.

Já mencionei a "teoria das edições humanas", em que o narrador diz que o editor dá sua "edição definitiva" "de graça aos vermes" (Assis, 1985, Capítulo XXVII). Falta agora examinar em mais detalhes esta passagem:

> Mas é isso mesmo [a pesquisa de tempos já idos] que nos faz senhores da Terra, é esse poder de restaurar o passado, para tocar a instabilidade das nossas impressões e a vaidade dos nossos afetos. Deixa lá dizer Pascal que o homem é um caniço pensante. Não; é uma errata pensante, isso sim. Cada estação da vida é uma edição, que corrige a anterior, e que será corrigida também, até a edição definitiva, que o editor dá de graça aos vermes (ibidem, Capítulo XXVII).

O tom recuperativo e nostálgico é evidente, mostrando que Brás Cubas compartilha com outro protagonista machadiano, Bento Santiago, o desejo de "atar as duas pontas da vida". O vocabulário editorial se confunde aqui com o da cura, quase xamânica. O sujeito vive, em sucessivas iterações, tentando "restaurar" o que se perdeu. A cura se define em termos do tátil – "tocar a instabilidade das nossas impressões e a vaidade dos nossos afetos", toque que envolve a pele, busca da estabilidade do tangível. Define-se também em termos da repetição editorial, evocando a busca do profissional de mensagens escritas em estabelecer o texto autêntico, ou restabelecer o texto problemático, remediando seus defeitos. O editor tenta curar o texto. A sucessão de edições evoca a enumeração das negativas no final de *Memórias póstumas*, a série de tentativas de estabelecer-se, de emendar-se, de definir-se. Até a última edição, que é para os vermes.

O "presente para os vermes" tem significado duplo no romance. O primeiro significado é o convencional, em que os livros são os restos mortais dos autores, e os vermes ("roedores" em *Dom Casmurro*), os leitores. Confundem-se corpo morto e livro impresso, e, em ambos os casos, são material para a fome das minhocas (coisa que, supostamente, o autor não quer, porque apaga o que resta de si no mundo). Mas, no caso presente, há um segundo significado, que inverte o convencional. Brás Cubas "dá seu livro de graça aos vermes" ao dedicá-lo "com saudosa lembrança" "ao verme que primeiro roeu as frias carnes do meu cadáver". Cubas aqui define o verme, em termos irônicos, não como o inimigo, mas como um ser íntimo e estimado. A força desse ato de "dar o livro ao verme" também é o oposto do convencional. O narrador não está cedendo o produto para o adversário, que o apagará, mas sim oferecendo-o como um exemplar *sui generis*, composto por um "processo extraordinário" ("Ao leitor"), isento da corrosão do verme. O livro, surgido do túmulo, é o último esforço xamânico, o segundo emplasto, o chocalho mágico, a última cura e derradeira tentativa de se estabelecer e restabelecer-se.

De retratos, espelhos e reproduções: o olhar fotográfico de Machado de Assis*

Thomas Sträter

O século XIX: discrepâncias e Realismo

Se hoje lançarmos um olhar sobre o longo século XIX com seus vaivéns, este espaço de tempo, cujo começo marca a Revolução Francesa e seu fim, a Primeira Guerra Mundial, parece uma época repleta de contradições. Para sintetizar os antagonimos em vigor, registra-se como figura determinante do século, pelo próprio caráter equívoco, o oxímoro, que se expressou no fascínio dos homens pelas discrepâncias e ao mesmo tempo na angústia da desunião regente, que por sua vez produzia uma aliança entre loucura e racionalidade (cf. Corbin, 1999). Essas observações não se limitam ao Velho Continente, a Europa, mas também *cum grano salis* ao Novo Mundo, em particular ao Brasil, como prova a obra do maior prosador brasileiro na área de ficção de seu tempo, Joaquim Maria Machado de Assis.

---

* Uma primeira versão deste ensaio ("Fotografia do invisível") fez parte do Concurso Internacional de Ensaios "Machado de Assis", do Ministério das Relações Exteriores do Brasil, 2006, recebendo premiação. O presente texto foi revisado e ampliado em várias partes (em particular a nota de rodapé que trata da hipótese de uma influência de Walt Whitman na crônica de Machado do dia 7 de agosto de 1864 e o capítulo final deste trabalho, "Uma última imagem").

Basta lembrar aqui dois exemplos: no romance *Memórias póstumas de Brás Cubas* entram na agonia do herói-título a Razão e a Sandice numa disputa delirante: "Já o leitor compreendeu que era a Razão que voltava à casa, e convidava a Sandice a sair, [...]. – Está bem, deixe-me ficar algum tempo mais, estou na pista de um mistério... – Que mistério? – De dous, emendou a Sandice; o da vida e o da morte; [...]" (Assis, 1986a, p.524). No famoso conto "O alienista", uma ética científica transviada seduz o dr. Bacamarte a declarar como loucos os habitantes de uma cidadezinha provinciana inteira e mandá-los ao manicômio, a chamada Casa Verde. Sandice, razão, vida e morte, conceitos opostos desde sempre na filosofia ocidental, convergem aqui numa simbiose típica machadiana, quase emblemática: um não pode existir sem o outro; o oposto até condiciona a existência de seu antagônico, oxímoro característico de toda a obra de Machado.

Na mente dos homens desse tempo existia a crença comum e quase ilimitada num progresso irresistível, seja nas ciências naturais, seja na filosofia – crença ingênua que era contraposta pela experiência contínua das esperanças frustradas e por uma crescente desilusão. Atrás da máscara da civilização espiava o fantasma da barbárie, da decadência e da miséria. Para o Brasil independente e republicano serve de emblema histórico-literário o abolicionismo, que, baseado na ideia de liberdade, igualdade e fraternidade dos homens e propagado pelos republicanos, desembocou na tragédia de Canudos, documentada por Euclides da Cunha na sua epopeia *Os sertões*.

Nascido da ruptura radical com o *ancien régime*, entendeu-se o século XIX como uma fase de transição, uma passagem entre um passado ainda por ser descoberto e um futuro promissor, mas incerto, na Europa e, por certas razões históricas, talvez com mais ênfase num país pós-colonial como o Brasil. Na literatura da época, a obra de Machado de Assis focaliza esses desacordos complexos em vários níveis, tanto na temática quanto na linguagem e estrutura. Os romances e contos estão comprometidos com esse "bazar sem forma" de seu tempo, de que fala Balzac.

Machado cria o mundo literário nos confins do centro urbano fluminense da burguesia, com poucas expedições aos bairros suburbanos. Num panorama ficcional, projeta a capital do país pela primeira vez no mapa da literatura mundial, ao lado de cidades literárias como a Dublin de Joyce, a Paris de Proust ou a Trieste de Svevo. O espaço de tempo que a obra abrange vai dos últimos anos da colônia até a República, demorando-se com maior atenção na monarquia do imperador dom Pedro II. Parece que, para sintetizar as contradições de uma sociedade escravagista "na periferia do capitalismo", para usar a expressão de Roberto Schwarz, quer dizer, nos trópicos sul-americanos pós-coloniais, Machado recorreu a uma metáfora bíblica para o título de seu penúltimo romance, *Esaú e Jacó*.

O livro conta a história das biografias paralelas dos gêmeos de índoles muito diferentes, Pedro e Paulo, durante os últimos anos do Segundo Império e na República do Brasil. Além de ser um símbolo bastante alusivo, os dois irmãos, com temperamentos antagônicos, oferecem a chave para uma teoria literário-filosófica, às vezes evidente à primeira vista, às vezes camuflada e subterrânea, que percorre toda a obra madura de Machado como uma veia vital. Trata-se não só de uma temática extremamente individual do romancista brasileiro, mas do problema crucial da arte no século XIX, e não só nele: a questão da verdade, formulada já por Platão no livro dez sobre o Estado e à qual se referiu o grande filólogo Erich Auerbach em seu *Mimesis*.

Esse estudo clássico sobre a literatura ocidental, desde a epopeia homérica e as histórias bíblicas do Antigo Testamento, passando pela literatura medieval e do Renascimento até chegar ao início do século XX, é uma brilhante interpretação do significado do real, da realidade através de uma representação ou "imitação" literária, enfim, uma reflexão sobre o termo "Realismo". Na literatura francesa do século XIX, a trindade heterogênea formada pelos romancistas Balzac, Flaubert e Zola representa com maior impacto a escola chamada Realismo; nas artes visuais, foi o pintor Courbet que declarou a estética do Realismo num manifesto pioneiro de 1855 de maneira extremamente pessoal:

> Não queria mais imitar uns ou copiar os outros; meu pensamento não foi chegar ao fim ocioso da arte pela arte. Não. Só queria simplesmente aproveitar-me do conhecimento inteiro da tradição, do sentimento racional e independente da minha própria individualidade [...]. Ser capaz de traduzir os costumes, as ideias, o aspecto da minha época, segundo minha apreciação – em uma palavra, fazer a arte viva, eis o meu objetivo. (Rubin, 1997, p.158)

Essa tradução estética dos costumes, das ideias e do aspecto da época de que fala Courbet foi realizada em quadros gigantescos como *O enterro em Ornans* e *O estúdio do pintor*, que se encontram hoje no Museu D'Orsay, de Paris; cenas panorâmicas que tematizam de maneira às vezes chocante para os espectadores, surpreendidos com um realismo repugnante, as relações complexas entre o original, um indivíduo, um grupo ou um determinado ambiente na vida real e sua transformação em arte, em retrato. Desde então, as batalhas por uma arte moderna realista não silenciaram sobre os critérios a respeito da questão de exercer o realismo na arte, critérios estes que definem a possibilidade, para um artista, de representar o mundo inteiro, e a necessidade de uma arte realista para uma sociedade democrática, propagada pelo teórico positivista e socialista, amigo de Courbet, Proudhon. Sabe-se o tamanho do impacto que a teoria da arte deste exerceu na obra do contemporâneo lusitano de Machado, Eça de Queirós.

Identidade e reprodução: a fotografia

No caso de *Esaú e Jacó*, Machado dá a resposta aos desafios estéticos desta maneira: metaforicamente, vida e arte podem ser consideradas como gêmeas da mesma mãe e/ou com a mesma amante: a realidade. O discípulo cético de Pascal, de Schopenhauer, de Sterne e de Xavier de Maistre chega a ponto de constatar não somente uma semelhança, mas uma identidade entre as duas.

Lendo e relendo os romances e contos machadianos da segunda fase depois de 1880, torna-se difícil rejeitar a impressão de que toda a sua obra desde então é grande digressão sobre o fenômeno perturbador das aparências e semelhanças, sobre o original e a cópia, sobre a identidade: enquanto *As memórias póstumas de Brás Cubas* ainda poupa o aspecto genealógico das semelhanças e termina com uma desilusão, num consolo duvidoso de "não ter transmitido a nenhuma criatura o legado da nossa miséria", quer dizer, de não ter tido um filho, um ser parecido com o anti-herói (Assis, 1986a, p.639), no romance seguinte, *Quincas Borba*, a filiação estabelece um parentesco do protagonista com o cachorro do filósofo do Humanismo, que recebe o nome do dono: "Se eu morrer antes, como presumo, sobreviverei no nome do meu bom cachorro. [...] A imortalidade é o meu lote ou o meu dote... [...]" (ibidem, p.645). No entanto, no *Dom Casmurro* a preocupação com as semelhanças encontra-se em todos os níveis, atingindo um clímax imbatível: as semelhanças existem entre os amigos Bentinho e Escobar, entre Bentinho e o leproso Manduca, entre Capitu e a mulher de Gurgel, enfim, entre todos os pais e filhos. *Esaú e Jacó* constitui uma redução da temática aos já mencionados gêmeos e, por isso, uma concentração.

Augusto Meyer, nos anos 1930, e mais tarde Antonio Candido destacaram esse problema fundamental na prosa de Machado, que é a questão da integridade da personalidade, embora em sua constatação os estudiosos se atenham ao aspecto meramente psicológico do problema (cf. Candido, 1995, p.239). Na minha concepção, deve-se entender o problema do desdobramento da personalidade num sentido mais abrangente. Por trás dele se esconde uma teoria filosófico-literária da percepção, que gostaria de chamar "percepção da reprodutibilidade". Essa observação sobre o fenômeno da reprodução é reforçada por interpretações na mesma linha de Silviano Santiago, que cunhou a fórmula "retórica da verossimilhança" no artigo sobre a filosofia de Machado. Esse é também o título quase proverbial de um dos mais influentes ensaios de cultura dos últimos dois séculos: *A obra de arte na era da sua reprodutibilidade técnica*, de Walter Benjamin.

Para mostrar como a temática do desdobramento ocorre com persistência na obra machadiana, cito alguns dos muitos trechos espalhados pelo texto de *Dom Casmurro*, romance das reproduções por excelência. No intento de contar sua biografia, "construção ou *reconstrução* de mim mesmo" (Assis, 1986a, p.880), o narrador, Bento Santiago, chamado Dom Casmurro, descreve nas primeiras linhas do romance a vontade de construir uma nova casa para morar:

> Um dia, há bastante anos, lembrou-me *reproduzir* no Engenho Novo a casa em quem me criei na antiga Rua de Mata-cavalos, dando-lhe o *mesmo aspecto* e economia daquela outra, que desapareceu. [...] Pois, senhor, não consegui *recompor* o que foi nem o que fui. Em tudo, se o rosto é *igual*, a fisionomia é diferente. [...] O que aqui está é, mal comparando, *semelhante* à pintura que se põe na barba e nos cabelos, e que apenas *conserva* o hábito externo, como se diz nas autópsias; o interno não aguenta tinta. (Assis, 1986a, p.809)[1]

Em outra cena, Bento encontrou a adorada Capitu desenhando a lápis um retrato: "Dava os últimos rasgos, e pediu-me que esperasse pra ver se estava *parecido*. Era o de meu pai, *copiado* da tela... [...]" (ibidem, 1986a, p.841). Como se sabe, as semelhanças entre as pessoas mortas retratadas a óleo ou fotografadas não param por aí. No famoso romance de um adultério, o Otelo carioca, Casmurro, descobre a única prova da suposta traição da esposa Capitu na fisionomia do próprio filho, que acha parecido com uma fotografia de seu melhor amigo, Escobar. Observando tal ênfase no intento de refazer, recompor, reproduzir uma vida ao lado do papel importante de retratos e fotografias como motivos determinantes na narração, *Dom Casmurro* revela-se talvez como o texto do olhar mais "fotográfico" de Machado, porque a capacidade de reproduzir imagens da realidade é, entre outros, o que há de mais significativo nessa nova técnica. Mesmo que nos tempos eufóricos da invenção a fotografia ainda fosse associada ao mito da objetividade da representação, porque não sofria influência daquela subjetividade humana que marca as outras

1 Caso não haja outra indicação, os grifos, exceto casos de títulos de livros e palavras estrangeiras, desta citação como das seguintes, são meus.

artes, nota-se em Machado um distanciamento da ideia ingênua de que fotografar signifique apenas reproduzir o real, sendo antes construir um discurso, como pintar e escrever.

O historiador de fotografia Arlindo Machado sublinha a necessidade de livrar-se das convenções e dos conceitos preconcebidos:

> A fotografia só consegue 'reproduzir' ou 'duplicar' uma realidade que lhe é exterior porque opera com conceitos de 'reprodução', 'objetividade' e 'realismo' que ela própria cria e perpetua. Em outras palavras, quando se diz que a fotografia reproduz o real da forma mais exata possível, não se está senão dizendo tautologicamente que uma imagem construída segundo o modelo fotográfico de objetividade é uma imagem verdadeiramente objetiva! (*Enciclopédia artes visuais, Itaú*: "Objetividade fotográfica")

Como diz a frase-propaganda corrente das oficinas fotográficas nestes tempos: "Conservão-se [sic] as chapas para reproduções".

Machado, que sofreu durante toda a vida de uma saúde bastante débil, nomeadamente a epilepsia e a fraqueza da vista, não se limita em suas explorações literárias da identidade frágil ao sentido da visão, mas também acrescenta a elas o sentido da audição. Em *Esaú e Jacó*, o som até fortalece e chega a justificar a ótica que ambos, juntos, produzem numa sinestesia na cabeça de Flora, a amante dos irmãos gêmeos: "fusão, difusão, confusão... transfusão, enfim", títulos dos capítulos correspondentes:

> As duas vozes [de Paulo e Pedro] *confundiam*-se, de tão *iguais* que eram, e acabaram *sendo uma só*. Afinal, a imaginação fez dos dous moços uma *pessoa única*. [...] Flora ouviu mais de uma vez as duas vozes que se *fundiam* na mesma voz e mesma criatura. [...]. Quando ouvia os dous, sem os ver, a imaginação acabava a *fusão* do ouvido pela da vista, e um só homem lhe dizia palavras extraordinárias (Assis, 1986a, p.1048).

No ensaio crítico de 1878 sobre o Realismo naturalista, a propósito de Eça de Queirós – seu irmão gêmeo? –, Machado definiu sua rejeição aos postulados da escola em vigor:

> Víamos aparecer na nossa língua um realista sem rebuço, sem atenuações, sem melindres, resoluto a vibrar o camartelo no mármore da outra escola, que aos olhos do Sr. Eça de Queirós parecia uma simples ruína, uma tradição acabada. Não se conhecia no nosso idioma aquela *reprodução fotográfica* e servil das coisas mínimas e ignóbeis. Voltemos os olhos para a realidade, mas excluamos o Realismo, assim não sacrificaremos a verdade estética. [...] A realidade é boa, o Realismo é o que não presta para nada. (Assis, 1986c, p.904-913).

Afrânio Coutinho comenta essa posição um pouco ambígua a respeito do movimento, porque, como o leitor pode verificar, a doutrina antirrealista nem sempre corresponde à sua prática literária: "Acima de tudo o que lhe importava era a verdade estética, que não se confunde com a fotografia da realidade [...] A arte não é cópia, mas transfiguração da realidade" (Coutinho, 1986, p.30).

O problema da literatura, tal como o da fotografia; o confronto entre o real e o realismo discutível do "retratado", seja pela qualidade de ficção nascida da imaginação de um escritor ou pintor, seja pelo aparelho técnico – o qual, não se deve esquecer, precisa de uma pessoa que saiba manuseá-lo, que escolha o motivo, o *cadrage*, a iluminação etc. –, desencadeou inúmeros debates nos meios intelectuais da época até hoje. Por outro lado, desde então ambas as artes, fotografia e literatura, são reduzidas a um princípio comum, o que permite a tradução de uma pela outra. Assim, Realismo ou Naturalismo aparecem como projetos comuns da fotografia e da literatura, o que resulta numa identificação mútua dos gêmeos literatura e fotografia.

Roland Barthes polemizou da mesma maneira a questão, negando o fim da "arte" pela fotografia – aliás, atribuindo-lhe a qualidade de "magia", ou seja, a transfiguração machadiana: "Os realistas, entre os quais estou, [...] não consideram de modo algum a foto como uma 'cópia do real' – mas como uma emanação do *real passado*: uma *magia*, não uma arte" (Barthes, 1980, p.117).

Assim, a rica metáfora machadiana dos filhos idênticos serve para descrever a relação do eminente romancista da segunda metade oitocentista brasileira com a revolucionária técnica, sua contemporânea, de captar a realidade: a fotografia. Por coincidência, 1839, o ano em que a fotografia na França foi apresentada e exposta ao grande público, foi o mesmo em que Machado nasceu. Seria necessário entender os dois, a técnica da fotografia e o artista Machado, ambos nutridos e seduzidos pela mesma mulher, a Realidade, como incorporações projetadas numa obra de ficção cujos personagens lutam entre si e contra os outros para conquistá-la. No romance, no entanto, só com a morte da mãe os dois adversários juram em seu leito selar "amizade verdadeira, e que se não quebre nunca mais" (Assis, 1986a, p.1092). Entram os dois na Câmara como deputados e o Conselheiro Aires sabe que a mudança de comportamento não foi forçada pela herança, mas por uma *identidade inata*, porque "eles eram os *mesmos*, desde o útero" (ibidem, p.1093).

Literatura e fotografia

Surgiu a possibilidade de pesquisar as relações entre a fotografia tanto como motivo quanto elemento estrutural-perspectivo na obra de Machado de Assis de dois fascínios apaixonados, embora para mim no começo não necessariamente interligados, a mim parecem hoje tão óbvios. Primeiro pelo prazer da leitura repetida e sempre deliciosa dos romances e contos do genial escritor dos trópicos: uma aventura intelectual repleta de achados e descobertas inesperadas. A essa experiência e prática associava-se mais recentemente um interesse pela fotografia no Brasil do século XIX. Como em nenhuma outra mídia, as imagens tiradas nessa época em que o Brasil havia deixado de ser uma colônia de exploração vinculada à metrópole portuguesa e se declarado um país independente permitem, ante o olhar do espectador, presenciar a ressurreição num vasto e vivo panorama da vida cotidiana brasileira da segunda metade oitocentista.

Contemplar as paisagens de um Marc Ferrez ou os retratos de escravos negros de um Alberto Henschel, para citar aqui só dois mestres da arte da fotografia no Brasil, significa presenciar o cruzamento de realidade de um "assim foi" (*cela a été*) com a verdade de um "isto é" (*c'est ça*) barthesiano num passado perdido nos trópicos, aliás, sem nostalgias. Dentro de um processo de crescente interesse pelas artes visuais, os diferentes aspectos da história da fotografia no Brasil foram documentados em várias exposições, catálogos e livros temáticos nos últimos dois decênios. Entre eles destacam-se os estudos de um dos mais renomados estudiosos do assunto, o historiador e curador de exposições Boris Kossoy.

No ano de 2000, a Mostra do Descobrimento 500 Anos do Brasil foi um acontecimento importante no confronto das fotografias com um grande público. Também exposições, com seus catálogos e livros belíssimos, despertaram cada vez mais interesse pela fotografia como meio artístico e documentário, como *Fotógrafos alemães no Brasil do século XIX*, de Pedro Karp Vasquez (2000); a do coleccionador George Ermakoff (2004), *O negro na fotografia brasileira do século 19*; ou o volume que foi publicado por ocasião das festividades do programa L'année du Brésil de 2005, na França: *Les premiers photographes d'un empire sous les tropiques* [Os primeiros fotógrafos de um Império nos trópicos], de Bia e Pedro Corrêa do Lago. Tudo isso foi um convite irresistível para olhar em detalhes as fotografias reproduzidas e colocá-las em conexão com o mundo literário de Machado de Assis, e vice-versa.

As duas expressões de arte contêm em si o poder de evocar com sua magia o Rio de Janeiro de outrora, cada uma à sua maneira. Não quer dizer que as fotografias funcionem como meras ilustrações do escrito, assim como a prosa machadiana não se esgota em servir de comentário aos retratados. Ao contrário, os dois mundos independentes – o visual, da fotografia; e o do imaginário, da literatura – existem separadamente, cada um por si. Sempre considerei um ato arbitrário, uma construção interpretativa feita pelo leitor-observador o fato de relacionar uma fotografia a uma figura fictícia, a uma cena de romances ou contos.

Estou consciente de que existe o perigo nessas sépias recordações de cair na trama da nostalgia pelos idílicos tempos d'antanho, que afinal não eram tão bons. Mesmo que seja provável que algumas fotografias não tivessem outro intento senão o de querer representar o mito de um país harmônico – de harmonia entre raças e classes, entre homem e natureza, entre homem e coletivo –, dificilmente as discrepâncias e contradições manifestas nelas escapam hoje de um olhar atento e aguçado através do olhar machadiano. Por exemplo, a criança montada nas costas de uma babá negra fotografada por Jorge Henrique Papf tem seu precursor equivalente no episódio em que o "menino diabo" Brás Cubas fustigava o moleque de casa como cavalo todos os dias (Assis, 1986a, p.526); ou a escrava fugida do antológico conto antiescravagista "Pai contra mãe" (Assis, 1906), que sofre um aborto no momento de sua entrega ao dono, que encontra o modelo-comentário na imagem da africana orgulhosa e nobre posando de turbante e trajes exuberantes na fotografia de Revert Henrique Klumb; e não temos imaginado a Capitu assim, como nos olha num momento flagrante esta bela jovem na liteira com dois escravos por uma distância temporal de um século e meio?

Tais fotografias conseguem iluminar num instante a realidade inumana da escravidão numa imagem que é quase uma epifania, construindo nossa imaginação (todas em Ermakoff, 2004, p. 73, 98, 202-3). Sem cometer o erro de fazer de Machado um paisagista, um geógrafo literário "naturalista" da metrópole provinciana, cujos logradouros e ambientes na maioria das vezes não passam de pano de fundo, de referências espaciais pouco afirmativas, não raro servindo apenas para "ilustrar" estados emocionais dos personagens, nem mesmo para servir de contraste a suas desventuras, ocorre que a topografia machadiana surge involuntariamente nessas imagens das ruas ensolaradas cariocas, das casas coloniais e dos prédios como o Hotel Pharoux, do porto com os veleiros, das igrejas, dos bondes e ônibus do Rio de Janeiro, que no ano do nascimento de Machado ainda não passava de "uma pequena cidade suja, desconfortável, e tumultuda", nas palavras de Renard Pérez (Perez, 1980, p.68).

Uma pergunta se impôs cada vez mais persuasiva: o surgimento e a evolução da fotografia poderiam ter influenciado o olhar machadiano? À falta completa desse aspecto nos estudos, pus-me na dúvida sobre seu valor, ao mesmo tempo que isso me estimulava a tornar-me um desbravador em sombria vereda tropical fluminense.

Foi um certo consolo quando um erudito especialista em Machado como Alfredo Bosi falou humildemente da empresa "temerária" de escrever sobre o significado da ficção machadiana depois de um século de bibliografia ímpar de interpretações magistrais (Bosi, 1999, p.10). Foi assim que entre os estudos básicos de Astrojildo Pereira, Raymundo Faoro, Roberto Schwarz e John Gledson, encontrei justamente na coletânea de ensaios de Bosi sobre o *olhar enigmático* na obra de Machado de Assis um guia teórico e inspirador para ter a coragem de que precisava para embarcar na pesquisa – sem saber aonde chegar, por enquanto.

Eis aqui os três cordões que devem ser imaginados como espirais entrelaçando-se em minha tese em *statu nascendi*. Eles formam a prosa machadiana, quase uma triple hélix do DNA literário machadiano, embora ainda para ser esboçado e definido com mais clareza, um atrevimento que espero poder concretizar neste ensaio: o olhar machadiano entendido como um olhar fotográfico. Ou, em outras palavras, mais cautelosas, em forma de uma hipótese: será que a invenção de Daguerre e o rápido desenvolvimento dessa técnica, que por acaso partilha com o romancista o ano do nascimento, deixou marcas sustentáveis em sua obra?

Sensibilizado com os argumentos de Bosi no que se refere ao olhar, que pela qualidade de ser móvel não deve ser confundido com o ponto de vista fixado mas, ao contrário, ser entendido na sua ambiguidade "ora abrangente, ora incisivo. O olhar é ora cognitivo e, no limite, definidor, ora é emotivo ou passional. O olho que perscruta e quer saber objetivamente das coisas pode ser também o olho que ri ou chora, ama ou detesta, admira ou despreza. Quem diz olhar diz, implicitamente, tanto inteligência quanto sentimento" (Bosi, 1999, p.10).

Curiosamente, Bosi nunca, em nenhum dos ensaios para analisar o olhar de Machado, refere-se à fotografia, embora ela se torne, na segunda parte do século XIX, o meio referencial da descrição do olhar. O mesmo fenômeno acontece na literatura de seu tempo em geral. Sempre quando o olhar do escritor é descrito, a fotografia é mencionada implícita ou explicitamente (v. Stiegler, 2006, p.33-7).

Só posso interpretar esta lacuna como uma idiossincrasia do grande intérprete, baseada no preconceito de que já a ideia suspeita de pôr a obra de Machado em relação com a fotografia significaria, de modo inevitável, uma degradação da primeira.

Enquanto as publicações relacionadas com a fotografia aumentam a cada ano, são poucas, contudo, as pesquisas sobre as relações entre literatura e fotografia. No entanto, trata-se de um ramo de pesquisa ainda bastante novo e pouco analisado. A literatura comparada e, mais recentemente, o surgimento dos *Cultural Studies* (Estudos Culturais) acadêmicos, entre eles os de mídia de massas, produziram após um começo um tanto hesitante alguns estudos como, na Alemanha dos anos 1980, o livro pioneiro de Erwin Koppen, que apresenta uma impressionante galeria de autores dos séculos XIX e XX, vinculados de uma ou outra forma, prática ou teórica, à fotografia: entre outros, Zola e Strindberg eram devotos amadores da fotografia; Humboldt testemunhou com grande entusiasmo a invenção da fotografia numa carta; enquanto, pelo lado dos críticos, Baudelaire tomava posição polêmica contra a fotografia como arte etc.

A maior coleção de textos originais de literatos sobre a fotografia, aliás salientando os autores ingleses e norte-americanos, encontra-se na antologia crítica *Literature and Photography Interactions, 1840-1990* [Interação entre literatura e fotografia], editada por Jane M. Raab (1995) nos Estados Unidos. De uma ambição muito mais teórica saiu o volume *Philologie des Auges: Die Entdeckung der Welt im Neunzehnten Jahrhundert* [Filologia do olho: a descoberta do mundo no século XIX], do alemão Bernd Stiegler (2001). O propósito do autor era escrever uma "história da percepção" por meio do acompanhamento da evolução e dos debates críticos sobre a fotografia. Há um tempo acrescentou ao estudo um álbum comentado sobre as metáforas fotográficas, *Bilder der Photographie* [Imagens da fotografia] (2006). O livro de Jérôme Thélot (2003), *Les inventions littéraires de la photographie* [As invenções literárias da fotografia], lançou um olhar sobre o aspecto de como a fotografia "provocou" certos fenômenos literários e a reação da literatura ao aparecimento da fotografia. No Brasil, o livro de Maria Inez Turazzi (1995), *Poses e trejeitos na era do espetáculo: 1839-1899*, situou a função da fotografia num vasto panorama cultural das exposições universais no século XIX.

A invenção de Daguerre e o Brasil

Os avanços na química, na física e, em particular, na ótica, bem como várias experiências do século XVIII, foram responsáveis para que um sonho da humanidade afinal se concretizasse no ano de 1839: a reprodução de imagens criadas na câmara obscura, um aparelho de desenho empregado pelos artistas desde o século XVI, de maneira mecânica e sem nenhuma intervenção manual. A invenção revolucionária de Louis Jacques Mandé Daguerre, baseada nos experimentos de Joseph Nicéphore Niépce, foi apresentada na Academia Francesa das Ciências no dia 7 de janeiro deste ano decisivo pelo seu secretário, o astrônomo, físico famoso e deputado republicano Louis-François Arago. Poucos meses depois, no dia 19 de agosto de 1839, o segredo de como as imagens de Daguerre eram obtidas foi revelado e descrito em público. Em reunião conjunta das Academias de Ciências e de Belas-Artes, o processo do inventor, adquirido então apenas há relativamente pouco tempo, foi oferecido pelo governo da França a toda a humanidade num gesto prometeico.

A participação das duas academias mostra que o processo não era considerado tão só como uma nova técnica, mas também como uma nova arte que hoje todos conhecemos e usamos com a maior naturalidade sob o termo "fotografia", seja em papel, seja, desde há pouco tempo, por meio eletrônico. No caso do daguerreótipo, tratava-se ainda de uma imagem única e positiva, diretamente formada em uma placa metálica em geral de cobre e revestida por uma camada de prata polida com cuidado e sensibilizada por vapores de iodo, que lhe conferiam leve tom dourado. Após a exposição na câmara obscura, a imagem formada na placa, mas ainda invisível, era revelada por vapores de mercúrio e fixada com uma solução de sal. O resultado era uma imagem prateado-metálica espelhando-se em diferentes nuances, de um encanto ímpar cuja reprodução em papel jamais poderia alcançar. Dependendo do ângulo de vista podia aparecer como negativo ou positivo (cf. Voigt, 2004).

Na Inglaterra, William Henry Fox Talbot apresentou pouco depois, em reunião da Royal Society, a invenção de um processo negativo-positivo capaz de reproduzir a imagem em cópias em número ilimitado. Sabe-se que muitos cientistas e artistas em países da Europa e da América haviam feito na época experiências mais ou menos independentes, a fim de obter imagens pelos efeitos da luz, mas em especial o Brasil pode-se orgulhar de uma verdadeira pré-história da fotografia, o que até as últimas décadas permaneceu no desconhecimento ou esquecimento até mesmo dos especialistas no assunto.

Completamente isolado do desenvolvimento e dos círculos científicos europeus, na provinciana Campinas de então, o imigrante francês Hercules Florence, desenhista da expedição Langsdorff que substituiu o alemão Moritz Rugendas, desenvolveu, já na década de 1830, um método verdadeiramente fotográfico de fixar imagens em papel através da luz. Foi também Florence quem cunhou o termo "fotografia" já no ano de 1833, anos antes de o termo entrar em vigor na Europa por intermédio do cientista John Herschel, responsável pelo emprego do termo *photography*. Quando soube mais tarde da invenção de Daguerre, Florence reconheceu a supremacia do compatriota (cf. Kossoy, 1998, p. 22-4; Bajac, 2002, p. 19-20).[2]

Assim, as primeiras "fotografias" feitas no Brasil eram daguerreótipos que datam já dos anos 1840. O fato de que, no dia 17 de janeiro de 1840, tenha sido publicado no *Jornal do Commercio* o anúncio da primeira demonstração na Corte de um novo método de reprodução de imagens mostra de maneira surpreendente como, na época em que o meio de transporte intercontinental era o navio, uma

2 Boris Kossoy foi o "descobridor" de Hercules Florence como pioneiro da fotografia no Brasil. A bibliografia sobre Florence está em Kossoy (1998, p.47).

nova invenção da Europa demorava apenas algumas semanas para chegar à periferia da América do Sul. No jornal se lê:

> Finalmente passou o daguerreotypo para cá os mares, e a photographia, que até agora só era conhecida no Rio de Janeiro por theoria, he-o actualmente tambem pelos factos que excedem quanto se tem lido pelos jornaes tanto quanto vai do vivo ao pintado.
>
> Hoje de manhã teve lugar na hospedaria Pharoux hum ensaio photographico tanto mais interessante, quanto he a primeira vez que a nova maravilha se apresenta aos olhos dos Brazileiros. Foi o abbade Combes quem fez a experiencia: He hum dos viajantes que se acha a bordo da corveta franceza *l'Orientale*, o qual trouxe comsigo o engenhoso instrumento de Daguerre, por causa da facilidade com que por meio delle se obtem a representação dos objectos de que se deseja conservar a imagem.
>
> He preciso ter visto a cousa com os seus proprios olhos para se poder fazer idéa da rapidez e do resultado da operação. Em menos de nove minutos o chafriz do largo do Paço, a praça do Peixe, o mosteiro de S. Bento, e todos os outros objectos circumstantes se acharão reproduzidos com tal fidelidade, precisão e minuciosidade, que bem se via que a cousa tinha sido feita pela propria mão da natureza, e quase sem intervenção do artista. Inutil he encarecer a importancia da descoberta de que já por vezes temos occupado os leitores; a exposição simples do facto diz mais do que todos os encarecimentos. (Ermakoff, 2004, p.109).

É de admirar que justamente um homem da igreja tenha sido o instrutor da nova técnica, fato que abre caminho a várias especulações. O enigmático abade Compte, de quem pouco se sabe, parece muito mais um dos disfarces romanescos do conde de Monte Cristo do que um homem que inspirasse confiança.[3]

Talvez tenha sido a esperança dos fabricantes de câmeras e produtos químicos ligados à fotografia que, vendo no clérigo alguém longe de qualquer suspeita de charlatanismo, os tenha feito acredi-

---

3 Para mais informações sobre a figura misteriosa do abade Compte e o navio *L'Orientale*, ver Wood (1994).

tar em sua força persuasiva e sinceridade. Seja como for, foi o futuro imperador dom Pedro II que, com apenas 14 anos de idade, antes mesmo da coroação em 1841, assistiu como atento espectador à demonstração do abade. Entusiasmado, o próprio monarca adquiriu algumas semanas mais tarde o próprio aparelho de daguerreotipia, sendo o primeiro brasileiro a praticá-la, provavelmente. Existe um retrato dele fotografado em papel. Com os membros da família imperial, o imperador aparece em alguns daguerreótipos por volta de 1853. Importante para o desenvolvimento da fotografia foi sua prática de mecenato, que resultou na chamada Coleção D. Teresa Cristina, nomeadamente sua esposa, composta de mais de 23 mil fotografias, entre as quais se encontram como empreendimento pioneiro dois álbuns com fichas de identificação de prisioneiros (Ermakoff, 2004, p.258).

Durante o longo reinado de quase sessenta anos, o imperador e fotógrafo amador acompanhava com grande interesse os progressos da fotografia. Vários empreendimentos da nação, obras públicas como a construção de ferrovias, estradas e pontes, foram documentados por fotógrafos contratados por ele. Os melhores representantes da profissão foram agraciados com o título honorífico de "Photographo da Casa Imperial". Entre eles destaca-se Joaquim Insley Pacheco, mestre na arte do retrato oficial no Brasil, que instalou seu estúdio no Rio de Janeiro nos anos 1850, tornando-se em pouco tempo o mais requisitado e brilhante retratista de seu tempo. Machado de Assis e a esposa, dona Carolina, também não fugiram à moda de se deixar fotografar, e em diferentes estágios da vida procuraram o estabelecimento desse típico fotógrafo-*entrepreneur* para ser retratados.[4] O primeiro retrato foi tirado por volta de 1864, quando Machado contava 25 anos, época de atividade imensa, em que publica-

4 Os grandes fotógrafos, ao mesmo tempo empreendedores e homens do mundo, ocuparam nesta época com frequência as colunas dos jornais. Enquanto a maioria dos artigos dedicava-se a mostrar o artista trabalhando, outros também ilustraram aspectos mais específicos, como o industrial e o financeiro (cf. Bajac, 2002, p.134-7).

va todos os dias trabalhos jornalísticos como cronista, produzia várias peças de teatro e estreava na poesia com um volume de versos, *Crisálidas*. Mostra o contato bastante íntimo com o Nadar carioca o fato de que Insley Pacheco foi um dos atores amadores da comédia em um ato *Quase ministro*, de Machado, representada num sarau literário e artístico em 1862.[5]

O cronista perplexo: retratos femininos numa exposição

Dois anos mais tarde, 1864, no dia 7 de agosto, numa crônica do *Diário do Rio de Janeiro,* Machado relata uma das visitas regulares de "semana em semana" na casa de Pacheco, o "mais luxuoso templo de Delos da nossa capital", um tipo de galeria de arte naquele tempo, onde ele, profundamente impressionado, convida os leitores a "admirar-se a perfeição crescente dos trabalhos fotográficos e de miniatura".[6] Continua a ronda o curioso repórter:

---

5 Obtive esta informação no site de Machado de Assis da Academia Brasileira de Letras.

6 Quase vinte anos antes, no jornal *Brooklyn Daily Eagle* (v.5, n.160, 2 jul. 1846), o poeta norte-americano Walt Whitman relata a visita à galeria de um famoso daguerreotipista em Nova York, Estados Unidos. É de admirar como o autor do famoso *Leaves of Grass* se entusiasma de maneira muito parcecida com a do futuro colega de profissão brasileiro sobre as fascinantes possibilidades de retratrar fisionomias, em particular as femininas: "*Plumbe's [o daguerreotipista] beautiful and multifarious pictures all strike you, (whatever their various pecularities) with their naturalness, and the life-look of the eye – that soul of the face*" (Whitman, 1995, p.21). A "alma do rosto" que Whitman vê revelada no daguerreótipo parece uma antecipação do ideal literário na fórmula machadiana "fotografia do invisível". Trata-se de mera coincidência esse fascínio compartilhado pelos dois gênios literários em torno da fotografia – euforia, diga-se, compartilhada também por outros autores mundo afora – ou seria resultado do impacto de uma possível leitura feita pelo Bruxo de Cosme Velho do poeta nova-iorquino? O português Joaquim Insley Pacheco, antes de se instalar no Rio de Janeiro, havia trabalhado no início da carreira como fotógrafo itinerante no Nordeste brasileiro. Apresentado à fotografia pelo norte-americano Frederick

"E veem-se reunidos no mesmo salão ou no mesmo álbum, os rostos mais belos do Rio de Janeiro, – falo dos rostos femininos. [...]. É a casa do Pacheco primeira do gênero que existe na capital, onde há cerca de trinta oficinas" (Assis, 1955, p.77). Em seguida, o jovem cronista descreve como, há 24 anos, chegou à terra brasiliense a primeira máquina fotográfica e chama-a "o milagroso aparelho", referindo de modo explícito como fonte as "gazetas do tempo", tempo em que ele era um bebê de poucos meses de vida. No mais tardar enquanto escrevia aquilo, Machado deveria estar consciente de ser tão jovem quanto a técnica. Após, sublinha a tarefa principal desses estabelecimentos, que é a da reprodução das feições. "Desde então para cá, isto é, no espaço de vinte e quatro anos, a máquina do padre [sic] Combes [sic] produziu as trinta casas que hoje se contam na capital, destinadas a reproduzir as feições de todos quantos quiserem passar à posteridade... num bilhete de visita" (ibidem, p.78). Depois de examinar algumas miniaturas pintadas a óleo, nosso repórter volta à fotografia, apresentando aos leitores a máquina mais nova, que promete retratos em papel de formato maior que o dos cartões de visita, pressentindo seu crescente desenvolvimento e sucesso no futuro.

> A outra novidade que fui ver à casa do Pacheco foi um aparelho fotográfico, chegado ultimamente, destinado a reproduzir em ponto gran-

---

Walter, em Fortaleza, Ceará, aperfeiçoou-se em seguida com Matthew Brady em Nova York. Podemos imaginar que Insley Pacheco tivesse conhecimento do artigo de Whitman desde o tempo passado nos Estados Unidos, este sendo um dos pioneiros a prestigiar o advento da nova arte/técnica. Quem sabe até tenha Pacheco, por sua vez, fornecido o texto do poeta a seu jovem admirador no Rio de Janeiro. Uma hipótese – nada além disso. Seja como for, Machado consta da longa lista de escritores que deram calorosas boas-vindas à nova expressão estética – de inusitados valores, tanto no campo documental como artístico. Infelizmente, sua contribuição na qualidade de autor de porte, distante dos centros culturais da época, passou ignorada pela organizadora da antologia dos testemunhos acerca da fotografia, *Literature and Photography Interactions* (cf. Raab, 1995).

> de as fotografias de cartão. Não vi ainda trabalhar esse novo aparelho, mas dizem que produz os melhores resultados. Até onde chegará o aperfeiçoamento do invento de Daguerre? (Ibidem, p.80)

Além do valor documental de que a invenção de Daguerre não passou despercebida pelo jovem escritor e mesmo excitou sua maior admiração, este folhetim comprova que Machado estava consciente de compartilhar com o invento a mesma idade. Separa a data dessa sua referência dupla na mesma página (na versão do texto impresso em livro) o espaço de 24 anos desde a chegada quase mitológica da corveta *L'Orientale* – que quase exemplificou o dito latim *ex oriente lux* – da máquina fabulosa a bordo e que foi responsável pelos trinta estabelecimentos fotográficos do Rio, cerca de seis semanas após o 25º aniversário, no dia 21 de junho. O número transcendente 139 para o capítulo decisivo "A fotografia", em *Dom Casmurro*, não foi dado por acaso e acrescenta-se como mais um detalhe determinante dessa consciência.

Não quero enfatizar demais aqui o significado da mera coincidência dos nascimentos independentes da técnica de reprodução e o do maior escritor brasileiro do seu tempo e fundador da Academia Brasileira de Letras. Isso só serve de fato para mim como ponto de partida. Não obstante, não resta dúvida de que Machado – assim como outros autores contemporâneos, como Fontane, Hardy, Lewis Carrol, Rodenbach ou Verlaine, por exemplo – acompanhou durante toda a vida, até sua morte, em 1908, a evolução e o sucesso irresistível da nova técnica-arte ("a crescente perfeição"), que hoje tem conquistado em definitivo seu lugar merecido nos museus de arte moderna. Para os menos aficcionados – historiadores, sociólogos e antropólogos –, a fotografia é prestigiada pelo caráter documental, por formar um arquivo iconográfico capaz de dar testemunho de uma imagem verídica a épocas e seres desaparecidos. Pela primeira vez na história era possível fazer o momento fugaz congelar-se em segundos em memória imperecível, eterna.

O sucesso imediato da técnica-arte de fotografia em todo o mundo se deve primordialmente às suas características de mídia de massa com qualidades democráticas[7] inerentes que ofereceram à burguesia emergente, assim como à aristocracia decadente, a possibilidade de se aproveitar de um meio de se retratar e, desse modo, manifestar com orgulho a consciência de dignidade, seu papel na sociedade, sem recorrer à necessidade do trabalho caro de um pintor. As chamadas fotografias de dimensões reduzidas com o nome de "cartão de visita", porque tinham esse formato (foto 6 x 9,5 cm colado sobre cartão de 6,5 x 10,5 cm aproximadamente), possibilitaram obter-se com uma câmara com quatro objetivas quatro imagens distintas com um único negativo, baixando assim, de modo substancial, o preço do retrato fotográfico; foram produzidas em milhões de exemplares e tornou-se moda colecioná-los em álbuns, os da própria família e de amigos e celebridades.

Em toda a história da fotografia dessa época e em parte até hoje, nas interpretações teóricas heterogêneas, convergem teorias básicas: ou a fotografia é para todos os observadores uma reprodução completa do objeto, não importa se é descrita como "uma segunda criação", um simulacro pictórico, ou é considerada uma duplicação, um redobramento esteticamente precário do objeto contingente.

Fotografia do invisível

Desde o momento em que a fotografia apareceu, ela inspirou sonhos e fantasias. Alguns entusiastas da técnica-arte deram ênfase à natureza mágica do ato fotográfico, enquanto outros especularam sobre a capacidade de capturar fenômenos imaginários, como a – atual – capacidade de fixar o invisível aos homens num "daguerreó-

---

7 "A democratização definitiva da prática da fotografia irá ocorrer a partir de 1888, quando o norte-americano George Eastman lança a primeira câmara da linha Kodak, capaz de produzir 100 fotografias com um único filme, que era revelado em seguida pelo fabricante, talvez o principal fator propiciador do surgimento da fotografia amadora" ("A maturidade técnica e a democratização do olhar 1876-1900", *Enciclopédia artes visuais*).

tipo mental". Muitas dessas fantasias foram exploradas nos anos 1860 e depois na fotografia dita espírita (cf. Bajac, 2002, p. 142-5; Stiegler, 2001, p.118-36). O título que serve para este capítulo é, por um lado, sugestivo, porque chama a atenção para uma impossibilidade; por outro, e exatamente por essa sua característica registradora, resulta ser enigmático em sentido opaco. Assim, repete-se no título a figura fenomenológica da incompatibilidade de conceitos opostos, representativa da época, e a tentativa de harmonização. A fórmula se encontra no já mencionado romance *Esaú e Jacó*, no qual aparece numa frase figurativa, que toma o olho humano como analogia do aparelho fotográfico, frase esta difícil de entender fora do contexto: "O olho do homem serve de fotografia ao invisível, como o ouvido serve de eco ao silêncio" (Assis, 1986a, p.998).

A frase é oriunda do capítulo XLI, em que o "Caso do burro" lembra de longe o colapso nervoso de Friedrich Nietzsche em Turim, condoído por um cavalo maltratado, o que pode ser visto como a erupção de sua loucura. Também Roland Barthes se refere ao episódio no livro *La chambre claire* [*La chambre claire*] – metáfora nova para o aparelho fotográfico –, no capítulo em que fala da relação entre sandice/loucura e compaixão, comentando de maneira involuntária "O alienista": "Acreditei compreender que existia uma forma de laço (nó) entre a Fotografia, a Loucura e qualquer outra coisa para a qual não sei o nome. Comecei a chamá-la o sofrimento do amor" (Barthes, 1980, p. 178-9).

No romance sobre os gêmeos cariocas Castor e Pólux, a situação é a seguinte: uma carroça estava parada numa rua impedindo a passagem de uma carruagem. O carroceiro, irritado, batia no burro, sem conseguir, entretanto, que a carroça saísse do lugar. A situação durou cinco ou seis minutos e foi observada pelo Conselheiro Aires, que viu nos olhos redondos do animal uma expressão profunda de ironia e paciência. O gesto largo do animal pareceu-lhe a expressão de um espírito invencível. Leu em seus olhos um monólogo:

> Anda, patrão, atulha a carroça de carga para ganhar o capim de que me alimentas. Vive de pé no chão para comprar as minhas ferraduras.

> Nem por isso me impedirás que te chame um nome feio, mas eu não te chamo nada; ficas sendo sempre o meu querido patrão. Enquanto te esfalfas em ganhar a vida, eu vou pensando que o teu domínio não vale muito, uma vez que me não tiras a liberdade de teimar...
>
> – Vê-se, quase que se lhe ouve a reflexão, notou Aires consigo.
>
> Depois riu de si para si, e foi andando. Inventara tanta cousa no serviço diplomático, que talvez inventasse o monólogo do burro. Assim foi; não lhe leu nada nos olhos, a não ser a ironia e a paciência, mas não se pôde ter que lhes não desse uma forma de palavra, com as suas regras de sintaxe. A própria ironia estava acaso na retina dele. O olho do homem serve de fotografia ao invisível, como o ouvido serve de eco ao silêncio. Tudo é que o dono tenha um lampejo de imaginação para ajudar a memória a esquecer Caracas e Carmem, os seus beijos e experiência política (Assis, 1986a, p.998).

Esse minúsculo parágrafo do romance *Esaú e Jacó*, que até hoje não tem o reconhecimento que merece pelas qualidades filosófico-literárias, parece um *fait divers* mais apto para uma crônica do que parte integral de uma prosa extensa, revelando o Machado no clímax de sua mestria de romancista, entrando no jogo com toda a ambivalência. Cabe a pergunta: onde reside a ironia – no olho do animal ou no do homem? Somente pode ser na própria retina. O que o Conselheiro vê é o resultado da própria imaginação, uma projeção de seus pensamentos. Eis aqui nestas três palavras "fotografia do invisível" uma teoria literária formulada por Machado *in nuce*: o olho, o olhar, não como mero meio retratista do real, mas com o objetivo de penetrar a superfície, chegando ao íntimo subcutâneo, o invisível do caráter de uma pessoa, as razões ocultas de suas motivações e ações.

O que anos mais tarde conseguiu a radiografia com o corpo humano, revelando o invisível do interior, além da pele protetora e ocultadora, a carne, as artérias, os órgãos e o esqueleto, a "fotografia literária" já focalizara antes: retratar a alma das pessoas ou, como se diz com base nas expedições ao inconsciente de Sigmund Freud, em Viena, a análise da psiquê. Tudo é ficção, tudo inventado por Aires e seu *alter ego* – na realidade o criador do romance, Machado. O que o

Conselheiro leu nos olhos do animal foi por acaso a própria ironia de suas retinas. Aquilo que Aires, assim como Machado, ambos dedicados contistas de casos, fazem é dar ao caos informe que veem na imaginação "uma forma de palavra, com suas regras de sintaxe".

O olho humano ganha a forma de uma metáfora e transforma-se numa máquina fotográfica capaz de produzir uma imagem instantânea, embora se trate aqui, na literatura machadiana, de uma fotografia com qualidades que vão além do mundo visível: retratar o escondido, os sentimentos, os afetos, as motivações dos homens. O olho humano desde sempre teve a função de uma *interface* entre o fora e o dentro, entre imaginação e percepção. Pela sua construção anatômica, sempre foi um modelo equivalente à câmara obscura. O petrarquismo já metaforizou o olho como o espelho da alma, mas na prosa machadiana o olho se transforma numa máquina fotográfica que reproduz imagens enigmáticas a ser decifradas e interpretadas por um observador. No momento em que o olho é capaz de fotografar, a percepção é necessariamente determinada pela fotografia. Assim nasce, através da invenção de Daguerre na literatura, um novo olhar, um olhar fotográfico, o qual prova toda a obra madura de Machado.[8]

---

8 O termo "fotografia" aparece também nas seguintes obras de Machado, em que tem uma função mais ou menos ocasional. No romance *Quincas Borba*, em que a diferença entre a aparência física e a do retrato fica evidente: "D. Tonica foi buscar o retrato. Era uma *fotografia* – representava um homem de meia-idade, cabelo curto, raro, olhando espantado para a gente, cara chupada, pescoço fino e paletó abotoado. [...] D. Tonica recebeu o retrato e fitou-o alguns instantes; mas, tirou logo os olhos, e deixou-se estar sentada, enquanto a imaginação saiu a esperar o Rodrigues. Chamava-se Rodrigues. Era mais baixo que ela – cousa que o retrato não dava – [...] Os olhos não mostravam o espanto da *fotografia*; este efeito provinha da ênfase que ele pôs em todo o corpo, a fim de que o retrato saísse bonito." (Assis, 1986a, p.795-6)
No *Memorial de Aires*: "Chegou à Bahia o afilhado dos Aguiares. Creio que eles lhe darão festa de recepção, ainda que modesta. A última *fotografia* foi mandada encaixilhar e pendurar. É um belo rapaz, e a atitude do retrato tem certo ar de petulância que lhe não fica mal, ao contrário." (Assis, 1986a, p.1133)
"Ia-me esquecendo uma coisa. Fidélia mandou encaixilhar juntas as *fotografias* do pai e do marido, e pô-las na sala." (Assis, 1986a, p.1140).

A fotografia como motivo determinante: *Dom Casmurro*

No começo do romance, o narrador descreve dois retratos, um do pai e outro da mãe. Conclui suas meditações numa comparação das pinturas a óleo com a nova técnica de retratar, a fotografia, salientando a característica excepcional de representar num flagrante um estado de espírito passageiro: "Depois da morte dele [do pai], lembra-me que ela chorou muito; mas aqui estão os retratos de ambos, sem que o encardido do tempo lhes tirasse a primeira expressão. São como *fotografias* instantâneas da felicidade" (Assis, 1986a,

---

"Eu gosto de ver impressas as notícias particulares, é bom uso, faz da vida de cada um ocupação de todos. Já as tenho visto assim, e não só impressas, mas até gravadas. Tempo há de vir em que a *fotografia* entrará no quarto dos moribundos para lhes fixar os últimos instantes; e se ocorrer maior intimidade entrará também." (Assis, 1986a, p.1184)

"Digo que eram gravuras, porque me fui despedir dele, que se levantou logo, com grande cortesia; mas de longe pensei que fosse o álbum de retratos. Não era; o álbum estava ao pé, aberto justamente na página em que figuram as duas *fotografias* de Carmo e do marido. Tristão deixou também aberto o livro das gravuras e veio comigo à porta, acompanhando Aguiar, e ali me despedi de ambos." (Assis, 1986a, p.1147).

No conto "Manuscrito de um sacristão" (*Historias sem data*, 1884): "Perdão, interrompe-me uma senhora, esse noivo não é obra exclusiva de Eulália, é o marido de todas as virgens de dezessete anos. Perdão, digo-lhe eu, há uma diferença entre Eulália e as outras, é que as outras trocam finalmente o original esperado por uma cópia gravada, antes ou depois da letra, e às vezes por uma simples *fotografia* ou litografia, ao passo que Eulália continuou a esperar o painel autêntico. Vinham as gravuras, vinham as litografias, algumas muito bem-acabadas, obra de artista e grande artista, mas para ela traziam o defeito de ser cópias. Tinha fome e sede de originalidade. A vida comum parecia-lhe uma cópia eterna. As pessoas do seu conhecimento caprichavam em repetir as ideias umas das outras, com iguais palavras, e às vezes sem diferente inflexão, à semelhança do vestuário que usavam, e que era do mesmo gosto e feitio. Se ela visse alvejar na rua um turbante mourisco ou flutuar um penacho, pode ser que perdoasse o resto; mas nada, coisa nenhuma, uma constante uniformidade de ideias e coletes. Não era outro o pecado mortal das coisas. Mas, como tinha a faculdade de viver tudo o que sonhava, continuou a esperar uma vida nova e um marido único" (Assis, 1986b, p.454).

p.817). Esta é a primeira vez, um prelúdio, em que aparece a palavra "fotografia", mas não a última. No decorrer da ação de *Dom Casmurro* uma fotografia vai ter a função crucial de ser para Bentinho a última e decisiva prova da (suposta) traição da esposa, Capitu, com o amigo Escobar. Machado descreve uma típica fotografia como era comum se fazer em qualquer dos estúdios fotográficos nestes anos: um retrato de frente, a pessoa inteira de pé, vestida a rigor, a postura um pouco artificial, com dedicatória:

> Uma só vez olhei para o retrato de Escobar. Era uma bela *fotografia* tirada um ano antes. Estava de pé, sobrecasaca abotoada, a mão esquerda no dorso de uma cadeira, a direita metida ao peito, o olhar ao longe para a esquerda do espectador. Tinha garbo e naturalidade. A moldura que lhe mandei pôr não encobria a dedicatória, escrita embaixo, não nas costas do cartão: "Ao meu querido Bentinho o seu querido Escobar 20-4-70". Estas palavras fortaleceram-me os pensamentos daquela manhã e espancaram de todo as recordações da véspera. Naquele tempo a minha vista era boa. (Assis, 1986a, p.925-6)

Mais uma vez a fotografia como testemunho indestrutível da traição do amigo entra em cena quando Bentinho, em desespero, decide se suicidar com veneno:

> Mas a *fotografia* de Escobar deu-me o ânimo que me ia faltando; lá estava ele, com a mão nas costas da cadeira, a olhar ao longe... [...]. Não havendo remédio senão ficar com ele, fiz-me pai deveras. A ideia de que pudesse ter visto alguma *fotografia* de Escobar, que Capitu por descuido levasse consigo, não me acudiu, nem se acudisse, persistiria. (Assis, 1986a, p.936-43)

A tentativa, um pouco ridícula, porque é uma "imitação" do exemplo do romano Catão, fracassa necessariamente quando o narrador quer tomar o café com a droga no instante em que o filho entra. Numa inspiração diabólica, oferece a Ezequiel a sua xícara com a dose mortal. No último momento, recua.

Considerando a consciência profunda do processo artístico controlado por Machado, a todo momento, seria difícil tomar como mera coincidência que o capítulo curtíssimo "A fotografia" aluda, na numeração romana CXXXIX, ao ano do nascimento do autor como o da nova técnica de reprodução, ao qual se referiu na crônica já mencionada ("há vinte e quatro anos"). Num momento em que o pequeno filho Ezequiel entra no quarto, a semelhança (para não dizer que eram idênticos) dele com o retrato do amigo Escobar fica evidente. Os olhares do casal, de Capitu e Bentinho, fixam-se primeiro na fotografia, cruzam-se depois no menino, para voltar de novo à fotografia. Ninguém fala nada. A comparação entre a imagem do retratado e a realidade viva é fatal: a identidade do filho com o amigo parece ser evidente; este era aquele:

> Palavra que se tive a pique de crer que era vítima de uma grande ilusão, uma fantasmagoria de alucinado; mas a entrada repentina de Ezequiel, gritando: – "Mamãe! Mamãe! É hora da missa!" restituiu-me à consciência da realidade. Capitu e eu, involuntariamente, olhamos para a fotografia de Escobar, e depois para o outro. Desta vez a confusão dela fez-se confissão pura. *Este era aquele*; havia por força alguma fotografia de Escobar pequeno que seria o nosso pequeno Ezequiel. (Assis, 1986a, p.938).

Os contos: a redução ao instantâneo

Como *Brás Cubas* constitui o divisor de águas dentro dos romances, permitindo ao autor abrir a segunda fase na obra de Machado, cristaliza-se igualmente óbvia uma crise na narrativa de seus contos a partir do final dos anos 1870 e começo dos anos 1880. Numa fase transitória destacam-se ainda alguns exemplos que recorrem ao grotesco-romântico ou pelo menos ao irreal como tentativas de saída do mal-estar com os limites do realismo. O mencionado antológico "O alienista" (1881 in Assis, 1882) é exemplo ilustrativo dessa fase, enquanto "O empréstimo" (ibidem) vai mais além, pois reúne todas as características do novo tipo da narração machadiana, para criar uma espécie de versão brasileira da *short story* anglo-americana. Não por acaso, o dinheiro, como agente e motor do capitalismo, tem o papel principal nesse texto. Com a expectativa de entrar com a quantia exorbitante de cinco contos de réis num negócio lucrativo, o pobre, mas ambicioso, protagonista da história passa de um amigo a outro pedindo o empréstimo que, após cada tentativa frustrada, tem de reduzir paulatinamente até chegar à quantia irrisória de cinco mil-réis, que lhe servem afinal para um jantar.

Em nota introdutória ao conto, cuja história de uma progressiva subtração pode ser interpretada como uma metáfora da redução narrativa ao essencial, Machado define sua nova concepção de tomar um episódio como uma vida toda:

> Cada dia, ao parecer daquele moralista [isto é, Seneca], é, em si mesmo, uma vida singular; por outros termos, uma vida dentro da vida. Não digo que não; mas por que não acrescentou ele que muitas vezes uma hora é a representação de uma vida inteira? [...], por que não há de a vida, que foi a mestra de Balzac, apertá-lo em trinta ou sessenta minutos? (Assis, 1986b, p.334)

O período sugerido pelo autor corresponde aproximadamente ao tempo necessário para tirar um daguerreótipo em sua fase pioneira, que foi reduzido em pouco tempo a até dez segundos (cf. Bajac, 2002, p. 32 ss.). A nova geração de contos é marcada por uma renúncia em vários níveis (a maioria dos contos magistrais foi publicada na *Gazeta de Notícias* a partir de 1882): a renúncia à tipologia dos protagonistas, aos clichês românticos, ao domínio de uma psicologia sentimental, a uma apresentação de uma série de ações em favor da acentuação de um instante decisivo na vida.

A ruptura é radical, como se Machado tivesse escolhido uma nova área de expressão artística: ele desiste em definitivo de incorporar o escritor tradicional, que "pinta" com as palavras quadros totalizantes, e adota a postura de um novo tipo de escritor, que "retrata" fotograficamente instantes congelados da vida urbana brasileira: fisionomias, corpos fragmentados, recortes e segmentos do tempo, cenas, flagrantes, instantâneos etc. Com seu novo olhar móvel, o antecipado "homem câmera" Machado faz uso de um aparelho fotográfico para a descrição de suas virtudes. Nos contos dessa segunda fase, como "O espelho" (Assis, 1882), "Cantiga de esponsais" (1883 in Assis 1884) ou "Uns braços" (1885, in Assis, 1896), a fotografia perde o caráter de motivo explícito e ganha uma nova importância em outro nível narrativo. Aqui a fotografia, em particular o olhar fotográfico, funciona principalmente como elemento estrutural, embora secreto, mas não menos significativo e por isso talvez mais sustentável.

Os textos paradigmáticos, no laconismo e na força comovente, são como fotografias imponentes que deixam o observador esquecer o fato de que foram tiradas com um aparelho fotográfico. O comum dos quatro textos é mais uma vez a temática da identidade, seja esta perigando quebrar, seja já fragmentada para ser restituída. Neles, o olhar fotográfico que registra e retrata um aspecto da realidade rege a perspectiva narrativa. Adotando a postura de um fotógrafo com o intento de retratar uma pessoa ou um grupo de pessoas dentro de um certo ambiente determinante, Machado lança o olhar ao objeto de interesse, escolhe o modelo, reflete sobre o *cadrage* idôneo e necessário, arranja a iluminação, focaliza os detalhes e por fim projeta as imagens na tela da imaginação do leitor, e tudo por meio da linguagem.

Talvez o conto mais célebre de Machado – Bosi (1999, p.83 ss.) usa o termo "conto-teoria" –, uma crítica à ideia romântica do desdobramento da personalidade e da identidade perdida, seja o "Conto do espelho", o "esboço de uma nova teoria da alma humana", como ressalta o subtítulo de via larga nada modesto, mas irônico. O narrador, que também é o protagonista, explica a teoria da "alma exterior", uma segunda alma existente que todo homem possui junto com a "alma interior", sem a qual não pode viver. Ainda jovem nomeado alferes da Guarda Nacional, é convidado pela tia a passar alguns dias em sua fazenda. Orgulhosa do posto alcançado pelo sobrinho na hierarquia militar, simbolizada pela farda vistosa, não para de chamá-lo com certo gozo pelo título de "Senhor Alferes", assim chamado também pelos escravos, de tal modo confirmando ostensivamente a posição social que se transforma numa segunda personalidade, a "alma exterior". Um grande espelho, presente da tia a refletir a imagem do vaidoso alferes vestido na farda imponente, reforça essa ideia:

> Se lhes disser que o entusiasmo da tia Marcolina chegou ao ponto de mandar pôr no meu quarto um grande espelho, obra rica e magnífica, que destoava do resto da casa, cuja mobília era modesta e simples [...] Era um espelho que lhe dera a madrinha, e que esta herdara da mãe, que o comprara a uma das fidalgas vindas em 1808 com a corte de D. João VI. Não sei o que havia nisso de verdade; era a tradição. O espelho estava naturalmente muito velho; mas via-se-lhe ainda o ouro, comido em parte pelo tempo, uns delfins esculpidos nos ângulos superiores da moldura, uns enfeites de madrepérola e outros caprichos do artista. Tudo velho, mas bom [...]
>
> – Espelho grande?
>
> – Grande. E foi, como digo, uma enorme fineza, porque o espelho estava na sala; era a melhor peça da casa. (Assis, 1986b, p.347-8)

Só no momento em que a tia tem de viajar, deixando o sobrinho sozinho na casa-grande, o que acarreta falta de vigilância e a fuga de escravos, só então é que a veneração e o respeito encontram seu fim. Bastam poucos dias para que o alferes, sem a idolatria gozada até o momento, viva prostrado em estado de progressivo desequilíbrio mental. Seu Eu, existente apenas em função do *status* social, representado pela farda (ou seja, a ausência da alma interior, invisível), leva-o a uma crise nervosa e ao desespero existencial. A única saída temporária que a solidão angustiante lhe oferece é escapar nos sonhos em que se imagina ainda o bem-querido e lisonjeado alferes. O espelho, presença cada vez mais impertinente, tornou-se agora o testemunho da destruição de seu eu: "No fim de oito dias, deu-me na veneta olhar para o espelho com o fim justamente de achar-me dous. Olhei e recuei. O próprio vidro parecia conjurado com o resto do universo; não me estampou a figura nítida e inteira, mas vaga, esfumada, difusa, sombra de sombra" (Assis, 1986b, p.350).

Na literatura europeia, em geral estaria no final desse processo de decomposição do eu, à espera, a morte ou o suicídio. Não no Brasil, como se o conto de Machado fosse entendido aqui como um comentário polêmico contra "as fardas europeias", ou seja, a suntuosa fatiota cultural que legitimaria o Brasil como nação perante o mundo. O detalhe de que o grande espelho, velho e carcomido, seja uma herança europeia da Corte é bastante elucidativo. Mas o alferes, perspicaz e astuto, escapa do perigo iminente com remédio salvador. O que se resume nas palavras do provérbio: "A roupa faz o homem".

> Lembrou-me vestir a farda de alferes. Vesti-a, aprontei-me de todo; e, como estava defronte do espelho, levantei os olhos, e [...] não lhes digo nada; o vidro reproduziu então a figura integral; nenhuma linha de menos, nenhum contorno diverso; era eu mesmo, o alferes, que achava, enfim, a alma exterior. Essa alma ausente com a dona do sítio, dispersa e fugida com os escravos, ei-la recolhida no espelho. Imaginai um homem que, pouco a pouco, emerge de um letargo, abre os olhos sem ver, depois começa a ver, distingue as pessoas dos objetos, mas não conhece individualmente uns nem outros; enfim, sabe que este é Fulano, aquele é Sicrano; aqui está uma cadeira, ali um sofá. Tudo volta ao que era antes do sono. Assim foi comigo. Olhava para o espelho, ia de um lado para outro, recuava, gesticulava, sorria e o vidro exprimia tudo. Não era mais um autômato, era um ente animado. Daí em diante, fui outro. Cada dia, a uma certa hora, vestia-me de alferes, e sentava-me diante do espelho, lendo, olhando, meditando; no fim de duas, três horas, despia-me outra vez. Com este regime pude atravessar mais seis dias de solidão sem os sentir [...] (Assis, 1986b, p.351-2)

O espelho funciona aqui como uma fotografia, na qualidade de retratar o *status* social num certo momento da vida como um documento, como evidência, atestado de uma preexistência da coisa fotografada, afirmação da posição atingida na sociedade, pela qual o homem moderno se define. Lembremos que as camadas prateadas dos antigos daguerreótipos davam-lhes uma aparência de espelho (cf. Stiegler, 2006, p.201-4).[9]

"Cantiga de esponsais" apresenta na primeira cena o venerado mestre de orquestra Romão Pires, cuja ambição mais alta era a de ser o autor de uma pequena composição, que, aliás, nunca chegou a terminar. Faltou-lhe inspiração. Passa toda sua vida em vão, esperando que esse sonho se concretize. Já velho e moribundo, escuta uma melodia cantarolada por uma mulher nos braços do marido, à qual poderia incorporar a própria melodia. Morre pouco depois. O narrador convida o leitor com sua técnica de espectador a presenciar na imaginação uma cena ambientada na época em que o Brasil era colônia. A cena se passa num concerto dado em uma igreja. O narrador dirige o olhar do endereçado num sentido fotográfico que escolhe o *cadrage*, o aspecto e a distância, usando o efeito *zoom* para passar num *travelling* de um plano geral na igreja para um detalhe (nesse caso, a cabeça branca de um velho maestro): um retrato realizado em extremo primeiro plano, focalizando apenas o rosto ou parte do rosto do retratado, em *close-up*. O velho, por sua vez, ao dirigir a orquestra, também é olhado pelos músicos atentos aos detalhes fragmentados de sua visão de observador.

> Imagine a leitora que está em 1813, na igreja do Carmo, ouvindo uma daquelas boas festas antigas, que eram todo o recreio público e toda a arte musical. Sabem o que é uma missa cantada; podem imaginar o que seria uma missa cantada daqueles anos remotos. Não lhe chamo a atenção para os padres e os sacristães, nem para o sermão, nem para os olhos das moças cariocas, que já eram bonitas nesse tempo, nem para as mantilhas das senhoras graves, os calções, as cabeleiras, as sanefas, as luzes, os incensos, nada. Não falo sequer da orquestra, que é excelente; limito-me a mostrar-lhes uma cabeça branca, a cabeça desse velho que rege a orquestra, com alma e devoção.

---

9 Cf. também minha conferência "Olhares fotográficos cruzando-se n'*O Espelho*: Machado de Assis e Guimarães Rosa", a ser publicada em breve nas atas do Congresso Centenário de Imortais: Machado de Assis e João Guimarães Rosa, UFMG, Belo Horizonte.

> Chama-se Romão Pires; terá sessenta anos, não menos, nasceu no Valongo ou por esses lados. [...] Quem não conhecia mestre Romão, com o seu ar circunspecto, olhos no chão, riso triste, e passo demorado? Tudo isso desaparecia à frente da orquestra; então a vida derramava-se por todo o corpo e todos os gestos do mestre; o olhar acendia-se, o riso iluminava-se: era outro. [...]
>
> Acabou a festa; é como se acabasse um clarão intenso e deixasse o rosto apenas alumiado pela luz ordinária. Ei-lo que desce do coro, apoiado na bengala; vai à sacristia beijar a mão aos padres e aceita um lugar à mesa do jantar. Tudo isso indiferente e calado. Jantou, saiu, caminhou para a rua da Mãe dos Homens, onde reside, com um preto velho, pai José, que é a sua verdadeira mãe, e que neste momento conversa com uma vizinha. (Assis, 1986b, p.386-7)

Antes da invenção das imagens em movimento – a cinematografia – a câmera móvel segue e acompanha o velho mestre, em cuja pessoa Machado dá um autorretrato irônico das funções e aspirações do artista no processo criativo.

"Uns braços" é sem dúvida um dos contos mais eróticos de Machado. Nele se abre um discurso amoroso de um olhar obcecado com uma perspectiva altamente limitada que o título enquadra, o *cadrage*, e que descreve um delírio apaixonado, uma verdadeira "pornografia", no sentido literal da palavra: uma descrição fotográfica da carne fascinante de uns braços femininos como objetos nada obscuros do desejo. Essa fotografia literária vai muito além da descrição da superfície, da forma e da cor, para revelar a invisibilidade da sua textura, sua maciez, quase se podendo sentir o perfume exalado dos braços femininos. A pessoa amada pelo jovem de 15 anos, a mulher do patrão, aparece fragmentada nos membros corporais, dando assim um comentário indireto à moda do tempo, em que os vestidos das mulheres só deixam ver a carne nua dos braços, "tão bonitos e tão frescos" (Assis, 1986a, p.492):

> "Inácio ia comendo devagarinho, não ousando levantar os olhos do prato, nem para colocá-los onde eles estavam no momento em que o terrível Borges o descompôs. Verdade é que seria agora muito arriscado.

Nunca ele pôs os olhos nos braços de D. Severina que se não esquecesse de si e de tudo.

> "Também a culpa era antes de D. Severina em trazê-los assim nus, constantemente. Usava mangas curtas em todos os vestidos de casa, meio palmo abaixo do ombro; dali em diante ficavam-lhe os braços à mostra. Na verdade, eram belos e cheios, em harmonia com a dona, que era antes grossa que fina, e não perdiam a cor nem a maciez por viverem ao ar; mas é justo explicar que ela os não trazia assim por faceira, senão porque já gastara todos os vestidos de mangas compridas. De pé, era muito vistosa; andando, tinha meneios engraçados; ele, entretanto, quase que só a via à mesa, onde, além dos braços, mal poderia mirar-lhe o busto. Não se pode dizer que era bonita; mas também não era feia. Nenhum adorno; o próprio penteado consta de mui pouco; alisou os cabelos, apanhou-os, atou-os e fixou-os no alto da cabeça com o pente de tartaruga que a mãe lhe deixou. Ao pescoço, um lenço escuro, nas orelhas, nada. Tudo isso com vinte e sete anos floridos e sólidos" (II, 491).

A imagem obsessiva dos braços nus também encontra seu prolongamento nos sonhos das noites brancas. Os olhos fechados funcionam para a imaginação como um projetor de um filme imaginário inspirado pelos desejos da mulher venerada, como se fosse a estrela que sai da tela: "Ao cabo de meia hora, deixou cair o folheto e pôs os olhos na parede, donde cinco minutos depois, viu sair a dama dos seus cuidados. [...] Embora com as pálpebras cerradas viu-a desprender-se de todo, parar, sorrir e andar para a rede. Era ela *mesma*; os *mesmos* braços" (Assis, 1986a, p.495). A confusão da realidade com o irreal do mundo dos sonhos e dos desejos culmina num beijo na boca, que não se sabe se foi sonhado ou real. Isso também não importa no mundo da literatura, porque a única realidade que é significativa nele é a realidade das palavras.[10]

10 Agradeço a sugestão do grande machadiano, Abel Barros Baptista, que em conversa informal, após minha palestra, indicou-me o conto "A causa segreda" (Assis, 1896), destacando-o como exemplar em sua estrutura fotográfica e rico em detalhes de natureza ótica. O referido conto se inicia já com a apresentação quase cinematográfica das três personagens: "Garcia, em pé, mirava e estalava

O olhar fotográfico

Através de uma figura fictícia do conto "Eterno" (Assis, 1899), por trás da qual mal se esconde o próprio Machado, o autor expressa com ironia a esperança em ser absolvido pelos leitores por ter dado sempre testemunho meticuloso, com um olhar fotográfico, da história íntima e pública do seu tempo.

> Hão de lê-lo a frio; estudar-se-á nele a vida íntima do nosso tempo, a maneira de amar, a de compor os ministérios e deitá-los abaixo, se as mulheres eram mais animosas que dissimuladas, como é que se faziam eleições e galanteios, se eram usados xales ou capas, que veículos tínhamos, se os relógios eram trazidos à direita ou à esquerda, e multidão de cousas interessantes para a nossa história pública e íntima. Daí a esperança de que fica, de não ser condenado absolutamente pela consciência dos que me leem. (Assis, 1986b, p.602)

Este parágrafo serviu a Miécio Táti (1961) como lema de seu valioso livro, *Mundo de Machado de Assis*. Todo leitor interessado, não só na obra literária do criador da comédia fluminense como também na cultura brasileira oitocentista num sentido mais amplo, encontra no estudo de Táti uma fonte inestimável de descrições de um cotidiano passado: a múltipla função da bengala do *flâneur* na rua do Ouvidor como ponto de apoio e atributo social, os diferentes tipos de tratamento entre senhores e escravos ou os ideais de beleza das mulheres e de elegância dos homens de outrora.

---

as unhas; Fortunato, na cadeira de balanço, olhava para o tecto; Maria Luísa, perto da janela, concluía um trabalho de agulha" (Assis, 1986b, p.511). Sem dúvida, este conto, além da temática mórbida, merece ser estudado com mais detalhes como me foi recomendado por Barros Baptista. No entanto, foi Silviano Santiago quem deu uma interpretação mais controvertida a esse texto, focalizando a latente homossexualidade entre Garcia e Fortunato (conferência proferida no Congresso Centenário de Imortais: Machado de Assis e João Guimarães Rosa, UFMG, Belo Horizonte, 2008).

Também estes são os aspectos retratados da superfície da vida social, em relação aos quais Machado prova ser um autor meticuloso dos pormenores do século XIX com seu olhar determinado pela técnica da fotografia. Lendo certos trechos da prosa machadiana, nos quais o autor retrata a psicologia e o pensamento mais íntimo dos protagonistas, encontramos o equivalente pictórico nas imagens de seus contemporâneos colegas retratistas, por exemplo, nas de um Alberto Henschel, fotógrafo de origem alemã que desembarcou no Brasil em 1866 e se instalou primeiro em Recife, depois em Salvador e por fim no Rio de Janeiro, onde recebeu o título de "Photographo da Casa Imperial".

Na iconografia fotográfica brasileira desse tempo, poucas vezes um fotógrafo chegou em seus retratos tão perto, em termos espaciais, dos retratados (cf. Vasquez, 2000, p.109-16; Lago, 2005, p.142-51). Como nos reflexos de um espelho côncavo dos quadros maneiristas da Renascença, pode-se praticamente identificar o ambiente em que a fotografia foi feita (o ateliê, a câmara e mesmo o artista atrás do aparelho) nos reflexos reluzentes e nítidos das pupilas dos homens, mulheres e crianças retratados, entre eles, muitas vezes, escravos, responsáveis por seu realismo vivo.

O que parece mais uma fantasia do observador fascinado e lembra a velha superstição de que a retina de um assassinado conserva como última imagem a do assassino – o chamado optograma – é hoje, de fato, um método científico, recém-desenvolvido. Para se identificar a autoria ainda desconhecida de daguerreótipos anônimos, analisam-se com lupas especiais os reflexos microscópicos das pupilas dos retratados: mesmo sombras e silhuetas indistintas auxiliam na identificação (cf.. Platthaus, 2005; Baumann, 2005).[11]

---

11 Agradeço a Jochen Voigt (2004), autor de livro esplêndido, *Der gefrorene Augenblick*, por ter-me fornecido informações valiosas sobre o assunto. Em *e--mail* a mim endereçado esclareceu e relativizou a possibilidade de identificar pessoas nos reflexos das pupilas dos retratados em daguerreótipos. Para mais detalhes, ver Baumann (2005).

Voltando às palavras de Machado mais uma vez, de que na retina do homem se revela "uma fotografia do invisível", executa-se a transfiguração mágico-científica da realidade na arte, e vice-versa. Para Roland Barthes (1980, p.13), a iniciação à magia da fotografia se deveu ao assombro que experimentou e o qual jamais cessou ao ver o retrato de Jerôme Bonaparte, o irmão mais jovem de Napoleão: "Vejo os olhos, que viram o Imperador". Talvez seja chegada a hora de considerar Machado não mais como um autor estilisticamente alienado pela inclinação literário-filosófica do século XIX para com o século XVIII, mas como um autor muito mais comprometido do que se pensava com os problemas estéticos de sua época contraditória. O oxímoro da fórmula "fotografia do invisível" confirma essa posição estética tipicamente oitocentista. Para vencer os limites de um realismo insatisfatório, porque superficial, Machado de Assis criou a teoria da "percepção de reprodução" enquanto acompanhava o desenvolvimento vertiginoso da técnica de reprodução de imagens, baseada na invenção de Daguerre. Encontrou a própria solução num "olhar fotográfico" que se dirigia à vida pública e sobretudo ao invisível da vida íntima, "fotografando" o invisível da psicologia humana.

Uma última imagem

Ao mesmo tempo que Machado demonstra interesse pelas possibilidades da fotografia e seu aproveitamento na literatura durante toda a vida artística, nota-se também um certo ceticismo em torno da nova mídia. O capítulo "A fotografia" em *Dom Casmurro,* além da função crucial como clímax do romance,[12] pode ser entendido também como um comentário desiludido sobre a fatalidade da reprodução realista. Ela finge um parentesco sanguíneo entre o ser real (o filho Ezequiel) e o modelo reproduzido (o amigo Escobar no retrato), e com isso apenas uma ilusória identidade entre vida e arte/técnica. "Este era aquele", sai o veredito – talvez errôneo –, baseado na

12 Cf. o trecho deste trabalho que se refere ao capítulo 139 de *Dom Casmurro.*

aparência, da boca do horrorizado Otelo carioca, excluída qualquer dúvida.

Mais nítido ainda se pronuncia o pessimismo em relação à febre desenfreada à época pela fotografia, capaz de roubar aos homens sua dignidade mesmo na hora da morte. Em *Memorial de Aires,* de 1908, podemos ler um vaticínio do conselheiro, expressando a angústia – amenizada pela ironia – do próprio autor:

> Eu gosto de ver impressas as notícias particulares, é bom uso, faz da vida de cada um ocupação de todos. Já as tenho visto assim, e não só impressas, mas até gravadas. Tempo há de vir em que a *fotografia* entrará no quarto dos moribundos para lhes fixar os últimos instantes; e se ocorrer maior intimidade entrará também. (Assis, 1986a, p.1184).

Parece possível que Machado, como confesso ávido leitor do noticiário jornalístico (como também seu *alter ego,* o Conselheiro), soubesse do escândalo causado pelas fotografias tiradas clandestinamente do Reichskanzler da Alemanha, Bismarck, no leito de morte, dez anos antes. Elas só poderiam ser publicadas meio século depois num journal (cf. Jungen, 2005).

Machado sempre procurou esconder as frequentes crises epiléticas que o acometiam, embora um ano antes de sua morte, a 1º de setembro de 1907, tais providências de discrição e cautela perante a curiosidade pública de nada adiantassem e ele sofresse o temido ataque no meio da rua, junto ao Cais Pharoux. O que mais temia acontece: um fotógrafo é testemunha do colapso! De pronto faz uma foto do agonizante recostado num banco, cercado e socorrido por uma multidão (cf. Piza, 2006, p.359). Talvez apenas o pudor de violar a intimidade do homem exausto foi que fez com que o fotógrafo Augusto Malta recuasse e retratasse a vítima apenas de costas – e a certa distância. Devido à perspectiva tortuosa e a precária nitidez da imagem torna-se difícil identificar a cabeça vista por trás como sendo a de Machado. Nós, espectadores atuais, havemos de confiar na legenda da imagem dando o retratado como sendo o genial carioca. "Este era aquele", ele mesmo o disse. Será?

"Viu o que era": a ética, a representação e o olhar schopenhaueriano em *Quincas Borba*[*]

Todd Garth

A questão da ética em Machado de Assis é especialmente espinhosa porque requer um pronunciamento sobre as ideias que Machado tinha quanto ao realismo e à realidade. Por um lado, a afirmação de uma ética machadiana pressupõe a existência de uma realidade objetiva machadiana.[1] Por outro, o ataque que Machado fez aos princípios da representação (e, de fato, o ataque à mesma ideia de princípios, como veremos) parece vedar a possibilidade de perceber essa realidade objetiva. A resposta de Machado a tal dilema é enfrentar simultaneamente todos os aspectos do problema: a realidade, o acesso à suposta realidade, a logística – ou a poética – do acesso e os suportes filosóficos dessa logística.

Além disso, nenhum dos aspectos pode ser abordado como fenômeno unificado, simétrico ou sincrônico. Algumas das mentes

---

* Este artigo é dedicado ao Prof. Dr. Celestino Sachet e à sra. Therezinha de Jesus Sachet.

1 Hoje em dia existem escolas filosóficas que propõem sistemas éticos relativistas, contextualistas e "livres de valores", mas mesmo esses sistemas afirmam uma dimensão de objetividade contingente, provisória ou postulada. Nos tempos de Machado de Assis, a procura da ética equivalia à afirmação de uma realidade objetiva – seja por força de uma visão espiritual, religiosa ou materialista do mundo.

mais brilhantes do século XIX e dos primeiros anos do século XX – Freud, Marx, Weber, Nietzsche, Wagner, Einstein, Darwin – estiveram entre as primeiras a privilegiar a natureza fragmentada da identidade, do pensamento, da percepção e da substância. Alguns deles, Freud e Nietzsche em particular, eram, com Machado de Assis, especialmente sensíveis à fragmentação, porque eram leitores assíduos daqueles escritores do século XVII cuja genialidade consistia em representar tais fenômenos: Shakespeare e Cervantes.[2]

Como muitos dessa geração, Machado respondeu ao antecedente filosófico por efetuar uma postura shakesperiana e cervantina: era como dizer: "olha-me nos olhos e lhe mostrarei o que falta na sua filosofía e, por extensão, o que falta no mundo que já construímos em cima dela". Para repetir a citação favorita de Machado (pois ele a reproduz ou parafraseia três vezes só em *Quincas Borba*): "There are more things in heaven and earth, Horatio, than are dreamt of in your philosophy". Como demonstra essa frase, Machado com persistência mostrava como o problema que subjazia e embaraçava o pensamento ao fim do século XIX, e a sociedade construída sob tal pensamento, era o da representação. O realismo intensificava a confusão da realidade com a fantasia; a realidade não se prestava aos princí-

2 M. Augusta Costa Vieira (1997, p.63) observa que o Romantismo foi um veículo importante para a difusão do Quixote no século XIX. Outros escritores e pensadores dos séculos XVII e XVIII que eram importantes para Machado, como Pascal e Montaigne, também tratavam direta e profundamente da fragmentação do pensamento, do saber e da identidade, mas estes ficam além do alcance desse estudo. Outra conexão com Cervantes subjaz de *Quinca Borba*, embora por um viés distorcido. Ana Cláudia Suriani da Silva (2008), seguindo Eugênio Gomes, nota que a inspiração para a trama do romance pode provir do "Diário de um louco", conto de 1840 de Nikolai Gogol, no qual o narrador, enlouquecido pelo amor não correspondido, apresenta uma correspondência de cartas de amor entre dois cachorros e acaba se considerando rei da Espanha. A alusão ao "Coloquio de los perros" de Cervantes, no qual dois cães conversam sobre as fraquezas humanas, é bastante óbvia. O "Coloquio" era um conto bem conhecido entre os intelectuais do séculoXIX – Freud e um amigo de juventude são famosos por assinar a correspondência mútua com as alcunhas dos dois cachorros do conto.

pios realistas, tal como o dilema ético de Hamlet não se prestou à ética racionalista do Horatio. Schopenhauer e seus antecessores ajudam-nos a ver tudo isso, mas o mesmo Schopenhauer sofre pela dependência da fé na genialidade artística e na mimese – fé que logo se prestou à distorção por pensadores como o darwinista social Herbert Spencer, o pessimista Karl von Hartmann e o materialista Ludwig Büchner, todos os quais Machado leu.

O que espero mostrar aqui é como três tipos de passagens do romance *Quincas Borba* constituem um efetivo *questionamento* dos princípios de Schopenhauer e seu aparente pessimismo. Os trechos referidos focam 1) na percepção de objetos, quer inanimados, animados ou humanos; 2) nos atos espontâneos; e 3) na representação do olhar perceptivo e do ato espontâneo.

Machado efetua esse questionamento por aplicar os mesmos desafios estabelecidos séculos antes por Cervantes e Shakespeare, entre outros. A suposição decorrente desse estudo é que Machado, enquanto elaborava uma forma narrativa aberta, orientada à interpretação livre pelo leitor, não queria deixá-lo num estado de pessimismo nem afrontá-lo com a recusa absoluta de representar a realidade, desprovido de uma resposta construtiva à desesperança humana.[3] Vejo *Quincas Borba* como *exceção* ao pessimismo do século XIX, pessimismo que para Machado estava muito na moda.[4] Essa

---

3 O termo "leitores" deve ser flexível ao se referir a Machado de Assis. Alguns críticos afirmam que Machado era agudamente consciente do número muito limitado e da natureza privilegiada de seus leitores, e ajustou sua escritura em conformidade (Guimarães, 2004, p.64-8). A ressalva inicial das *Memórias Póstumas* sugere que essa consciência, para 1880, já conduzia à esperança por leitores futuros mais receptivos a sua visão do que a minoria que constituía os leitores àquela época. Esse estudo presume que *Quincas Borba* projete leitores que, receptivos tanto à história recente brasileira como à tradição intelectual do Ocidente, acudirão ao chamado para procurar soluções às deficiências sociais e culturais do Brasil dos dias atuais.

4 Ana Lucia Gazolla de Garcia (1979) dá um resumo completo da presença de Schopenhauer na obra de Machado e o alia a uma explicação lúcida de sua natureza pessimista; Garcia não considera, porém, que a ironia e o ceticismo de Machado também atinjam sua exploração dos princípios de Schopenhauer, nem

exceção toma a forma do desafio contra o Realismo – em especial, contra os escritores *e os leitores* do Realismo, os quais Machado culpa como facilitadores do pessimismo filosófico e dos abusos característicos da sociedade brasileira de então.

Um componente crítico da aproximação corretiva de Machado para com o pessimismo schopenhaueriano é sua aderência aos princípios éticos próprios de Schopenhauer, os quais baseiam a moralidade exclusivamente na compaixão. Machado utiliza Schopenhauer em relação à dependência no olhar estético contemplativo como o caminho para realizar a compaixão humana livre do interesse próprio, numa relação concretamente visual entre o sujeito e o objeto que transcende a subjetividade e a objetividade. Machado sugere que a inseparabilidade do olhar e da representação deixa o olhar vulnerável a todo tipo de abuso.

O interesse que Machado aqui tem em Schopenhauer concentra-se em dois conceitos fundamentais, os quais se expõem no livro *O mundo como vontade e representação*. O primeiro conceito é o tratamento, por Schopenhauer, da representação e da intelecção. Nossa apreensão do mundo, sem exceção, consiste no fenômeno da representação; nós, os sujeitos, não somos capazes de perceber os objetos senão como representações, e não podemos compreendê-los a não ser como ideias abstratas – conceitos platônicos em seu fundamento. Essa relação entre sujeito e objeto sempre existe dentro do tempo, do espaço e da causalidade. Assim, os objetos são compreendidos, como ideias, pela intelecção e razão. Mas os objetos-ideais

---

que Machado ofereça, em momentos críticos, alternativas à visão de Schopenhauer. Abel Barros Baptista (2003, p.120) insiste que não se pode saber se Machado quer propugnar os princípios de Schopenhauer ou parodiá-los. Igualmente sustentável, segundo Baptista (2003, p.122), é que Machado queira fazer impossível uma "filosofia machadiana". Benedito Nunes (1989, p.18) apresenta um argumento mais afirmativo, achando que Machado emprende uma "caricatura grotesca" da filosofia de Schopenhauer, traçando uma "[...] equivalência humorística do pessimismo schopenhaueriano com o otimismo panglossiano". Machado faz isso, diz Nunes (1989, p.10), como antídoto à "trivialização" por uma sociedade brasileira que emprega os discursos filosóficos "[...] como instrumento de prestígio social".

compreendidos e percebidos ficam totalmente estranhos à "coisa--em-si", ou essência, do mundo (Schopenhauer, 1948, p.41). O segundo conceito de Schopenhauer é a atribuição da essência autêntica à vontade universal, vontade totalmente inacessível por meio da percepção ou intelecção, e *fora* do espaço, do tempo.

Segundo Schopenhauer (1948, p.130), a vontade é só evidente no movimento, mas não na ação decidida. Como fica fora do domínio da percepção e da intelecção, mesmo assim é a vontade além da dinâmica de causa e efeito. Portanto, a vontade pura nos seres humanos é questão de ação espontânea, involuntária, desinteressada, e não de atos decididos. Nossos atos interessados, ao contrário, têm origem na "manifestação" subjetiva da vontade nos seres humanos – a realização humana da vontade *dentro* do domínio do tempo, do espaço e da causalidade (ibidem, p.137-47). O ponto crucial da ética de Schopenhauer depende da capacidade dos seres humanos de transcenderem a percepção e a intelecção para apreenderem a vontade universal e se livrarem da manifestação pessoal, subjetiva, daquela vontade (ibidem, p.230). Chegamos à transcendência, segundo Schopenhauer, por um procedimento puramente desinteressado e, por isso, *estético*. Além disso, a definição que Schopenhauer dá da genialidade e da loucura se relaciona de modo direto a tal transcendência.[5]

Schopenhauer nos dá um esquema no qual a representação – a percepção e a intelecção do mundo pelos sujeitos – está profundamente em conflito com a vontade, pois a vontade não pode ser atingida pela razão, mas mesmo assim manifesta-se no desejo do universo para existir, expandir, dominar, subjugar e conquistar. É esse conflito que produz o pessimismo de Schopenhauer.

A única maneira de superar o conflito, segundo o filósofo, é por meio da contemplação estética totalizadora do objeto-ideal, efetuando o afastamento do eu como sujeito e com isso provocando um

5 Embora seja bastante acertado, "transcendência" não é o termo que Schopenhauer usa para essa dinâmica. Aqui se emprega a palavra como um substituto conveniente.

curto-circuito na dinâmica de sujeito-objeto que constitui o mundo como representação (ibidem, p.230).[6] Permite-se então a apreensão ou apreciação da sua participação na vontade universal – uma captura da vontade como a verdadeira "coisa em si" ou essência do mundo, em vez das aparências. A apreensão transcendente da vontade, por sua vez, permite a supressão do interesse pessoal (ibidem, p.260). Em outras palavras, Schopenhauer introduz o olhar como meio para a *identificação* com o objeto-ideal em contraste com a mera percepção ou consciência, ou entendimento intelectual. Também sugere que tal contemplação frutífera é a função da genialidade artística (ibidem, p.239). São os artistas que, ao transcenderem as aparências e conseguirem o objeto-ideal, patenteiam a natureza da vontade universal e, assim, ajudam a transcender o interesse subjetivo. O problema é que a solução de Schopenhauer deixa íntegra uma epistemologia pessimista em seu fundamento.

Em reação à visão de Schopenhauer, Machado nos apresenta Pedro Rubião de Alvarenga, mais tolo que gênio. A vida de Rubião consiste numa série desse tipo de encontros com objetos (inorgânicos, orgânicos, animais, humanos), e a contemplação sincera, inocente deles, junto com um esforço consistente e igualmente sincero – embora fracassado – para suprimir a vontade individual.

O momento inicial de *Quincas Borba* exemplifica a confrontação que Machado faz com os princípios de Schopenhauer. Rubião está de pé junto à janela da sala suntuosa, olhos, mente e "espírito" fixos na vista esteticamente agradável de uma canoa que passa na água em frente. Ao mesmo tempo, o coração bate com alegria, em reação à sensação e consciência poderosa de ser capitalista, proprietário e mestre de tudo à vista, desde as chinelas até o céu acima (Assis, 1977, p.13). A importância dessa cena é evidente pela decisão que Machado fez para colocá-la, bastante mofidificada, no começo do romance, depois de tê-la posto nos capítulos XXI e XXII da versão original – versão publicada em fascículos na revista *A Estação* entre 1886 e 1891.

---

6 A conexão com as epistemologias orientais e sua dependência da meditação é explícita na obra de Schopenhauer (1948, p.308).

Com tal quadro inicial, Machado nos oferece uma exceção substancial à receita de Schopenhauer para contrariar a predominância da vontade – exceção que esclarece o pessimismo do filósofo. Que tal o sujeito ordinário, a multidão vasta cujos poderes de meditação são insuficientes para conseguir a unidade com o objeto e o abraço transcendente da vontade? Como se pode realmente distinguir entre a vontade universal, transcendente, e a manifestação subjetiva da vontade nos indivíduos – vontade responsável pelo interesse, pela objetivização, opressão e conquista? E se a identificação com o objeto-ideal não for sinal de genialidade, mas da loucura?[7] Qual é a diferença? Dito de outro modo: Machado de Assis é o primeiro a lembrar aos leitores brasileiros que o olhar é muito mais complicado e enganoso do que admitem Schopenhauer e seus seguidores.[8]

É a respeito da tradição literária que Machado faz outra modificação, sutil, mas significativa, nos capítulos iniciais de *Quincas Borba*. Com respeito a dois bronzes que decoram a sala, na versão posterior o texto descreve "um Mefistófiles e um Fausto", representantes paradigmáticos da procura da felicidade ilusória e da aparente necessidade de vender a alma para consegui-la (Assis, 1993, p.14, Capítulo III). Na versão original, os bronzes representam "Um dom Quixote e um Fausto".

---

7 Juracy Assmann Saraiva (2008) afirma que o "humanitismo" e suas consequências realçam o potencial para a loucura na fé absoluta e fixa na filosofia sistemática e na objetivização das leis e das formas.

8 Não significa que Machado de Assis tenha possuído uma apreciação pós-moderna de olhar. O entendimento de Lacan sobre o papel que tem o olhar na *formação* da identidade pessoal, a elaboração por Foucault do olhar *normativo e clínico*, o aprofundamento do olhar pela crítica feminista na sua função de *sinalizar* e *circunscrever* o gênero são todos posteriores às explorações de Machado. Vale dizer, contudo, que a problematização do olhar que Machado faz – questionando a epistemologia idealista decimonônica por meio das investigações sobre a natureza da perspectiva, da realidade e da subjetividade – ajuda a preparar o terreno para essas aproximações. O entendimento que tem Afredo Bosi (1999, p.10) relativo ao tratamento machadiano do olhar como "[...] um modo existencial de lidar con a perspectiva [...]" implica uma hipótese similar.

A supressão de dom Quixote à versão definitiva assinala que Machado prefere não complicar a alusão à lenda de Fausto – ainda não – com uma referência cervantina à dificuldade de distinguir a realidade da fantasia e a genialidade da loucura. Isso segue depois. Aqui no início temos só a referência ao Fausto brasileiro. A lenda de Fausto provê Machado com matéria bruta para reexaminar questões éticas fundamentais: 1) a possibilidade da felicidade honesta; 2) a relação entre a procura da felicidade e a vontade schopenhaueriana; 3) o conceito de que nenhum presente é realmente gratuito e sempre implica a imposição da vontade – ou interesse – individual (uma ideia desenvolvida décadas depois por Jacques Derrida); 4) a questão análoga – e, indiscutivelmente, freudiana – no amor: se a atração sexual pode ser distinta da imposição da vontade pessoal; e 5) a interpretação materialista (por Herbert Spencer e outros) da evolução darwiniana e suas implicações – por um lado, para uma sociedade escravista, e, por outro, para a possibilidade de uma ética "cristã" ou desinteressada.

O Fausto brasileiro, em vez de intelectualizar os objetos-ideais a fundo nesses problemas, como faz o Fausto da versão tão conhecida de Goethe, segue a exortação de Schopenhauer e encara-os de modo direto, com olhar franco, singelo, desembaraçado de teorias ou motivos. Nesse sentido, o pseudofilósofo Quincas Borba tinha razão ao desprezar Rubião por ser bronco demais para entender seu *humanitismo*. Rubião é um bicho, no mesmo sentido que Graciliano Ramos (1973, p.29) usa a palavra para descrever o protagonista Fabiano em *Vidas secas*: bruto, simplório, mas também um *mensch*, um homem capaz de enfrentar a adversidade cara a cara. E Machado dá para Rubião o companheiro ideal para nos ajudar a perceber a profundeza de sua sinceridade: outro bicho, o melhor amigo platônico do homen, o cão-filósofo Quincas Borba.

Alguns desses momentos de sinceridade produzem-se por meio do olhar schopenhaueriano. Um momento-chave, porém, envolve não o olhar nem a contemplação, mas a ação. É quando Rubião tira uma criança da frente de uma carruagem que avança velozmente:

> Rubião ouviu o grito, voltou-se, viu o que era. Era um carro que descia e uma criança de três ou quatro anos que atrevessava a rua. Os cavalos vinham quase em cima dela, por mais que o cocheiro os sofreasse. Rubião atirou-se aos cavalos e arrancou o menino ao perigo. (Assis, 1993, p.76, Capítulo LX)

Nesse caso, a participação transcendente na vontade universal e a supressão do interesse próprio não é questão do olhar prolongado. A "coisa em si" aqui é um ato inconsciente, uma moção impulsiva narrada em umas poucas frases econômicas.[9] Por um momento fugaz, Rubião fica desimpedido por sua vontade individual. Fugaz de verdade; a primeira indicação da vontade subjetiva vem no próximo ato, quando ao partir agradece um transeunte por ter apanhado seu chapéu na rua:

> Rubião deu-lhe uns cobres em recompensa, cousa em que o rapazinho não cuidara, ao ir apanhar o chapéu. Não o apanhou senão para ter uma parte na glória e nos serviços. Entretanto, aceitou os cobres, com prazer; foi talvez a primeira ideia que lhe deram da venalidade das ações. (Ibidem)

A vontade de Rubião aqui não é consciente e não procura se impor de modo explícito. Mesmo assim, o presente insignificante não só reestabelece a presença de Rubião como um sujeito capaz de se impor – e portanto o presente, como diria Derrida, não é de fato um presente –, mas também desvia a trajetória de seu objeto: o rapaz que pode ter aprendido a primeira e definitiva lição em ser mercenário.

Este trecho é um questionamento direto da epistemologia de Schopenhauer. Machado parece perguntar se existe uma diferença significativa entre a vontade que se manifesta como ação e a vontade que *induz* à ação. Como podemos realmente distinguir entre a ação

9 Vale a pena notar que a passagem também foi alterada – para se tornar mais simples e austera – em relação à versão original publicada em *A Estação*.

espontânea da vontade "pura" e os atos interessados da vontade individual subjetiva?

Mas o que de fato muda o sentido que Rubião tem da própria presença no mundo – o que de verdade incita e nutre sua vontade subjetiva – é a *representação* de seu ato e a *recepção* da representação de sua persona. De início, Rubião fica consternado por encontrar sua história, que foi contada em confiança ao colega Camacho, relatada no jornal político de Camacho com a "descrição dramática do caso". Mas, tão logo recobra a compostura, Rubião fica admirado com o feito: "Aqui confessou Rubião que bem podia crer na sinceridade do escritor. O entusiasmo de linguagem explicava-se pela impressão que lhe ficou do fato [...]". Rubião é cativado pelo efeito fotográfico do relato e, de modo paradoxal, pelo ornamento empregado para criar o efeito:

> Que era bem escrito, era. Trechos havia que releu com muita satisfação. O diabo do homem parecia ter assistido à cena. Que narração! Alguns pontos estavam acrescentados – confusão de memória –, mas o acréscimo não ficava mal. E certo orgulho que lhe notou ao repetir-lhe o nome? "O nosso amigo, o nosso distintíssimo amigo, o nosso valente amigo [...]" (Assis, 1993, p.83, Capítulo LXVII)

Assim como Dom Quixote, o sentido de si mesmo que tem Rubião é carregado do que viu por escrito. Uma representação, além do mais, contaminada pelos "princípios" de uma publicação ideológica – Camacho gosta de detalhar a necessidade pelo princípio em seu trabalho. E, também como o Quixote, o sentido que tem Rubião de si mesmo como sujeito e a vontade de se impor como sujeito incrementa-se exponencialmente enquanto encontra representações dele mesmo.

Assim, logo ficamos com um Rubião que se coroa *autor*, e não só imperador. De ler sobre si mesmo, gradua-se a ler um artigo por Camacho e sugerir uma pequena troca de palavras – para então se sentir tanto autor como Camacho e, por extensão, tanto autor como qualquer outro cuja obra já leu:

> Há um abismo entre a primeira frase de que Rubião era coautor até a autoria de todas as obras lidas por ele; é certo que o que mais lhe custou foi ir da frase ao primeiro livro; – este em diante a carreira fez-se rápida. Não importa; a análise seria ainda assim longa e fastidiosa. O melhor de tudo é deixar só isto; durante alguns minutos, Rubião se teve por autor de muitas obras alheias. (Assis, 1993, p.131-2, Capítulo CXIII)

Desse momento em adiante, Rubião, ao se render à vontade schopenhaueriana, cai naquele abismo e faz-se autor do próprio mundo. E daí, também, faz-se autor de si mesmo. O cerne de sua loucura, como a de Dom Quixote, é a inabilidade de distinguir entre a vida e suas representações. Mas a autoconsagração como autor intensifica essa loucura. Exatamente nesse momento do romance, o narrador faz pausa para ponderar sobre a sabedoria dos romancistas canonizados – Fielding, Smollet e, claro, Cervantes – que de maneira explícita lembram aos leitores que estes têm nas mãos uma representação (Assis, 1993, p.131, Capítulo CXII). Rubião, sendo incapaz de tal distinção (e agora podemos nos lembrar de que falta na sala dele o busto de Cervantes), já está no caminho do desastre espetacular entre sujeito, objeto e vontade.

Sua implosão final é provocada pela identificação total, por meio do olhar, com o busto – quer dizer, a representação – de Napoleão III, republicano eleito convertido em monarca absoluto. A aceitação cega por Rubião de que ele pode ser autor de si mesmo, aliada à falta de capacidade de distinguir entre a realidade – ou a ideia – e a representação, é sintomática da fusão das culturas do Romantismo e do Realismo de origem europeia, do qual ele é produto. Quando chega o barbeiro francês, Rubião encomenda uma imitação fiel de seu *alter ego* francês. Incapaz de se comunicar – em francês – com o artista da imitação, a ignorância de Rubião intensifica-se até a loucura. Outra vez, a réplica de Machado a Schopenhauer é para sugerir que a objetividade catastrófica do mundo em relação à subjetividade humana tem menos a ver com o olhar do que com a cultura de representação e o sentido do eu produzido por essa cultura.

A afirmação de Schopenhauer de que sujeito e objeto estão estreitamente ligados; de que o sujeito é formado simultânea e inerentemente com a percepção do objeto, é assumida por vários pensadores do século XIX. O darwinismo social de Herbert Spencer e a absorção pelo positivismo depende em parte desse princípio, tal como seu contrário, o Romantismo wagneriano. Por sua vez, a vontade impele uma evolução positiva da espécie e, por extensão, do mundo. Os seres humanos, os únicos entes com razão e consciência subjetivas, podem assumir o controle sobre a vontade e o ambiente objetivo que a vontade procura dominar. Os indivíduos se identificam com o objeto-ideal por meio do olhar supostamente imparcial, abnegado, e, assim, prevalecem sobre a própria vontade pela compreensão consciente dela. Tanto o olhar estético refinado e emotivo do Romantismo como o olhar científico implacável do Naturalismo são produtos imediatos de tal maneira de pensar.[10]

Por toda sua ficção, Machado de Assis ataca como sinistros muitos desses movimentos pós-schopenhauerianos. Ele era bem versado não só nos filósofos e cientistas legítimos herdeiros do legado de Schopenhauer, mas também nas figuras menos intelectuais e mais populares, por exemplo Emile Burnouf, que inventou o conceito da raça ária e o *best-seller* inglês Samuel Smiles, cujos aforismos chegaram a definir o *self-made man* da época vitoriana. A biblioteca de Machado contém as obras desses autores e de outros semelhantes (Jobim, 2001, p.149, 162-3). Mas a crítica machadiana deste legado implica também o mesmo Schopenhauer. O filósofo, sugere Machado, devia levar mais a sério seu Cervantes.[11]

---

10 Paul Dixon (1992, p.62-7) supre evidência abundante de que para Machado o olhar científico, de modo inevitável, constitui um ato sadístico que também implica o leitor.

11 O crítico filosófico Jay Shir concorda. Schopenhauer, afirma Shir, leu *Dom Quixote* como uma alegoria de um indivíduo que fica endemoniado por um ideal objetificado – uma interpretação que corresponde ao empenho do filósofo alemão em que "a poesia faz perceptível a ideia [...]" (Shir, 1978, p.87). Schopenhauer, portanto, nunca levou em conta o "autossimbolismo" de Cervantes, o qual "começa e termina com o objeto" (ibidem, p.85-6).

Nesse sentido, Machado de Assis avalia o dano de um discurso cultural que esqueceu a lição cervantina de que os símbolos sempre são apenas símbolos. Uma vez representados, os objetos-ideais voltam a ser meras representações. A esse respeito Schopenhauer concorda com Cervantes – a ética cervantina nos diz que o modo pelo qual *lemos* as representações, a maneira pela qual interpretamos os objetos de nosso olhar, transforma nossa subjetividade e assim também a dinâmica entre o eu e a vontade.

Schopenhauer (1948, p.228), conforme sua teoria de que a vontade pura existe apenas nas ações desinteressadas, afirmou que os seres humanos só podem se conhecer no desejar e no agir, e não no saber, como sujeitos sábios. Machado lida com essa ideia ao mostrar que a leitura, como processo de intelecção, também é integral à autoautoria – ou seja, a criação de uma identidade falsa, subjetiva, interessada, que impõe no mundo a vontade pessoal. É mais fácil encontrar o eu liberto da vontade subjetiva, então, nos atos espontâneos do que no olhar controlado. O pessimismo de Schopenhauer (1948, p.241) tinha seu fundamento em parte no fato de que poucas pessoas possuem a genialidade para empreender o olhar para o benefício. A esperança de Machado está em favorecer o ato para moderar tanto o olhar como sua representação em palavras.

Por isso, as dúvidas que Machado tem também incluem a distinção nítida que Schopenhauer faz entre a vontade "de ordem mais alta" – a dos seres humanos, os únicos entes que, segundo Schopenhauer, possuem consciência – e toda outra forma de vida. A consciência humana pode aplicar *leis* aos objetos de nossa percepção, as quais então ajudam a apreensão dos objetos-ideais e, ao serem iluminadas pela intuição e pelo discernimento, dirigem-nos às verdades absolutas – daí o discurso ético (Schopenhauer, 1948, p.108). Só os seres humanos podem fazer isso. O darwinismo social vale-se do princípio para afirmar que o ser humano *evoluiu* para ser o único a poder compreender – e daí dominar – nosso ambiente.

Quincas Borba põe em dúvida a distinção schopenhaueriana entre os humanos e os animais. Rubião é consciente – às vezes hiperconsciente – dessa ambiguidade, por exemplo quando se pergunta se a transmigração da alma do filósofo Quincas Borba ao cachorro não é uma possibilidade verossímil (Assis, 1993, p.60, Capítulo XLVIII).[12] A compaixão que Rubião tem pelo cachorro e a preocupação em cuidar dele não é função nem da razão nem do olhar schopenhaueriano, mas do simples companheirismo. Como é costume entre os cachorros, é o *animal* que sempre reconhece sua relação com o colega humano, e não o contrário. O narrador faz evidente, porém, que o cão não tem ideias nem razão para meditar sobre os assuntos; tem meramente "poeira de ideias". A mesma "canicidade" constitui uma identidade à qual não podem aceder nem a razão humana com sua linguagem, nem a percepção, nem o olhar contemplativo:

> [...] tem em si uma expressão, que digo seja melancolia, para não agravar o leitor. Diz-se de uma paisagem que é melancólica, mas não se diz igual coisa de um cão. A razão não pode ser outra senão que a melancolia da paisagem está em nós mesmos, enquanto que atribuí-la ao cão é deixá-la fora de nós. (Assis, 1993, p.38, Capítulo XXVIII)

Em outras palavras, o entendimento de um cachorro simplesmente não se pode representar, quer por meio da vontade de possuir a ideia de cachorro por sua reificação como objeto, quer por intermédio de uma identificação artística genuína – e genial – com os cachorros.

Ao mesmo tempo, a identificação entre Rubião e o Quincas Borba canino é incontroversa quando se consideram suas ações inconscien-

12 A especulação de Rubião acerca da alma de Quincas Borba não pareceria tão inverossímil para os leitores do século XIX como parece hoje. Os espiritistas de então levavam a sério a transmigração das almas, e o espiritismo gozou de popularidade entre a elite educada tanto quanto na cultura popular da massa (Moser, 2008, p.6 e 31). A exploração que fez Machado do espiritismo e seu status na alta sociedade – em *Esaú e Jacó* e em contos como "A cartomante" – podia não ser totalmente irônica. De fato, pode-se inferir de *Quincas Borba* a reivindicação do conceito da transmigração no sentido de que a loucura de Rubião não é nada além da transmigração da alma de Napoleão III para o corpo de um humilde professor de nível secundário.

tes e espontâneas. Em certos momentos, Rubião vaga pelas ruas do Rio incitado pelos estímulos, igual a Quincas Borba durante a única fuga de casa. E, ao fim, Rubião morre como um cão após passar a noite exposto à intempérie nos degraus da igreja de Barbacena. Nesse caso, a identificação com o cachorro não é fundamentada em nenhuma razão, nem transcendente, nem genial. Se essa for a vontade pura universal, a vontade pura é doida.

Schopenhauer (1948, p.269) também ressalta a luxúria como uma das manifestações mais corrosivas da vontade. Condena os retratos de mulheres nuas, por exemplo, por incitarem o desejo sexual. Machado, fascinado pela questão da luxúria e da cobiça, explora as implicações das ideias do filósofo e, para fazê-lo, dirige-se às convenções do Romantismo, que já tratou com tanto escárnio.

O olhar reflexivo entre um homem e uma mulher – os olhos nos olhos – é, nos tempos de Machado, um tropo, a abreviatura romântica para o campo magnético transcendente que atrai duas almas de maneira simultânea por intermédio da corrente erótica que as transpassa. Machado pode tê-lo tomado diretamente de José de Alencar – pensemos no momento de reconhecimento entre Peri e Ceci em *O Guarani*, por exemplo. Como já mostrou Alfredo Bosi, o tropo está por toda parte na obra de Machado e se encontra em momentos-chave em *Quincas Borba*. Rubião fica hipnotizado e se transfigura sob o olhar de Sofia; esse olhar é o ponto central de sua obsessão.

Tal como a leitura da representação de fatos, quando contaminada pela vontade, põe Rubião no caminho da autoexaltação e megalomania, Rubião combina o olhar obsessivo-romântico nos olhos de Sofia com a interpretação equivocada de uma ficção para confirmar sua viagem à ilusão quixotesca. Toma como fato a fábula de um cocheiro ansioso para entreter o freguês, obviamente romântico, com a história de um namoro furtivo entre uma dama e um jovem; Rubião é convencido de que é um relato verdadeiro sobre Sofia e seu belo admirador, Carlos Maria. Essa equivocada interpretação cervantina combina-se com a convenção shakesperiana do recado extraviado, interceptado e mal interpretado – o recado de Sofia para Carlos Maria

– para produzir a tempestade epistemológica perfeita. Rubião crê no pior a respeito de Sofia, e daí intensifica-se sua loucura.

Mas à equivocada interpretação de textos e relatos e olhares, Machado acrescenta a ironia trágica: Rubião, apesar de todos os enganos, percebe a verdade fundamental: Sofia *é* culpável do excesso de sensualidade pelos critérios machadianos, para não mencionar os freudianos.

A questão é que Machado de Assis não isola ou enfatiza nem o ato nem o olhar na análise da perpetuação da vontade nas relações eróticas humanas. As ações de Sofia são manipuladoras e servem ao próprio excesso de sensualidade porque são pensadas para serem lidas de certa maneira, e correspondem à *leitura* das reações dos homens. Tal como a representação pode contaminar o olhar, também pode contaminar até os atos mais íntimos.[13] Luiz Freitas (2001, p.111), em seu estudo sobre a intersecção da ficção de Machado com a psicanálise freudiana, observa que a sedução é um exercício de poder que fascina Rubião da mesma maneira que o fascinam a riqueza, a pompa e a força política. Paul Dixon (1992, p.54-7), em sua análise dos contos de Machado, elabora como nos textos machadianos a sedução, tantas vezes concretizada no discurso ambivalente e nos gestos ambíguos, depende tanto da recepção e da interpretação de quem é alvo dela quanto de quem a emite. Portanto, o leitor projetado pelo texto é implicado nesses exercícios; colaboramos com a sedução pela leitura do texto, por permitir que sejamos seduzidos e por desafiar o poder do texto, dos personagens e do autor

13 Pedro Maligo (1997, p.81-3) observa que Sofia é exposta e exibida intencionalmente pelo marido como objeto proibido de desejo, com o propósito de provocar a imaginação erótica sem que ela seja de fato "consumada". Nesse sentido, nota o crítico, Sofia é uma figura da poética de voluptuosidade característica da escritura simbolista e parnasianista (Maligo, 1997, p.84). Essa observação de Maligo apoia a noção de que Sofia e Cristiano estejam numa relação paradigmática de *vontades*, na qual cada um *percebe e compreende* o outro simultaneamente como objeto *e instrumento* de desejo e conquista. Portanto, os dois, ao mesmo tempo, aproveitam-se da dinâmica do olhar e da ação como meio para impor sua vontade.

inferido em nos seduzir. Machado enfatiza isso no caso da fábula do cocheiro – culpa o *leitor* tanto quanto Rubião por crer na verossimilhança da sua ficção (Assis, 1993, p.124, Capítulo CVI).

Especialmente revelador é o momento no qual Sofia está sozinha, admirando-se no espelho e pensando, enquanto se autoerotiza: "esse homem adora-me" (Assis, 1993, p.133, Capítulo CXV). O retrato que Machado apresenta do erotismo de Sofia, ingênuo e calculado ao mesmo tempo – pois parece que realmente gosta do marido –, faz eco com o erotismo ambivalente característico do modernismo hispano. Rubén Darío e seus seguidores celebravam a sexualidade feminina como simultaneamente etérea e carnal, enquanto lamentavam a "decadência inevitável" da mulher consciente de sua sexualidade.[14] Nesse sentido, os olhos e ombros divinos de Sofia prefiguram a derrocada (ou ascensão) gradual até se converter em materialista egoísta, ignóbil e venal. Se, como nota Freitas (2001, p.111), Sofia e Cristiano utilizam o desejo erótico como ferramenta de poder, a reação derradeira de Rubião, suas ilusões megalômanas, servem como ilustração do potencial destrutivo desse poder.

Então ficamos com o seguinte: 1) o questionamento por Machado de Assis da epistemologia de Schopenhauer e de sua postulação do olhar estético contemplativo como a solução para o conflito entre o mundo da representação sujeito-objeto e a força da vontade, manifestando-se como interesse subjetivo; 2) a implicação por Machado de que a vontade subjetiva – a cobiça, o poder, a luxúria –, ao se juntar aos discursos realista e romântico que Schopenhauer ajudou a gerar, conduz logicamente à megalomania e à loucura; 3) a indicação de que os atos possam ser ao menos tão fundamentais à possibilidade de transcender esse dilema como é o olhar estético contemplativo; e 4) a indicação de que a reflexão estética e nossa leitura do

---

14 Não existem evidências de que Machado tenha lido Darío – nenhum escritor hispano-americano está representado no que sobrevive de sua biblioteca. Naturalmente, é possível que a parte perdida da biblioteca tenha favorecido publicações brasileiras e hispano-americanas. Deve-se levar em conta que Machado leu grande número de autores que nunca cita em suas obras.

mundo objetivo constituem a relação entre o sujeito e a vontade, por isso o olhar contém o próprio meio de perversão e loucura.

Mas onde está o otimismo do Machado? Quais saídas propõe para o dilema? Duas possibilidades são: a compaixão e o trabalho.

Existem evidências nas primeiras obras de Machado de sua fé romântica na força transformadora do ato consciencioso – quer dizer, no trabalho – e na compaixão. Em dois exemplos notáveis, Machado rejeita com ironia a *estética* romântica em favor da *concepção* romântica da relação entre o sujeito, a vontade e o mundo. Tais exemplos, os quais por falta de espaço não se descrevem em detalhe aqui, são os contos "A pianista", de 1868, e "Aurora sem dia", de 1870 (Assis, 1873). Nos dois exemplos figuram jovens que demonstram sua virtude por se absterem do interesse e da autopromoção em nome do trabalho honesto e desinteressado.

Mas, já para 1880, Machado de Assis prescindiu do discurso ético, que privilegia o trabalho e o altruísmo, bem como da poética romantizada de seus primeiros quatro romances.[15] Para explicar a mudança, Roberto Schwarz (2005, p.13-4) afirma que Machado, na fase da maturidade, reconhece que a dinâmica de dependência no Brasil mudou de relações de *poder pessoal* para relações de *propriedade*. Com a abolição, os dependentes serão tratados como entes úteis para a aquisição e a manutenção de propriedade em vez de serem equipamento pessoal.

A mudança corresponde ao reconhecimento, por parte de Machado, de que a poética do Romantismo e do Realismo fracassa – não está à altura do problema da subjetividade, da objetividade e da vontade. Por um lado, Machado reconhece as metas desinteres-

15 "A casa velha" pode se ver como transicional a esse respeito. O valor do trabalho para o caráter é obviamente um tema importante do conto, em particular sobre o futuro de Félix, o herdeiro universal do capital da mãe – casa, dinheiro e escravos. A inatividade passiva de Félix preocupa todos os personagens, até mesmo o próprio Félix. Mas a eficácia do trabalho para realizar uma transformação concreta nunca é considerada com seriedade no conto, o que sugere que outra mudança mais radical deve ser buscada.

sadas do olhar schopenhaueriano: o autoconhecimento, a transcendência da vontade, a fundação ideal para uma vida ética – fundação apresentada pela genialidade artística que aperfeiçoa o olhar. Mas numa sociedade na qual os objetos, inclusive a gente, automaticamente são equivalentes à propriedade ou a instrumentos da propriedade, o olhar – a poética da mimese desinteressada, à primeira vista livre da vontade – não basta. Pois, nesse contexto, o olhar ainda é um ato possessivo, e a mimese ainda é a confirmação da propriedade. Machado não perdeu a fé no valor ético dos atos altruístas – das obras e dos presentes –, mas a mudança requer uma nova maneira de apresentar tais atos. Para Machado, a compaixão deve transcender o olhar.

A esperança pela transcendência, em *Quincas Borba*, encontra-se numa forma improvável: em dois personagens que, juntos, constituem a retrogressão à – ou pelo menos a reminiscência da – poética machadiana anterior a 1880. Trata-se de Fernanda e Teófilo, cuja presença no romance é de outro modo inexplicável. Fernanda possui a bondade instintiva de Rubião, sem a contaminação pelo *humanitismo* ou qualquer outro princípio. Teófilo é quem poderia ser Rubião se tivesse um sentido prático do mundo material e dos políticos.

O momento mais notável que Fernanda tem quase parece um exercício tomado de um manual escrito por Schopenhauer – mas só *quase*. Após ter arranjado ajuda para Rubião numa clínica psiquiátrica, Fernanda se esforça para procurar o cachorro Quincas Borbas na casa de Rubião. Acaricia o animal, consciente de que morre por falta de atenção, e daí:

> Quando Dona Fernanda cessou de acariciá-lo, e levantou o corpo, ele ficou a olhar para ela, e ela para ele, tão fixos e tão profundos, que pareciam penetrar no íntimo um do outro. A simpatia universal, que era a alma desta senhora, esquecia toda a consideração humana diante daquela miséria obscura e prosaica, e estendia ao animal uma parte de si mesma, que o envolvia, que o fascinava, que o atava aos pés dela. Assim, a pena que lhe dava o delírio do senhor, dava-lhe agora o próprio

> cão, como se ambos representassem a mesma espécie. E sentindo que a sua presença levava ao animal uma sensação boa, não queria privá-lo do benefício. (Assis, 1993, p. 207-8, Capítulo CLXXXVIII)

Existe uma diferença crítica entre a contemplação schopenhaueriana do objeto e o olhar mútuo entre Fernanda e Quincas Borba. Sujeito e objeto – senhora e cão – fazem-se um, mas, em vez de Fernanda transcender para a participação numa vontade universal, ela faz parte de uma alma universal: "A simpatia universal, que era a alma desta senhora [...]". Sujeito e objeto, senhora e cão, fundem-se, não pelo fato de o sujeito ceder por completo sua vontade à contemplação desinteressada, estética do objeto, mas pelo fato de o objeto ser *atraído* à simpatia envolvente do sujeito – tal como o costume que os cachorros têm com as pessoas. Ele confia nela instantaneamente – torna-se seu companheiro fiel – devido ao olhar simpático, os olhos românticos, janelas de sua alma: "[...] o evolvia, [...] o fascinava, [...] o atava aos pés dela". A identificação que faz Fernanda entre o cachorro e seu mestre, portanto, enfatiza o papel que essa dinâmica de simpatia universal – ao contrário da vontade transcendente – pode ter nas relações humanas.

Teófilo é mencionado no romance pela primeira vez de modo notável por razão análoga. Não é seu olhar que se descreve, mas os hábitos de leitura. Ele está se martirizando sobre o erro de impressão de uma só vogal na transcrição de um discurso político que deu. O erro dá ao discurso um sentido contraditório. Quando sua esposa pergunta: "Mas você não leu as provas?", Teófilo responde: "Li, mas o autor é o menos apto para as ler bem" (Assis, 1993, p.142, Capítulo CXIX). Teófilo, assim, prescinde da ameaça que arruinou Rubião: o impulso de nos reinventar através das representações.

O contraste com o fanfarrão político Camacho é óbvio. Téofilo havia nascido para o serviço público. Mas, enquanto Camacho explora a escrita para apresentar os princípios ideológicos mal definidos, Teófilo põe a escrita, e toda a intelecção, a serviço de medidas honestas, práticas e concretas: os orçamentos, a legislação, o comércio. Ele lida com essas coisas porque a política está em sua alma, e o trabalho é genuíno e tangível. Sabemos desse fato não só porque Teófilo nos diz, mas por podermos lê-lo em sua biblioteca:

> Havia ali quatro largas estantes cheias de livros, de relatórios, de orçamentos, de balanços do Tesouro. A secretaria estava em ordem. Três armários altos, sem portas, guardavam os manuscritos, notas, lembranças, cálculos, apontamentos, tudo empilhado e rotulado metodicamente; [...].
>
> Tudo ali respirava atenção, cuidado, trabalho assíduo, meticuloso e útil. [...]
>
> Nenhum quadro ou busto, adereço, nada para recrear, nada para admirar; – tudo seco, exato, administrativo. (Assis, 1993, p.193, Capítulo CLXXV)

Mas essa maquinaria administrativa faz parte da alma de Teófilo. Quando, ao partir do Rio para uma presidência provincial, olha para a biblioteca pela última vez, é a simpatia e o companheirismo o que acha, não objetos para o estudo ou para satisfazer a vontade pessoal: "Despedia-se assim dos seus santos e amigos, com verdadeiras saudades" (Assis, 1993, p.197, Capítulo CLXXVIII).

Se *Quincas Borba* nos apresenta uma alternativa ao pessimismo filosófico que tanto perturba Machado de Assis, é este casal. E é como casal que Fernanda e Teófilo sugerem a esperança para o futuro. Isso é particularmente notável à luz da crítica que Machado faz do Realismo e do Romantismo. Fernanda e Teófilo não são Peri e Ceci: não terminam arrastados juntos no dilúvio simbólico para serem a gênese legendária de uma nova raça. Mas refletem com fidelidade as convenções matrimoniais de gêneros característicos do Romantismo que sobreviveriam no Realismo. Fernanda é alma, Teófilo é o intelecto; Fernanda é espontânea e vivaz, Teófilo, ordenado e disciplinado; ela é religiosa, ele é secular; ela, doméstica, ele, político; Fernanda tem instinto, Teófilo tem visão. Numa técnica digna de Henry James, mestre do Realismo inglês, o casal é introduzido no romance precisamente para tratar da doença de Rubião. Quase tão logo ficam sabendo da enfermidade, Fernanda sugere uma cura e

Teófilo planeja sua trajetória (Assis, 1993, p. 176-7, Capítulo CLVIII).

Em resumo: Machado de Assis não opôs a existência de uma realidade objetiva – de uma "coisicidade" – ou essência ao cosmo. Também não rejeitou sem exceção as convenções e tropos estilísticos do Romantismo ou do Realismo. Ao voltar às ironias essenciais das poéticas cervantinas e shakesperianas, entre outras, Machado tentou expor o fato de que a *representação* da realidade, tomada como princípio, nos aliena da essência do mundo. E a epistemologia que dominava o pensamento do século XIX complica o paradoxo.

Privilegiar o olhar como meio para chegar à essência e à verdade bem podia ser tanto a vereda da loucura como a da genialidade. A insistência de Schopenhauer em limitar aos atos a manifestação da vontade subjetiva conduz à consolidação do olhar como o único portador da verdade e, então, da ética. *Quincas Borba* implica que o esquema de Schopenhauer intensifica, em vez de resolver, a dificuldade de distinguir a vontade universal do interesse subjetivo, ao mesmo tempo que enfatiza a natureza moral do problema e sua inseparabilidade da praxe estética. Por isso o desafio que faz Machado de Assis à genialidade artística – inclusive à própria genialidade – é de escrever o mundo para provocar a contemplação e a ação em vez da percepção.

Na busca por alternativas éticas, Machado coloca a esperança nas figuras mais prosaicas imagináveis – em personagens que evocam a tradição romântica no Realismo. Tais figuras, rodeadas pelo mundo das aparências, do interesse, da decepção e do engano, oferecem compaixão, companheirismo e trabalho a serviço dos objetos e das pessoas que encontram na vida cotidiana. Machado sugere que a genialidade pode se encontrar no legado metaficcional e irônico de seus antecessores: Shakespeare, Cervantes, Stearne, Swift, Richardson etc. A genialidade revela um discurso ético que não fica na retórica da representação, mas nos atos e nas apreensões das figuras que cria, e no convite aos leitores para que leiam as figuras como os símbolos de que se constituem.

... Num momento de simpatia. A conjunção de temperamentos em Machado de Assis

Élide Valarini Oliver

> Toda definição é um infortúnio.
>
> Erasmo

O que comumente chamamos influência em literatura é definido por M. H. Abrams (1998, p.124) em *A Glossary of Literary Terms* [Um glossário de termos literários] como o impacto que um autor ou uma tradição literária causa num autor posterior que pode

> [...] adotar, e ao mesmo tempo alterar, aspectos do tema e assunto, forma ou estilo de um escritor ou escritores anteriores. Entre os tradicionais tópicos de discussão, por exemplo, constam a influência de Homero sobre Virgílio, de Virgílio sobre Milton, de Milton sobre Wordsworth e de Wordsworth sobre Wallace Stevens.

A *angústia da influência*, ou *anxiety of influence*, é a teoria bem conhecida do crítico Harold Bloom, e que identifica sua radical revisão da teoria tradicional da influência, que consiste, em geral, na ideia de "empréstimo" ou assimilação de materiais ou características de escritores anteriores. É necessário que se diga que o livro de Bloom tem por subtítulo *uma teoria da poesia*, portanto, nele, o crítico lida apenas com essa forma literária.

Para Bloom, não é possível ao poeta escapar à influência na composição do poema, e, assim sendo, esse fato inescapável causa no autor uma angústia que o compele a distorcer o trabalho do predecessor, seja quando escreve e faz literatura, seja quando apenas a lê. Para Bloom, o poeta é motivado a escrever quando sua imaginação é tomada pela obra de um precursor. Nesse ponto, o crítico parte para uma leitura de forte influência (aqui com e sem ironia)... psicanalítica. Ele sugere que o poeta "influenciado" tem com seu precursor uma relação edipiana de filho para com o pai e, portanto, ambivalente, pois se compõe tanto de admiração como também de ódio, inveja e medo de que o precursor, por ser forte, tenha esvaziado preventivamente o espaço imaginativo de seus descendentes.

Assim, o poeta posterior, para salvaguardar o senso de autonomia, lê o poeta anterior na defensiva, distorcendo, portanto, sua obra, tantas vezes até o ponto de não se poder reconhecê-la. Porém, mesmo lendo na defensiva, o poeta posterior não deixa de incorporar elementos do anterior na tentativa de escrever um poema original. O ponto máximo que um poeta posterior pode atingir é escrever um poema "forte", que crie a ilusão de "prioridade", isto é, que crie a ilusão de que tenha escapado da influência do poema precedente tanto no tempo quanto em grandeza (Bloom, 1979).

Dentre as críticas que se podem fazer a essa teoria, uma delas é que ela é a-histórica, pois se centra no conceito romântico de originalidade, não levando em conta que essa característica, em épocas anteriores, não possuía a mesma relevância; é também anacrônica, pois se funda num conceito de "eu" e de "ego" que foi fundamentalmente criado pela psicanálise e não pode ser, de modo mecânico, aplicado ao passado. Não sabemos se o "eu" de Homero ou de Virgílio era o mesmo "eu" narcísico construído pela psicanálise. Até mesmo o conceito de "eu", após toda a crítica que se faz à psicanálise, mudou.

Um outro texto igualmente influente em círculos acadêmicos é o ensaio de Jorge Luis Borges (1974, p.711), "Kafka y sus precursores", que conhecidamente inverte a ideia de precedência ao propor que "cada escritor cria os próprios precursores [...] O poema 'Fears and Scruples' de Browning profetiza a obra de Kafka, mas nossa leitura de Kafka afina e desvia de maneira sensível nossa leitura do poema".

Uma das principais consequências desse ensaio é o questionamento do conceito de influência, já que a própria ideia de precedência é invertida. Assim, temos a possibilidade lógica que desafia a própria lógica, pois, afinal, é a criação de uma obra literária posterior que influenciará a leitura que fazemos de uma obra anterior.

T. S. Eliot (1980, p.38), em seu famoso ensaio "Tradition and the Individual Talent" [Tradição e talento individual], também propõe algo bastante similar, observando que "o que acontece quando uma nova obra de arte é criada é algo que acontece simultaneamente a todas as obras de arte que a precederam".

Tanto Borges quanto Eliot propõem uma leitura da questão da influência que se baseia não numa luta narcísica, psicológica, mas em algo que transcende o individual e opera na intersecção entre a criação e o criador, embora sempre dentro do campo literário.

É para essa direção que também aponta Northrop Frye (1971, p.11). Para o crítico, o problema está em querer enquadrar a questão da influência como algo histórico e consciente, como se fosse possível transmitir-se algo concreto de A para B. Ele observa que

> [...] toda pessoa criativa possui um corpo interconectado de imagens e ideias sob o consciente e buscar pescar esses pedaços é o trabalho criativo de cada um. Algumas vezes uma expressão ou uma simples palavra ocorre ao escritor, como se fosse uma espécie de anzol ou isca com a qual ele pode pegar alguma coisa que sabe que está lá embaixo. Ao se ler Yeats, podemos pensar que ele tinha um enorme débito com os escritos de Villiers de l'Isle Adam e em particular para com *Axel*[...] Examinando-se de perto, vemos que Yeats havia ficado fascinado com uma simples expressão: "Quanto a viver, nossos serviçais o farão por nós", extraída, totalmente fora do contexto, de uma peça que ele mal podia entender no original francês e aplicada a um contexto ainda mais remoto. Os poetas estão cheios de influências desse tipo, sementes que encontram um solo fértil, e não apenas os poetas. Tornamo-nos, de fato, o que somos através das influências.

Como se vê, pela breve referência a esses autores, o problema da influência em literatura é extremamente complexo e, embora haja algum consenso quanto ao significado desse componente do ato criativo literário, ele é apenas aparente e nem mesmo sua definição pode ser enunciada sem que vozes discordantes se levantem.

Queremos, neste ensaio, levantar algumas questões com relação a certas formas de influência que detectamos em Machado de Assis, seguindo as possíveis consequências ao mesmo tempo que procuramos reposicionar certos enfoques críticos com base em um entendimento particular da questão. Por isso, abordaremos três vieses, e isso de modo arbitrário, já que toda escolha implica arbitrariedade. Buscaremos falar de simpatias e afinidades de temperamento em Machado; do desenvolvimento da metalepse no estilo do autor e, por fim, da influência do *conte philosophique* no mesmo autor.

Em primeiro lugar, nas muitas instâncias em que se discute a ideia de influência, pouco se fala de atitudes correlatas, sutilmente diferentes e tão importantes quanto o conceito aqui discutido. Uma delas é a noção de afinidade. Nem sempre as afinidades tornam-se influências, mas é rara a influência que não se baseie em afinidade, ainda que esta se dê fora de contexto ou que seja uma leitura a contrapelo (para usar a expressão de Bloom).

Em termos etimológicos, a palavra *influência* evoca o fluxo, um rio que corre para dentro, "e eu, rio abaixo, rio afora, rio adentro – o rio", como escreve Guimarães Rosa (1995, p.413) em "A terceira margem do rio". E podemos contar com influências de filiação, ou de subscrição; influências de casamento ou de comunhão. Há influências espirituais, afinidades naturais. Há simpatias, que, como garante a própria etimologia, fundem (*sym*) numa só emoção (*páthos*) dois sujeitos diversos, até díspares, ou duas espécies diferentes, como acontece entre os dois Quincas Borbas, o homem e o cachorro; ou entre o narrador de *Voyage autor de ma chambre* e sua cachorrinha Rosine, livro que reconhecidamente influenciou Machado.

Talvez seja preferível, quando se fala de influências, partir de uma noção mais definível e menos definida. Assim como todos temos um *musée imaginaire*, na denominação de Malraux, restos de imagens iconicamente lembradas, *O nascimento de Vênus*, o *Laocoonte*, temos também uma *bibliothèque imaginaire*, restos de livros, poemas, trechos memorizados ou não, palavras, cenas, enfim, tudo o que guardamos, bem ou mal, na memória consciente e inconsciente. No caso de Machado, ou de qualquer escritor ou poeta dignos desses títulos, sabemos que a biblioteca imaginária é imensa, tão incomensurável como a biblioteca de Babel. O que podemos fazer é tentar discernir alguns sinais, topar com algumas coincidências, traçar certas dessas simpatias e afinidades para que isso nos ajude no caminho da compreensão, muitas vezes uma mera tentativa de apreensão da complexidade de uma obra literária.

Entretanto, uma parcela da crítica machadiana, sobretudo no passado, lançou um olhar envergonhado em direção à discussão de influências, como se o influenciado fosse inferior ao influenciador, e como se houvesse na ideia de imitação algo eminentemente negativo.

Como observa Jean-Michel Massa em "A biblioteca de Machado de Assis" (2001, p.32):

> Não esqueçamos, entretanto, que a ausência de um livro das prateleiras desta biblioteca não significa que Machado não o tenha lido e, mesmo, não o tenha possuído nas prateleiras de sua biblioteca quando esta estava completa. Da mesma forma, sua presença não prova nada além de um eco, uma reminiscência, uma pista, um ar familiar que vem confirmar sua presença ou lembrança na obra de Machado de Assis.

Vejamos o caso de *Dom Quijote*, figurante na biblioteca real de Machado, na nova edição corrigida e anotada por Don Eugenio de Ochoa, sem data.[1] Talvez o eco de um pequeno trecho, o anzol ou a isca de Frye, tiveram alguma influência na biblioteca imaginária de Machado. O famoso emplasto Brás Cubas seria criado, pelo artífice

1 Eis a citação tal como se encontra no livro de Jean-Michel Massa (2001, p.45): "CERVANTES, Miguel de. El ingenioso hidalgo Don Quijote de la Mancha. Nueva edición, corregida y anotada por Don Eugenio de Ochoa. Paris, Libéria de Ch.Fouraut, (s.d). [*Garnier*]."

de mesmo nome, tanto para aliviar os males da humanidade ("Aliviar a nossa melancólica Humanidade" (Assis, 1957a, p.15)) como para a glória pessoal do inventor, reunindo num só artigo a filantropia, o lucro e a nomeada. No *Don Quijote de la Mancha* (Cervantes, 1998, p.137), encontramos o seguinte trecho:

> – Con todo eso, te hago saber, hermano Panza – replicó don Quijote –, que no hay memoria a quien el tiempo no acabe, ni dolor que muerte no le consuma.
>
> Pues ¿qué mayor desdicha puede ser – replicó Panza – de aquella que aguarda al tiempo que la consuma y a la muerte que la acabe? Si esta nuestra desgracia fuera de aquellas que con un par de bizmas se curan, aun no tan malo; pero voy viendo que no han de bastar todos los emplastos de un hospital para ponerlas en buen término siquiera.[2]

No *Quijote*, Cervantes estabelece a relação irônica entre males e emplasto, males que não são físicos e que, portanto, não podem ser curados com um emplasto. Não haverá emplasto suficiente nos hospitais para curar a *desdicha*, a desdita humana. Não se pode afirmar indubitavelmente que esta seria a "origem" do emplasto de Brás Cubas, mas não se pode também deixar de notar as confluências. Em ambos os casos, trata-se de usar, numa vertente irônica, a ideia do emplasto, que serve para aliviar ou curar males físicos, para curar o incurável. Sancho parece conformado com a desdita, e a referência ao emplasto é para reforçar a incurabilidade da condição humana. Brás, ao tentar inventar um emplasto para "aliviar a nossa melancólica Humanidade", morre. Também em Machado a vertente irônica modifica a relação entre os males e o emplasto, não sem ir além, já que Brás ao mesmo tempo busca com a invenção dinheiro

---

2 Com tudo isso, faço-lhe saber, amigo Pança – respondeu don Quixote – que não há memória que o tempo não apague nem dor que a morte não consuma. Então, qual será o infortúnio – retrucou Pança – daquela que aguarda a ação do tempo e da morte? Se esta nossa desgraça fosse daquelas que com um par de ataduras se cura, não seria tão ruim, mas percebo que não serão suficientes todos os emplastos de um hospital para fazer com que ela sequer fique bem.

e glória pessoal, o desejo de ver seu nome impresso nas embalagens do produto.

Já a famosa citação shakespeareana, *we few, we happy few*, de *Henry V*,[3] transformada, de maneira irônica, em dedicatória por Stendhal na última linha de seu *Le rouge et le noir*: *to the happy few* [O vermelho e o negro: aos poucos felizes], é ainda mais uma vez transformada ironicamente pelo próprio Brás, nesta mesma advertência ao leitor:

> Que Stendhal confessasse haver escrito um de seus livros para cem leitores, coisa é que admira e consterna. O que não admira nem provavelmente consternará é se este outro livro não tiver os cem leitores de Stendhal, nem cinquenta, nem vinte e quando muito dez. Dez? Talvez cinco. (Assis, 1957a, p.9)

Aqui a citação da citação, nas mãos de Machado, sofre uma radical mudança. Se cem leitores são poucos, Machado se estende numa frase que, quanto mais se estica e mais números enuncia, cada vez mais expressa, em paradoxo, uma quantidade cada vez menor. Há aqui ironia até mesmo com Stendhal. Sucede, porém, que em nenhum lugar Stendhal fala de cem leitores. Pode até mesmo ser que a referência do autor francês nem tenha sido Shakespeare diretamente, mas Byron, que, no canto 11 de *Don Juan*, refere-se aos *thousand happy few* que constituem a alta sociedade. O poema de Byron é constantemente referido em *Le rouge et le noir*, e é evidente que Byron utiliza o *happy few* de Shakespeare também com distorção irônica.

Como se vê, os deslocamentos, as distorções, a pesca de palavras e frases em torno do núcleo *happy few*, nos autores aqui vistos, se faz sempre por ironia, uma ironia que ressignifica a citação anterior aplicando-se a um novo contexto, e, assim, o tecido literário se expande. Pode-se dizer que haja leitura ao contrário, mas não encontramos aí uma luta agônica como quereria Bloom.

---

3 No discurso de Saint Crispin, de Henry V: "[...] we few, we happy few, we band of brothers [...]".

A distorção, seja ela irônica ou não, é um caso literário interessante. Raymundo Magalhães Jr. (1971), em seu excelente *Machado de Assis desconhecido*, tem um capítulo dedicado ao "Machado de Assis deturpador de citações". Esse grande leitor de Machado, escrevendo nos anos 60 (o livro foi publicado em 1971), observa: "Ninguém até aqui levantou contra o grande escritor esta acusação. Nenhuma, porém, seria mais bem fundamentada. Como isto é pecado de muitos, não é coisa que o amesquinhe" (Magalhães Jr., 1971, p.212).

O autor observa que Machado citava muito, e de cabeça. Como autodidata, Machado "gostava de fazer praça de amplos conhecimentos de literatura estrangeira, citando no original o que podia e cabia nos limites de suas crônicas ou de seus contos. Era esta uma das suas poucas vaidades" (ibidem, p.212). Como uma das deturpações de Machado em *Memórias póstumas de Brás Cubas*, consta, muito apropriadamente, o *la maison est à moi; c'est vous d'en sortir* [a casa é minha; é o senhor é que deve sair] do *Tartuffe*. Os versos originais da peça de Molière são: "*C'est à vous d'en sortir, vous qui parlez en maître; / La maison m'appartient, je le ferai connaître*" [O senhor é que deve sair, o senhor que fala como dono; / A casa me pertence, eu lhe mostrarei como] (Magalhães Jr., 1971, p.215). O comentário de Magalhães Jr. (ibidem, p.215) é perspicaz:

> Decerto Machado o conservou de memória, e, embora leitor confessado e constante de Molière, deturpou-o fundindo dois versos num só alexandrino [...] com seu conhecimento seguro da língua francesa e a insegurança de sua memória forjou Machado de Assis o falso alexandrino de Molière e o pôs em circulação sem que ninguém até aqui lhe assinalasse a façanha. Nem mesmo o seu tradutor francês, o general R. Chadebec de Lavalade, se advertiu dessa metamorfose dos versos de seu genial patrício.

E assim, segundo Magalhães Jr., transpôs os versos do suposto Molière *ipsis litteris*. Temos aqui dois problemas. Primeiro, a questão da deturpação de citação. Quando, como, onde e por que citações podem ser deturpações? Isso está longe de ser resolvido quando se trata de literatura, e a tendência da crítica literária atual é não a de "acusar o pecado", como escreve Magalhães Jr., a respeito dos detratores de Machado, mas de incorporar a distorção ao contexto da obra, e é isso o que o tradutor francês fez, provavelmente sem intenção, assim como o tradutor alemão, que traduziu a frase do "original" francês de Machado para o alemão: "*Ich bin der Herr vom haus, schert euch gefälligst fort!*" [Eu sou o Senhor desta casa, saiam logo daqui!], bem como os tradutores para o inglês, tanto a versão americana como a britânica, que a deixam no original francês machadiano. Todos assim o fazem achando conservar o francês de Molière, ou traduzindo-o. Mas o original é do texto de Machado, e não o de Molière. E, para além da citação deturpada de Molière, há, no final do capítulo X de *Voyage autour de ma chambre*, de Xavier de Maistre (1959, p.30) (outro autor reconhecido na advertência que faz Brás ao leitor, junto com Sterne), a seguinte frase: "*la froide raison reprit bientôt son empire*" [a fria razão logo retorna seu império].

Talvez um topos tão conhecido como esse da oposição entre razão e loucura, *la folle du logis*, como diz um ditado francês – topos, aliás, empregado com assiduidade por tantos autores, dentre os quais Shakespeare, Erasmo, Rabelais, Swift, Balzac, para citar alguns, que tenha confundido Machado, que assim inventou um verso alexandrino em francês para reinventar o topos razão *versus* loucura, atribuindo-o a Molière. Pode não ter sido proposital, mas a verdade é que não sabemos ao certo. Exatamente nessa "deturpação" é que temos um exemplo bastante claro de como funciona a mente criadora do escritor Machado.

Xavier de Maistre (1959, p.71-2) assim escreve em seu *Voyage autour de ma chambre*: "*les ridicules et les préjugés sont si fort inhérents à notre miserable nature, qu'ils nous suivent encore quelque temps au delà du tombeau*" [o ridículo e o preconceito são tão inerentes à nossa miserável natureza que os carregamos ainda por algum tempo para além-túmulo]. E, em *Memórias póstumas de Brás Cubas*, temos que no *undiscovered country* de Hamlet (citado textualmente por Brás (Assis, 1957a, p.12)), o defunto-autor conserva todas as suas características humanas, expondo com franqueza aos leitores suas falhas.

Mais uma vez nos defrontamos com as iscas recolhidas na pesca: ridículo, miserável natureza humana carregada além-túmulo. Mas essa pesca é de peixe grande, pois *Brás Cubas* é o aprofundamento paradigmático da reflexão de Xavier de Maistre.

Podemos propor uma *liberação da imaginação*, que se dá quando Machado lê certos autores, e essa liberação vem em conta de uma afinidade de temperamento ou de simpatia que cria uma zona de conforto propícia à criação, pois do lado do liberado há o reconhecimento de sua capacidade expressiva ainda sem forma, mas já identificada com o alcance do liberador. E, do lado do liberador, está o horizonte de possibilidades que se abre ao liberado. Não se pode negar que possa haver aí, em alguns casos, luta e competição, mas há também reconhecimento e admiração.

Exemplo: o capítulo XII em *Voyage* é feito de pontos com as palavras *Le Tertre* no centro. Trata-se da elevação em que no capítulo anterior o autor viu seu objeto amoroso, Rosalie, quase que transfigurada de tanta beleza. O capítulo dos pontos vem a propósito, nos diz o narrador, pois este não pode prosseguir com a narrativa, uma vez que a imagem da amada o impede de pensar. Comparando-se ao capítulo do diálogo de Adão e Eva de *Memórias póstumas de Brás Cubas*, nota-se que, apesar do aproveitamento da ideia de Xavier de Maistre, que vem, aliás, de Sterne, as diferenças de contexto são importantes para definir o estilo de ambos os autores. Em Machado os pontos são reticências de um diálogo seguido de pontos de exclamação e interrogação, e isso num crescendo climático e enfático. O que era divagação em Maistre torna-se ação em Machado. Preserva-se o *humour*, mas Machado acrescenta uma ironia que não estava no autor francês.

Nos capítulos VI, VII e VIII, Maistre, como bom francês, desenvolve um dualismo irônico ao propor que somos feitos de duas partes, a alma e a besta, *la bête*, ou mesmo *l'autre*, como ele também se refere ao corpo. Com ironia taxativa e expositiva similar, Jacobina em "O espelho" expõe sua teoria de que todos possuímos duas almas, uma voltada para dentro e outra para fora. Em *Esaú e Jacó*, a ideia da alma exterior volta exemplificada no apego do confeiteiro que mora em frente ao Conselheiro Aires à sua tabuleta, no apego da irmã de Natividade ao tinteiro e no apego do pai de Flora às cartas de recomendação.

Ainda de Xavier de Maistre (1959, p.37) alguns outros peixes são pescados. Sabemos que o autor estima a cachorra Rosine com o "mesmo sentimento que concede a seus amigos". A ela dedica um capítulo inteiro de sua viagem e chama a atenção dos leitores para o fato – leitores que, diga-se de passagem, no caso desse autor, resumiam-se ao grupo de amigos do conde duelista, talvez eles também *happy few*: "*J'ai résolu de parler de ma chère Rosine, aimable animal que j'aime d'une véritable affection, et de lui consacrer un chapitre tout entier*" [Resolvi falar de minha cara Rosine, amável animal, por quem tenho uma verdadeira afeição, e dedicar-lhe um capítulo inteiro] (Maistre, 1959, p.36). Não apenas isso nos chama a atenção, a nós, leitores de Machado, mas a relação do narrador com a cadelinha é examinada em detalhe, chegando-se à conclusão de que o que se passa entre eles é um verdadeiro magnetismo, de maneira que haja "uma simpatia" – "*une sympathie*" entre "*cette aimable bête*" (ibidem, 1959, p.35) e a mão do narrador.

Agora passemos para *Quincas Borba*, romance cujo personagem principal é um cachorro e no qual Rubião acredita ver a encarnação do Quincas Borba humano. Com a insanidade caindo sobre Rubião, Sofia e Fernanda vão à casa daquele. Fernanda pergunta pelo cachorro, que, magro, abatido, aparece na porta da sala estranhando as duas. O cachorro ia se retirando quando Fernanda estala os dedos para chamá-lo.

> D. Fernanda coçava a cabeça do animal. Era o primeiro afago depois de longos dias de solidão e desprezo. Quando D. Fernanda cessou de acariciá-lo, e levantou o corpo, ele ficou a olhar para ela, e ela para ele, tão fixos e tão profundos, que pareciam penetrar no íntimo um do outro. A simpatia universal, que era a alma desta senhora, esquecia toda a consideração humana diante daquela miséria obscura e prosaica e estendia ao animal uma parte de si mesma. (Assis, 1957b, p.382-3)

Se Xavier de Maistre consagra "todo um capítulo" a sua cachorrinha Rosine, Machado consagra todo o livro, mas desloca a simpatia entre as espécies para um personagem apenas, visto que seu temperamento não é o mesmo do escritor francês. Xavier de Maistre tem uma leveza que não se encontra em Machado. Mesmo querendo inventar um "espelho moral, onde todos os homens poderiam se ver com seus vícios e virtudes" (Maistre, 1959, p.47), o espelho de Xavier de Maistre não é o de Jacobina, do conto "O espelho". Neste, Machado não quer inventar um espelho; inventa-o, apenas, e, ao fazê-lo, estende e aprofunda o paradigma, o que Maistre não tentou. E Machado o estende porque tem, além da simpatia por Maistre, simpatia também pelo *conte philosophique*, do qual falaremos mais adiante.

O que se vê até aqui é que há uma aglomeração de fontes; fontes que ocorrem em *clusters*.

Até aqui, trouxemos à discussão referências e influências explícitas, mas o que dizer das implícitas? Também faz parte da liberação imaginativa e das simpatias de Machado a pesca em outras águas mais turvas, e nelas se encontram as sátiras de Swift. É nesse autor que achamos que Machado encontra elementos para a formação de uma perspectiva do humano que não achará em ninguém mais.

Em outro ensaio,[4] procuramos mostrar a influência desse grande satirista em Machado, fornecendo elementos formadores e fundamentais para os parâmetros machadianos. Aos elementos swiftianos vêm se juntar o contingente retirado da biologia darwiniana tingida de elementos spencerianos, já que Machado entendeu mal a teoria da evolução. Mas, se tomarmos o cerne dos paradigmas avançados em *Memórias póstumas de Brás Cubas* e *Quincas Borba*, veremos que há ali a revelação repetida e martelada inúmeras vezes da indiferença da natureza para com a individualidade humana (o conto "O segredo do Bonzo" gira em torno da mesma temática).

---

4 Nosso ensaio se intitula: "'For What Have You Called Me?' Some Observations on the Treatment of Individual Consciousness and 'Darwinisticism' in Machado de Assis". Working paper, Universidade de Oxford. Disponível em: <http://www.brazil.ox.ac.uk/oliver39.pdf>.

Pandora e o humanitismo são duas faces da mesma moeda. Nascemos com o instinto de preservação que nos é dado pela natureza, pois pertencemos a uma espécie que quer se perpetuar, mas, ao mesmo tempo, para que a perpetuação aconteça, é necessário que morramos como indivíduos. Comentando a gravidez de Natividade em *Esaú e Jacó*, o narrador escreve:

> Foi o que a reconciliou com o marido. Não exagero; também não quero mal a esta senhora. Algumas teriam medo, a maior parte amor. A conclusão é que, por uma ou por outra porta, amor ou vaidade, o que o embrião quer é entrar na vida. César ou João Fernandes, tudo é viver, assegurar a dinastia e sair do mundo o mais tarde que puder. (Assis, 1957c, p.33)

O paradoxo entre espécie e indivíduo foi enfatizado por Swift (2002, p.550) quando, na terceira viagem de Gulliver, o narrador encontra um povo de imortais, os Struldbruggs. Imaginando o que faria se também fosse imortal, Gulliver observa que trataria os mortais "just as a Man diverts himself with the annual Succession of Pinks and Tulips in his Garden, without regretting the Loss of those which whithered the preceding Year" [tal como um ser humano se distrai com a sucessão anual de peônias e tulipas no jardim, sem lamentar a perda das que feneceram no ano precedente].

É interessante notar que esse protótipo está presente até no nível da escolha de palavras em Machado. No ensaio "'Cão' e 'cachorro' no *Quincas Borba*", Joaquim Mattoso Câmara Jr. examina em detalhes as diferenças de sentido entre os dois termos na obra. Em sua análise, fica claro que Machado usa o termo "cão" quando quer se referir à espécie, como quando escreve: "Assim, a pena que lhe dava o delírio do senhor, dava-lhe agora o próprio cão, como se ambos representassem a mesma espécie" (Assis, 1957b, p.349); e usa o termo "cachorro" quando se trata de um contexto familiar, como no seguinte exemplo em discurso indireto livre: "Rubião ordenou a um escravo que levasse o cachorro de presente à comadre Angélica" (Assis, 1957a). Ao fim do ensaio, Mattoso Câmara (1962, p.24) escreve: "As conclusões parecem fecundas, tanto para o conhecimento do estilo de Machado de Assis, quanto para o conhecimento íntimo da linguagem brasileira".

Mattoso Câmara, como linguista, não necessita explorar as consequências mais remotas de suas observações. Porém, seu estudo permite-nos mostrar até que ponto um parâmetro fundamental do enfoque machadiano acaba aparecendo, de modo sintomático, no estilo, ou até na escolha de palavras. Observamos que um dos parâmetros fundamentais na obra de Machado é a reflexão sobre a luta da consciência individual, que é a consciência de um ser para a morte – contra os desígnios da espécie, Pandora, que instila nesse mesmo indivíduo o desejo de continuar vivendo. Não se pode, então, deixar de reconhecer nos usos que faz Machado dos termos "cão" e "cachorro" a mesma lógica do parâmetro: há o termo familiar, "cachorro", para o exemplar individual, Quincas Borba; e o termo genérico, "cão", para a espécie.

Embora Raymundo Magalhães Jr. seja um dos poucos autores a apontar a conexão entre o humanitismo e Pandora em seu capítulo sobre as repetições em Machado de Assis, ainda assim persiste a noção errônea de que exista aí uma influência de Darwin, quando na verdade trata-se de Spencer.[5] Como dissemos antes, no ensaio tratamos em detalhes do assunto, porém vale a pena resumir brevemente aqui a questão, pois se trata de distinção importantíssima.

---

5 Jean-Michel Massa (2001, p.31), em *A biblioteca de Machado de Assis*, escrevendo em 1961, observa: "Por outro lado o domínio de língua inglesa é semeado de pontos de interrogação. Conhecer a lista de autores que Machado de Assis tinha o hábito de ler permitira confirmar, com maior certeza, a presença inglesa em sua obra. É preferível deixar com especialistas qualificados o cuidado de falar disto. Eugênio Gomes obterá frequentemente a prova dos nove de suas pesquisas, já que estas são atestadas por uma edição precisa. De Lamb, por exemplo, sabe-se agora que foi por intermédio de obras escolhidas traduzidas em francês que Machado deve ter conhecido o ensaísta inglês. É preciso encontrar o eco da filosofia inglesa, muito presente nas prateleiras desta biblioteca, na obra do escritor brasileiro. Na estranha construção do humanitismo, Spencer, Darwin, não trouxeram, eles também, sua pedra?". Machado possuía cinco obras de Spencer em sua biblioteca, em comparação às duas de Darwin.

Em *A origem das espécies*, Darwin fala em luta pela vida querendo dizer com isso luta pela existência. A expressão *struggle for life*,[6] utilizada sempre em inglês por Machado, em muitas de suas crônicas, foi cunhada por Spencer quando tentou erroneamente adaptar a teoria da evolução às sociedades humanas, o que é hoje em dia conhecido como darwinismo social. Darwin fala em luta pela existência, pela vida, isto é, refere-se à espécie, e não luta pela sobrevivência dos indivíduos. A ideia básica da teoria da evolução é a de que ocorrem mutações ao acaso dentro de uma espécie; se tal mutação é favorável, ela dará uma ligeira vantagem de adaptação ao meio ambiente nesse grupo, que, por isso mesmo, terá melhores condições de sobreviver e, assim, de passar para as gerações posteriores essa vantagem. Já Spencer entendeu a teoria da evolução um pouco como Quincas Borba: ao vencedor as batatas!

O que está subjacente aqui é a superimposição de duas tendências de pensamento: uma é moral e pode ser retraçada no passado, na tradição dos grandes satiristas, dentre os quais Erasmo, Moore, Swift, Voltaire. A outra é baseada no que o biólogo Morse Peckham chama de *darwinisticismo*. A diferença entre darwinismo e darwinisticismo é que a primeira é uma teoria científica sobre a origem das espécies biológicas, e o darwinisticismo, segundo Peckham (1979, p.304),

> [...] pode ser uma metafísica evolucionária sobre a natureza da realidade e do universo. Pode ser uma noção metafísica e simplista da lei natural. Pode ser uma teoria econômica ou moral, ou estética ou psicológica. Pode ser qualquer coisa que se suponha apoiar-se em *Origem* ou

6 De qualquer forma, os livros de Darwin que Machado possuía estavam em francês, e a cópia de *A origem das espécies* era a tradução da sexta edição, quando Darwin já havia mudado, por causa dos mal-entendidos, o título de sua obra de *On the Origin of the Species by Means of Natural Selection or the Preservation of Favoured Races in the Struggle for Life* para apenas *On the Origin of the Species by Means of Natural Selection*. A tradução francesa indicava: *L'origine des espèces au moyen de la selection naturelle ou la lutte por l'existence dans la nature* (Paris: C. Reinwald, 1876). Note que em francês o termo usado é "luta pela existência".

então qualquer coisa que se suponha ter realmente entendido sobre o que Darwin expressou inadequada e parcialmente.

Machado usa a expressão *struggle for life* em inglês em algumas de suas crônicas, e sempre com a interpretação spenceriana: "Não se pode dizer que seja homem vulgar; é um fura-vidas, que se atira à *strugh* [sic] *for life* com unhas e dentes, sobretudo com unhas" (Assis, 1962, p.383).[7] Ou em: "Bem, o molhadista do N.40, que falsifica hoje umas vinte pitas de vinho, que outra coisa faz senão defender-se a si mesmo contra o molhadista do N.34 que falsificou ontem dezessete? *Struggle for life*, como diz o amigo" (ibidem, p.433).[8] Ou ainda: "Que querem? é preciso comer. Cartomancia, heráldica, pindaíba de tutu, ou vinhos confeccionados no fundo do armazém, tudo isso vem a dar na lei de Darwin" (ibidem, p.433).[9]

O caso de D. Plácida é típico dessa confluência, desse *cluster* entre a tradição da sátira, no caso a sátira radical de Swift, e a vertente spenceriana. Trata-se aqui de simpatia, mas não da simpatia universal de D. Fernanda para com Quincas Borba, ou a de Xavier de Maistre para com a cachorrinha Rosine. No capítulo LXXIV de *Memórias póstumas de Brás Cubas*, Brás conta aos leitores a história de D. Plácida de maneira a pintar um quadro bastante realista e objetivo da vida dessa costureira humilde que luta para preservar a dignidade, a qual, como sabemos, nosso narrador corromperá comprando sua aquiescência ao adultério que comete com Virgília. Mas, no capítulo seguinte, intitulado "Comigo", o tom do narrador muda de modo radical, e, com a desculpa de dizer o que de fato pensa da situação de D. Plácida, Brás assume aparente e surpreendentemente o ponto de vista de Pandora. Ali, o narrador resume a história do encontro do sacristão com a mulher

7 Crônicas. Notas semanais, 1878.

8 Crônicas. Balas de estalo, 1884.

9 Crônicas. Balas de estalo, 1884.

> [...] que devia ser sua colaboradora na vida de D. Plácida [...] Dessa conjunção de luxúrias vadias brotou D. Plácida. É de crer que D. Plácida não falasse ainda quando nasceu, mas se falasse podia dizer aos autores de seus dias: – Aqui estou. Para que me chamastes? E o sacristão e a sacristã naturalmente lhe responderiam: – Chamamos-te para queimar os dedos nos tachos, os olhos na costura, comer mal, ou não comer, andar de um lado para outro, na faina, adoecendo e sarando, com o fim de tornar a adoecer e sarar outra vez, triste agora, logo desesperada, amanhã resignada, mas sempre com as mãos no tacho e os olhos na costura, até acabar um dia na lama ou no hospital; foi para isso que te chamamos, num momento de simpatia. (Assis, 1957a, p.231-2)

Talvez não haja momento mais swiftiano em Machado. Dele se aproxima a história do bêbado que pede à dona de um casebre em chamas permissão para ali acender o charuto, história essa narrada por um padre, nada menos, que nos vem contada em *Quincas Borba*. Com D. Plácida, a sátira radical de Swift é mantida sob a rédea firme da ironia radical, a mesma que encontramos na filosofia humanitista e na Pandora de Machado. Mas, em paradoxo, o trecho horripilantemente naturalista pode ser também entendido como se oferecesse uma piedade igualmente radical, a que soletra a miséria para que possamos melhor nos dar conta do horror que é o viver neste mundo, o sentimento trágico do mundo através do *páthos*. Há uma tradição moralista nessa linha que vem desde os cristãos primitivos e que recrudesce na Idade Média, sobretudo durante o período da Peste Negra. A tradição funda-se, é evidente, em textos bíblicos, e sabe-se que Machado era um admirador do Eclesiastes.[10]

Embora pudéssemos encontrar mais exemplos dessas simpatias aparentes e subjacentes, acreditamos que os exemplos anteriores tenham servido para nosso argumento. Antes de passar para a questão da metalepse, resta-nos fazer um comentário quanto às vantagens de tentar apreender as influências fundamentais, os parâmetros condutores, os paradigmas ocultos em Machado de Assis. Elas ajudam a

---

10 Pandora tem muito a ver com Eclesiastes 9:1.

focalizar, ou a refocalizar, as questões pertinentes no lugar de suas obras no campo maior da literatura. Na ancoragem ao que chamamos de visão swiftiana, *Memórias póstumas de Brás Cubas*, *Quincas Borba* e *Esaú e Jacó* nos possibilitam, por exemplo, enquadrar melhor a polêmica criada com o impacto da obra de Machado.

Sabemos que, no século XIX, a escola de Silvio Romero atacou-o com argumentos que até hoje voltam, de uma forma ou de outra, na fortuna crítica do escritor. Para o crítico, como bem se sabe, o autor era um estrangeiro pessimista num país de brasileiros otimistas. Criada a tese, veio a antítese, nas defesas de Machado, tentando explicar-lhe o suposto pessimismo ora pela doença (Mário de Alencar, Vianna Moog, Peregrino Jr., entre outros), ora pela psiquiatria, pelo psicologismo (Lúcia Miguel Pereira) etc. Como síntese, propomos que se detectem e incorporem à visão crítica de Machado suas simpatias e afinidades de temperamento.

Metalepse

Aos 25 anos de idade, Machado comenta na crônica do dia 12 de junho de 1864 um dos discursos do senador baiano Francisco Gonçalves Martins, o barão de São Lourenço, que queria afastar os literatos e poetas da política. O barão, vendo-se envolvido em uma polêmica, retratou-se, não sem antes mandar corrigir *a posteriori* a versão impressa do discurso no qual tinha se proferido contra o parnaso. Machado observa: "será útil que a civilização acabe com esse uso de andar de jaqueta diante dos contemporâneos e aparecer de casaca diante da posteridade".[11] E, depois de reproduzir os comentários ouvidos no parlamento, fazendo troça, dizendo que não sabia se os reproduziria em prosa ou verso, como M. Jourdain, Machado escreve: "Rogo aos representantes a quem tenha colhido es-

11 Citado por Magalhães Jr., que reproduz com detalhes a polêmica em Magalhães (1971, p.22-4).

tes pedacinhos de ouro hajam de não suprimi-los na publicação dos discursos. Já não se trata de ir à posteridade, – de casaca ou jaqueta; trata-se de irem nus" (Magalhães Jr., 1971, p.23).

Pode-se acompanhar em Machado o desenvolvimento dessa característica, que será uma das marcas mais predominantes de seu estilo: a criação e a sustentação de uma alegoria ora metonímica ora metafórica. O uso extensivo e estendido da sinédoque, muitas vezes fusionada com o uso igualmente extensivo da metáfora: os olhos de ressaca de Capitu *versus* os olhos investigativos de Escobar, com a morte deste por afogamento na ressaca do mar. Recursos estes que cabem mais ao poeta que ao prosador. Se a poesia de Machado era constipada e lhe faltava imaginação e vigor, toda a energia poética desse grande escritor drenou-se para a prosa, sobretudo para o uso desses recursos de extensão retórica a que nos referimos.

Muitas vezes, tais recursos recebem o nome de metalepse, que é a metonímia da metonímia, a referência a alguma coisa por meio de outra remotamente relacionada a ela, seja por meio de uma causa também remota ou de uma substituição intermediária de termos. A metalepse é a continuação de um tropo através de uma sucessão de significações. Devido a seu poder associativo, a metalepse é muito usada para efeito cômico, pelo poder de exagero ou ridículo. Sterne, um dos escritores favoritos de Machado, faz amplo uso da metalepse. Tristram, personagem de Sterne, acha que a vida atribulada e tumultuada é culpa dos pais que o conceberam tardiamente e desenvolve toda uma série de imagens para ilustrar essa tese.

O capítulo IX de *Dom Casmurro*, intitulado "A ópera", é um dos mais perfeitos exemplos desse recurso. Ali, Marcolini buscar expor a história da criação nestes termos:

> Deus é o poeta. A música é de Satanás, jovem maestro de muito futuro que aprendeu no conservatório do céu [...] Tudo se teria passado sem mais nada se Deus não houvesse escrito um libreto de ópera, do qual abrira mão, por entender que tal gênero de recreio era impróprio da sua eternidade. Satanás levou o manuscrito consigo para o inferno [...] (Assis, 1957d, p.29-30)

Porém, se vê que Machado faz um uso extenso desse recurso, a ponto de parecer aos leitores uma das características mais típicas de seu estilo. Como foi apontado brevemente antes, o *Tristram Shandy* de Sterne está repleto de exemplos semelhantes, mas seria absurdo achar que a imitação simplista de um escritor teria possibilitado a Machado o uso do mesmo recurso. Para que um tipo de figura como essa se cristalize, é necessário que haja uma maturação de estilo que vai além da imitação consciente. Em geral, a imitação consciente chega ao leitor desprovida de vitalidade. Não é isso o que temos em Machado. Pelo contrário. Talvez a cristalização tenha se feito porque já havia no escritor a disposição para esse tipo de expressão literária, uma disposição de pensamento e filosofia que lhe tornasse a escolha da metalepse um caminho natural de escrita.

Tome-se o núcleo que envolve os "navios do Pireu", por exemplo. À primeira vista, o capítulo de *Memórias póstumas de Brás Cubas* que se intitula "Os navios do Pireu" parece derivar de modo direto de Xavier de Maistre (1959, p.59): "Todos os acontecimentos que se têm dado entre estas épocas, todos os países, todos os mundos e todos os seres que têm existido, tudo isso é meu, tudo isso me pertence tão legitimamente como os navios que entravam no Pireu pertenciam a um certo ateniense." Mas Josué Montello (1955) sustenta que Machado teria tido como fonte La Rochefoucauld, que fala de "um louco de Atenas que acreditava que todos os navios que chegavam ao porto lhe pertenciam". A argumentação de Montello é de que Xavier de Maistre não menciona que o ateniense é louco, o que é fundamental para a argumentação de Machado em *Brás Cubas*, que tem, afinal, a ver com a loucura de Quincas Borba: "Há de lembrar-se, disse-me o alienista, daquele famoso maníaco ateniense que supunha que todos os navios entrados no Pireu eram de sua propriedade" (Assis, 1957a, p.407). Mas, em um dos diálogos de Luciano, o ateniense, agora chamado Adeimantos, aparece (Magalhães Jr., 1971, p.203). Na crônica de *A Semana*, da *Gazeta de Notícias* de 22 de novembro de 1896, Machado começa falando de um homem rico que tinha mania de que era pobre, para prosseguir assim:

> O avesso deste caso é bem conhecido naquele cidadão de Atenas que não tinha nem possuía uma dracma, um pobre-diabo convencido de que todos os navios que entravam no Pireu eram dele [...] esse opulento de barcos e ilusões comia de empréstimo ou de favor; mas não tinha tempo para distinguir entre o que lhe dava uma esmola e o seu criado [...] os dois casos por avessos que pareçam um ao outro, são o mesmo e único. A ilusão matou um, a ilusão conservou o outro; no fundo há só a convicção que ordena os atos. Assim é que um pobretão crendo ser rico, não padece miséria alguma, e um opulento, crendo ser pobre, dá cabo da vida para fugir à mendicidade. Tudo é reflexo da consciência. (Cit. em Magalhães Jr., 1971, p.204)

Aqui se vê muito bem a trajetória de um núcleo influente em Machado e como isso lhe serve de estofo, tanto no estilo quanto na filosofia, que nele se fundem numa só coisa. Vê-se que as reflexões de Machado se expressam nas variações de como ele trata a história do ateniense, usando da metalepse para compor, recompor e ajustar ao contexto da narrativa a pepita escavada numa confluência, num *cluster* de influências.

Richard A. Lanham (1991, p.92-3), em seu *A Handlist of Rhetorical Terms*, observa, no verbete *ironia*, que esta e a alegoria "devem ter alguma relação, já que a ironia é claramente um exemplo particular, uma volta em 180° do duplo sentido da alegoria. Isto é, o ironista depende de um hábito mental alegórico em seu leitor, um hábito que justaporá os significados reais e de superfície". Ora, a metalepse está ligada à alegoria, visto que seu desenvolvimento metonímico ocorre de modo alegórico, muitas vezes assumindo a forma de um apólogo. Vemos então que há uma relação íntima entre ironia, alegoria e metalepse. Da mesma maneira, da alegoria e do apólogo há apenas um meio passo para o conto filosófico. Daí mesmo pode-se depreender igualmente a importância do conto filosófico na obra de Machado, que será nossa última discussão.

O conto filosófico

Muitos dos contos de Machado seguem uma estrutura similar, que tem muito do *conte philosophique*, sobretudo na forma desenvolvida por Voltaire. É também comum encontrarmos em Machado uma mescla entre o conto filosófico e o conto fantástico.

O *conte philosophique* baseia-se na estrutura do apólogo, com sua alegoria moral. Ele segue a estrutura do conto tradicional, mas introduz elementos que buscam despertar a reflexão crítica do leitor por meio de uma forma mais leve que a do ensaio filosófico. Não é incomum que, nessa tentativa, faça uso do fantástico e do maravilhoso para ilustrar temas filosóficos que, sem isso, se apresentariam de maneira árida. O conto filosófico é, portanto, uma narrativa de aprendizagem.

Um grupo significativo de contos machadianos segue a estrutura de um narrador em primeira pessoa que diante de uma audiência conta, quase sem interrupção, uma história fora do comum. Embora a conclusão filosófica fique a cargo do leitor, como os rastros de perfume que deixam atrás de si certos passantes, Machado fornece, muitas vezes, por intermédio do narrador ou à revelia dele, os elementos filosóficos e/ou morais que concluem a história.

"O espelho" é o exemplo mais característico dessa abordagem, com elementos do fantástico e do maravilhoso no desaparecimento da imagem de Jacobina. Por mais que se argumente o Realismo de Machado, vendo no desaparecimento da imagem de Jacobina o efeito de uma comoção interior, psicológica e social, não há nada mais comprovador de sua qualidade fantástica que a escolha desse mesmo nome para um conto que Guimarães Rosa escreveu. Neste, a influência de Machado se faz sentir de forma sutil. Em sua história, também intitulada "O espelho", há uma alusão e homenagem a Machado. Aqui, o narrador inverte a proposição machadiana e leva a teoria da alma não para a intersecção entre o social e o psicológico, como faz Machado, com a alma exterior de Jacobina, mas para a alma interior. Guimarães Rosa enfatiza o descobrimento, de fora para dentro, da verdadeira alma interior do narrador, que primeiro não se reconhece ao olhar casualmente para uma parte de si em um espelho, fato que lhe desperta hostilidade para com aquela figura (há, casualmente, um conto de Chesterton em torno desse mesmo aspecto), e, ao praticar com disciplina mirar-se no espelho, descobre ali, sucessivamente, primeiro uma onça – note aqui elementos que se desenvolveriam posteriormente em "Meu tio, o Iauaretê" –, depois o nada, como Jacobina, e, a seguir, uma criança.

Também em Guimarães Rosa a ênfase está no substrato filosófico que há por trás do elemento fantástico. No caso de Guimarães, elementos neoplatônicos são visíveis, assim como teorias ocultistas sobre a alma. Em Machado, o fantástico é usado como arcabouço para a meditação sociopsicológica.

O conto "Sem olhos" em *Relíquias da casa velha* segue a mesma estrutura de "O espelho", mas vem acrescido de elementos mais marcadamente fantásticos e moralizantes. Nele também o narrador em terceira pessoa introduz o narrador em primeira, um dos personagens que monopoliza a discussão contando um caso que desafia a imaginação e a razão dos presentes. Tal como em "O espelho", a capa do fantástico serve de escusa para o desenvolvimento da história, que gira em torno da ironia. O nó que une as duas narrações da história é o mesmo, o adultério, tema tão caro a nosso autor. A narração em terceira pessoa, que inicia o conto, indica, por meio de observações sutis e indiretas, que há uma atração entre o bacharel Antunes e D. Maria do Céu, mulher do Sr. Bento Soares. D. Maria do Céu é "Quieta, podiam pô-la num altar; mas, se movia os olhos, era pouco menos que um demônio. Tinha um jeito peculiar de usar deles que enfeitiçou alguns anos antes a gravidade de Bento Soares, fenômeno que o bacharel Antunes achava o mais natural do mundo" (Assis, 1957e, p.91). Antunes, segundo o narrador, achava que D. Maria do Céu ficava bem no vestido cor de pérola, assim como em qualquer outra cor: "a porção mais bela de Maria não era o vestido, mas ela mesma" (Assis, 1957e, p.92).

A conversa gira em torno de fantasmas e o desembargador Cruz afirma que tais aparições existem. Daí, a história move-se para a narrativa de Cruz, seus dias de estudante em São Paulo, às voltas com um vizinho estranho ou meio louco, Damasceno, que é velho e doente. Cruz desconfia que Damasceno está para morrer; chama médicos e cuida do velho, que lhe confia um segredo. Agora é a vez da narrativa de Damasceno, a terceira narrativa do conto. O velho lhe mostra o retrato de uma mulher belíssima, chamada Lucinda, que conhecera numa viagem à Bahia. Mulher de um certo doutor "sábio, taciturno e ciumento" (ibidem, p.111) (um Dom Casmurro?), Lucinda inspira em Damasceno primeiro compaixão e depois amor. Lucinda "não me olhava nunca" (ibidem, p.111), diz Damasceno, mas

> [...] não sei que tom havia em minha voz, o certo é que Lucinda estremeceu, e levantou os olhos para mim. Cruzaram-se com os meus, mas disseram nesse único minuto – que digo? nesse único instante, toda a devastação de nossas almas; corando ela abaixou os seus, gesto de modéstia, que era a confirmação de seu crime. (Ibidem, p.112)

O marido de Lucinda chega. "Nunca vi mais terrível expressão em rosto humano! A cólera fazia dele uma Medusa. Lucinda caiu prostrada e sem sentidos" (ibidem, p.112). O marido despede Damasceno com um gesto e ele é obrigado a ir. Passaram-se algumas semanas e Damasceno volta ao lugar onde moram Lucinda e o marido. Especula-se, no lugar, que Lucinda tenha morrido. Damasceno imagina que o marido a tenha assassinado, vai à propriedade dele resolvido a saber de tudo e ali encontra Lucinda, viva, mas podendo "morrer no dia seguinte" (ibidem, p.115). O marido,

> depois de cogitar na punição que daria ao olhar da moça resolvera castigar-lhe simplesmente os olhos... Ali chegando... vi... oh! é horrível! vi, sobre uma cama, o corpo imóvel de Lucinda, que gemia de modo a cortar o coração. 'Vê, disse ele, – só lhe castiguei os olhos'... Os olhos da pobre moça tinham desaparecido; ele os vazara, na véspera, com um ferro em brasa" (ibidem, p.115).

Damasceno, na cama, morrendo, já havia dado mostras de ter visto um fantasma ali sentado na beira da cama, chamando-o

Lucinda e rogando-lhe que fosse embora. Agora, seria a vez de Cruz, que, ao olhar para o canto da cama, vê também o fantasma de Lucinda com os olhos vazados e ensanguentados, e desmaia. Cruz é socorrido por amigos, Damasceno morre. Mais tarde, ao tentar escrever sobre o caso para um jornal, Cruz procura saber da vida de Damasceno e descobre que este nunca estivera na Bahia e que o retrato que lhe mostrara era o de uma sobrinha sua, morta ainda solteira. O episódio havia sido uma ilusão, entre tantas as outras de Damasceno, mas Cruz tinha mesmo visto a mulher sem olhos. Teria o desvario do doente sido contagioso?

O desembargador termina a história provocando a incredulidade de Maria do Céu quanto à existência de fantasmas, mas o duplo sentido com relação ao adultério é evidentemente também dirigido a ela:

> – Pois é pena! exclamou o desembargador; a história de Lucinda era melhor que fosse verdadeira. Que outro rival de Otelo há aí como esse marido que queimou com um ferro em brasa os mais belos olhos do mundo, em castigo de haverem fitado outros olhos estranhos? Crê agora em fantasmas, D. Maria do Céu?
>
> Maria do Céu tinha seus olhos baixos. Quando o desembargador lhe dirigiu a palavra, estremeceu, ergueu-se e de corrida se encaminhou para o bacharel Antunes. O bacharel também se levantou, mas foi dali a uma janela – talvez tomar ar – talvez refletir a tempo no risco de vir a interpretar algum dia um hebraísmo da Escritura. (Ibidem, p. 119-20)

Dos vários elementos tecidos nesta história escrita para o *Jornal das Famílias* em 1876, vamos focalizar em alguns: o papel do fantástico; o aspecto moralizante e irônico do fim do conto; sua relação com o tema fundamental de Machado, o adultério.

A história se desenvolve em torno dos olhos. Passa dos olhos de Maria do Céu para o olhar, talvez comprometedor, que ela lança ao bacharel Antunes, os sorrisos e vice-versa. Dali, são os belos olhos de Lucinda, no retrato, que impressionam Cruz – olhos que na verdade pertencem à sobrinha de Damasceno. Na narração do desembargador, são os olhos de Lucinda, e sobretudo o olhar denunciador entre ela e Damasceno, que desencadeiam a tragédia do ciúme do marido que, não suportando o olhar de amor entre Lucinda e Damasceno, cega-a. Após, são os olhos vazados de Lucinda, agora uma aparição, que perseguem Damasceno e Cruz. Por fim, a história termina nos "olhos baixos" de Maria de Céu.

A notar, a metalepse estendida dos olhos. Como afirmamos antes, há uma interdependência, em Machado, entre metalepse e reflexão filosófica que aqui se demonstra de maneira indubitável.

Há um conto fantástico que também tem seu nexo nos olhos: "O homem de areia", de Hoffmann (1989), autor que aliás não consta na biblioteca de Machado. Nele, o elemento fantástico se desenvolve na ambiguidade entre as alucinações de Nathanael e a realidade. Da descoberta do segredo do pai, alquimista ou moedeiro falso, à alucinação final que o leva à morte, Nathanael sofre através dos olhos todo o drama de sua vida: em pequeno, o medo de que o homem de areia lhe tirasse os olhos; mais tarde, a figura sombria de Coppelius e depois Coppola ("olhos"... em italiano). A paixão de Nathanael por Olímpia, vista da janela do quarto por um binóculo vendido por Coppola. Os olhos de Olímpia, um autômato cujos olhos haviam sido fornecidos também por Coppola a Spalanzani, seu inventor.

Em "O homem de areia", Hoffmann utiliza o recurso da narração quadrifocal: são três os autores das cartas que narram a história: Nathanael, a namorada Klara e o irmão desta, Lothar, além do narrador impessoal que aparece no final. Machado não torna explícitas as narrações, como Hoffmann, mas encaixa uma narração dentro da outra. Ao narrador em terceira pessoa junta-se a narração em primeira de Cruz, à qual vem se juntar a narração de Damasceno.

É Edgar Allan Poe quem consta da biblioteca real de Machado, e "Ligeia" termina com o narrador que tentara ressuscitar o cadáver da amada várias vezes exclamando ao abrir os olhos do cadáver: "estes são os olhos cheios, e negros, e selvagens de – meu amor perdido – da dama – da dama LIGEIA" (Poe, 2007, p.1553).

Não se pode deixar de ver a consanguinidade com os olhos de ressaca de Capitu, o olhar incriminador de Capitu ao ver o corpo morto de Escobar; a taciturnidade e o ciúme do marido de Lucinda lembram Bentinho: "sábio, taciturno e ciumento"; a referência a Otelo é também acessada, e isso para ficarmos apenas nos elementos mais aparentes.

Porém, as diferenças entre as duas histórias são tão importantes quanto as semelhanças. A narrativa de Cruz pode ser vista como uma admoestação moral, ou, de modo mais neutro, como uma mensagem cifrada que o desembargador procura passar para Maria do Céu e Antunes, não necessariamente para prevenir um iminente adultério, mas para mostrar que desconfia de algo, que sabe de algo; talvez, mesmo, a intenção seja a de prevenir contra o perigo. Amantes são cegos, apesar de todos os olhos e olhares. "Que outro rival de Otelo há aí como esse marido que queimou com um ferro em brasa os mais belos olhos do mundo em castigo de haverem fitado outros olhos estranhos? Crê agora em fantasmas, D. Maria do Céu?" (Assis, 1957e, p.119).

Em qualquer hipótese, é inegável a ironia, que se estende também ao leitor, sobretudo nós, leitores da posteridade que não encaramos o adultério com os mesmos olhos que a sociedade de Machado. Mas, diferentemente de *Dom Casmurro*, não há como negar que o objetivo do conto "Sem olhos", seja tanto por meio da narrativa de Cruz quanto pela do narrador em terceira pessoa, é o de fazer uma reflexão moral ativa sobre o adultério, ou sua iminência, sobretudo o perigo de se deixar levar por uma atração nascente que se manifesta nos olhos. Em *Dom Casmurro* não há tal interferência do foco narrativo, porque tal foco é a vítima, suposta ou real de um. O conto filosófico, então, se encaixa com perfeição nas necessidades narrativas de Machado.

Mas vê-se bem neste conto que o elemento do fantástico trazido por Machado serve ao apólogo subjacente no conto filosófico. As histórias de fantasmas e aparições são rechaçadas por todos, e, mesmo quando Cruz propõe-se a contar a própria experiência, depara com tentativas de incredulidade ou de explicações que retiram o caráter fantástico da aparição: "Não podemos duvidar que o senhor visse a figura dessa mulher, disse ele; mas como explicar o fenômeno?" (Assis, 1957e, p.118). E é aí que Cruz se encarrega, ele mesmo, de fornecer os elementos que desfiam o tecido de sua história ao providenciar a informação de que Lucinda não tinha existido:

> Sendo assim, como vi eu a mulher sem olhos? Esta foi a pergunta que fiz a mim mesmo. Que a vi, é certo, tão claramente como os estou vendo agora. Os mestres da ciência, os observadores da natureza humana lhe explicarão isso. Como é que Pascal via um abismo ao pé de si? Como é que Bruto viu um dia a sombra de seu mau gênio? (Ibidem, p.119)

Observe-se que quem vai fornecer a chave da compreensão do mistério será a ciência e os "observadores da natureza humana". Ou seja, talvez tenha sido sugestão, como observa um dos presentes. Assim como em "O espelho", o fantástico nesse conto serve de estofo a uma realidade psicológica que o ultrapassa e o transcende. Uma vez utilizado, o fantástico em Machado cede lugar à análise e à reflexão psicológica, e os fantasmas se dissolvem em alegorias morais como em "Sem olhos" ou em estudos psicossociais como em "O espelho". Ao fim e ao cabo, triunfa o arcabouço do *conte philosophique*.

Uma outra variação em torno do adultério que não dá certo, em Machado (em contraposição aos que dão, como no caso de Brás Cubas e Virgília), é a de "A causa secreta".

A criação do personagem de Quincas Borba também deve muito ao conto filosófico. Quincas passa de príncipe, rei e imperador a mendigo, e depois ressurge como filósofo, terminando louco. Quincas Borba conhece todas as esferas da experiência humana.

O simbolismo do palhaço é o do rei assassinado.[12] Essas imagens estão presentes no *Rei Lear*, em que o bobo se torna a consciência do rei, que a perdeu, junto com a razão. Lear passa de rei a palhaço trágico, e seu bobo, numa inversão de papéis, torna-se a consciência

12 O *clown* é tradicionalmente a figura do rei assassinado. Ele simboliza a inversão das propriedades reais, em seus trajes, suas falas, suas atitudes. No lugar da majestade, a zombaria e a irreverência; no lugar da soberania, a ausência de qualquer autoridade [...] Ele é como o reverso da medalha, o contrário da realeza: a paródia encarnada [...] (Jean Chevalier e Alain Gheerbrant. Dictionnaire des symboles. Paris; Robert Laffont, 1969, p.263. Verbete "Clown".)

lúcida, e, por ser lúcida, cruel. Em *Ivan, o terrível*, Eisenstein mostra o inocente usurpador, a despeito de si mesmo, sendo levado a uma armadilha pelo czar sanguinário. Depois de bêbado, o inocente usurpador, fantasiado de palhaço, é vestido com as honrarias do czar e, ao sentar-se no trono, é então assassinado sem piedade.

Quincas, que era o centro das atenções da mãe, que o vestia como príncipe, com apuro, reaparece como mendigo – duas faces da mesma moeda literária, de antiga tradição: o rei e o mendigo, o rei que se torna mendigo e que pode ou não ser restaurado à sua posição. Quincas, em seu sobe e desce, tem uma reparação meramente ilusória, pois até mesmo sua filosofia já era produto de uma mente insana, talvez fruto das experiências radicais que vivera. Mas qual é a história que Quincas conta para si próprio? Nada indica que, ao desenvolver sua filosofia de "destruição da dor", Quincas tenha sofrido. Pelo contrário, quanto mais penetrava na loucura, mais esta lhe redimia. Ao que há de estoico no humanitismo responde a outra metade epicurista da mesma filosofia ou arremedo. A diferença entre humanitismo e a "filosofia" de Pandora é que esta põe a biologia como causa primeira e final do sofrer humano.

A metalepse que envolve a noção de "espetáculo", dentro desse contexto do passar dos anos, dos "séculos", é chave, constitui um nexo fundamental, e aqui, mais uma vez, vê-se em operação a fusão entre metalepse, conto filosófico e confluência de simpatias e temperamentos em Machado, tudo a um só tempo. Brás, em seu delírio, é obrigado pela Natureza a ver passar os séculos, no desfile de miséria, violência, doença e morte. De novo, o contraste entre consciência individual e espécie, cuja resposta de Brás, desesperada e irônica, é que tudo isso era monótono: "Imagina tu, leitor, uma redução dos *séculos*, e um desfilar de todos eles, as raças todas, todas as paixões, o tumulto dos impérios, a guerra dos apetites e dos ódios, a destruição recíproca dos seres e das coisas. Tal era o *espetáculo, acerbo e curioso espetáculo*" [grifos nossos] (Assis, 1957a, p.35).

O termo aparece de novo, em outro momento-chave: a briga dos cães, no capítulo CXLI. Quincas extasia-se ao ver dois cães disputando "um simples osso nu". Brás comenta que Quincas o fez "observar a beleza do espetáculo". Da mesma forma que Pandora, agora é Quincas quem compele Brás a testemunhar o "espetáculo", e o capítulo termina, como apontamos em outro momento, de modo swiftiano, com Quincas observando que

> [...] em algumas partes do globo o *espetáculo* é mais grandioso: as criaturas humanas é que disputam aos cães os ossos e outros manjares menos apetecíveis; luta que se complica muito, porque entra em ação a inteligência do homem, com todo o acúmulo de sagacidade que lhe deram os *séculos* etc. [grifos nossos] (Assis, 1957a, p.382)

Influências italianas em alguns contos de Machado de Assis: umas traduções

Amina Di Munno

Brasil e Itália na época de Machado de Assis

Para fins deste estudo poderá ser de alguma utilidade uma digressão no contexto histórico-social em que viveu Machado de Assis. O arco de tempo durante o qual um dos maiores escritores brasileiros do século XIX, e talvez de todos os tempos, realizou sua obra foi rico em acontencimentos de capital importância. Machado de Assis assistiu a evoluções e câmbios tão marcantes no tecido político, social e cultural da nação que, pode-se dizer, constituíram períodos singulares, como a conquista da Independência colonial, o fim da escravidão, a proclamação da República, para não deixar de citar tão somente os processos mais significativos.

Relacionado em parte com tais acontecimentos está o incremento do fenômeno da imigração no Brasil, incentivada pela necessidade de mão de obra para a lavoura cafeeira. Ingente foi a princípio a entrada de imigrantes italianos no país para esse fim. Contudo, os contatos entre Itália e Brasil provêm desde o tempo dos "capitães de ventura", que precederam Vespúcio e Colombo nas viagens dos descobrimentos, seguidos pela chegada dos irmãos Adorno, genoveses, na frota de Martin Afonso, até as primeiras décadas do século XX.

Além de camponeses, pedreiros, carpinteiros, serralheiros, os italianos foram políticos, cientistas, artistas, pintores, escultores, mestres de desenho, gravadores, construtores de ruas e avenidas, como no caso dos irmãos Farani. Entre os artistas, uma menção que será evocada na obra de Machado de Assis se relaciona à música, aos nomes do *bel canto*, aos concertistas e principalmente aos violinistas.

No âmbito das ciências, o contato entre os dois países não foi de menor importância. Deve-se à incansável atividade de um médico-literato, Vincenzo de Simoni, desembarcado no Rio de Janeiro em 1818, com apenas 25 anos de idade, a grande iniciativa de fundar, anos mais tarde, uma Sociedade de Medicina, que em breve se transformou na Academia Imperial de Medicina para logo após denominar-se Academia Nacional. Foi o próprio De Simoni quem facilitou as relações entre a Academia Nacional de Medicina do Rio de Janeiro e a Universidade de Pavia, fazendo chegar da Itália material bibliográfico, aparelhos científicos e professores de várias disciplinas. Por outro lado, como poeta e escritor, De Simoni procurou difundir conhecimentos de literatura realizando leituras públicas e traduzindo obras de Foscolo, Leopardi, Monti, Alfieri, bem como introduzindo clássicos italianos e latinos nos cenáculos intelectuais, na corte, nas academias. Foi professor de língua e literatura italiana no colégio D. Pedro II e professor particular das princesas. Chegou a escrever peças teatrais diretamente em português.

Um capítulo bastante singular concerne à composição da família imperial brasileira. Pelo casamento de D. Pedro II com a princesa italiana Teresa Cristina Maria Borbone faz-se ainda mais estreito o conúbio entre as duas nações. As núpcias, feitas por procuração em 1843, foram precedidas por uma intensa correspondência pessoal entre o imperador e a família real napolitana, pois Teresa Cristina, nascida em Nápoles, era filha de Francesco I, rei das Duas Sicílias. Outro casamento ilustre foi celebrado somente um ano mais tarde, no Brasil, entre Luigi, conde de Aquila, irmão da imperatriz Teresa Cristina, e a princesa imperial dona Januária, irmã do imperador.

Do primeiro encontro entre os últimos imperadores do Brasil, as crônicas relataram a decepção de D. Pedro perante a recém-chegada princesa italiana:

> Antes das núpcias, fora enviado ao Imperador um retrato da noiva nos feitios da Gioconda com o Vesúvio ao fundo. O pintor conseguiu fazer com que o retrato da futura imperatriz ficasse um primor de beleza. Na verdade se dizia que fisicamente ela não era assim tão dotada. [...] A 3 de setembro, a fragata chegou na baía de Guanabara, antes do desembarque que só aconteceu no dia seguinte, o Imperador foi a bordo para conhecer a linda esposa. Houve um momento de embaraço entre os dois e Teresa Cristina teve uma leve sensação de ter desiludido o marido. Retirou-se para o seu camarim e desabafou-se com sua dama de companhia, chorando copiosamente.[1]

Outras fontes afirmam ter sido o imperador quem se afastou para chorar. Na verdade, Teresa Cristina soube conquistar o coração de D. Pedro; deu-lhe quatro filhos, dos quais só a princesa Isabel sobreviveu, e foi amada pelos brasileiros, que a definiam, por sua discrição, "imperatriz silenciosa", e chegaram a considerá-la "a mãe dos brasileiros". O casamento foi tão duradouro quanto a vida do Império, e naqueles longos anos a imperatriz promulgou de várias maneiras a cultura, trazendo da Itália artistas, intelectuais, cientistas, botânicos, músicos, contribuindo assim para o progresso e o enriquecimento da vida cultural do país. No Brasil e na corte era muito apreciado o teatro lírico, de que sabemos que Machado de Assis foi grande estimador. Uma das artistas mais aclamadas e admiradas, também por Machado, foi Adelaide Ristori, com a qual o imperador manteve uma amistosa correspondência epistolar.

Um contributo pessoal de Teresa Cristina no âmbito cultural brasileiro está representado por algumas preciosidades artísticas e diversos materiais e artefatos arqueológicos procedentes de Herculano e Pompeia, que constituem o maior acervo pompeiano fora de

---

1 A citação encontra-se no site <http://www.unb.br/il/let/abpi2000/galeffi.htm>.

Nápoles. Em 2005, o Museu Nacional de Belas Artes do Rio de Janeiro organizou uma exposição da Coleção Imperatriz Teresa Cristina com o título de "Afrescos de Pompeia – A beleza revelada". A União Latina recuperou mais de setecentas peças da coleção arqueológica da imperatriz, que hoje fazem parte do Museu Nacional da Quinta da Boa Vista. Muitas outras celebrações foram feitas como reconhecimento à imperatriz italiana pela participação no progresso e no desenvolvimento do país, que dela foi ao mesmo tempo hóspede e súdito. Não menos importante foi a homenagem toponomástica. Se Petrópolis é a cidade dedicada a D. Pedro, Teresópolis no Rio de Janeiro, Teresina no Piauí, Cristina em Minas Gerais, a partir do povoado de Vila Nova da Imperatriz, hoje Imperatriz no Maranhão, são afetuosos tributos à esposa do imperador.

A Europa de meados do século XIX viveu intensos anos de conquistas e circunstâncias favoráveis. No Brasil crescia o desejo de acompanhar de perto os progressos da sociedade europeia. Foi assim que o país se colocou numa posição de vanguarda, logo depois da Suíça e da Inglaterra, na modernização dos Correios, com a emissão, desde 1843, dos primeiros selos. Na mesma altura é introduzida a iluminação urbana a gás, surgem as primeiras estradas de ferro e, no plano intelectual, aumenta o interesse pelas ciências e pela filosofia.

Não deixemos de sublinhar que o Reino de Nápoles, no momento da chegada da imperatriz ao Brasil, ano em que ainda não estava declarada a "Unità d'Italia", era uma das cidades mais desenvolvidas em termos econômicos e culturais: haviam sido criadas indústrias modernas, como as fábricas das sedas, que decoraram os teatros de Nápoles, mas também salões da Casa Branca, de Buckingham Palace, o Quirinale, o Palazzo Chigi e até mansões de xeques árabes. Foram criadas as prestigiosas cerâmicas de Capodimonte, inaugurados estabelecimentos siderúrgicos, e foi aberta a primeira estrada de ferro da península. O Reino possuía também a mais importante frota mercantil do Mediterrâneo.

O espaço que encerra os dois mundos de Teresa Cristina contém a lembrança saudosa de Nápoles e seu progressivo "abrasileiramento" durante os quase cinquenta anos de reino e de vida conjugal.

Uma última homenagem à princesa napolitana está representada pela "Coleção Teresa Cristina Maria", com os 48.236 volumes doados, logo após a proclamação da República, por D. Pedro II à Biblioteca Nacional do Rio de Janeiro.

Tudo isso acontecia enquanto Machado de Assis metodicamente criava sua obra imortal, embora a Corte da qual muitas vezes nos fala Machado antes em seus contos é a cidade do Rio de Janeiro, com suas ruas, o passeio público, as instituições, o dia a dia dos personagens – é a cidade entendida como organismo vivo, metáfora orgânica, com áreas verdes, pulmão da cidade, e artérias, seiva vital.

O personagem é, como sublinha Ortega y Gasset (2007) na famosa frase de *Meditaciones del Quijote*, uma pessoa determinada por circunstâncias espaciais e temporais: "Yo soy yo y mi circunstancia, y si no la salvo a ella no me salvo yo" [Eu sou eu e a minha circunstância, e se não a salvar, não me salvo]. É verdade também que, apesar de o escritor nunca ter participado ativamente da vida política do Império, os assuntos políticos de seu tempo sempre estiveram presentes em suas crônicas, e ao leitor atento não passam despercebidos em meio a anedotas, citações e passagens irônicas.

Machado de Assis e a Itália

Machado de Assis dedicou grande atenção à Itália e às letras italianas. De maneira explícita ou às vezes mais velada, as influências italianas na escrita machadiana resultam ser bastante significativas. Justifica-se talvez assim a longa premissa que diz respeito às relações entre os dois países naquele determinado momento da formação cultural brasileira. Não dispondo de documentação biobibliográfica suficiente para estabelecer quais foram na vida do autor os contatos com italianos, as leituras feitas nessa língua e em que medida Machado conhecesse o idioma, só podemos interrogar seus textos e, no caso específico deste ensaio, os 33 contos por mim mesma traduzidos para o italiano. O estudo pioneirístico de Edoardo Bizzarri sobre as influências italianas em Machado abre-se para conjeturas, hipóteses, mas afinal as maiores referências à cultura italiana encontram-se na própria obra de Machado. Muitas páginas das crônicas, por exemplo, registram as considerações e a grande admiração do autor pela lírica, as cantoras e as companhias teatrais italianas. "Das catorze citações de livretos de ópera que encontramos em toda a produção de Machado ficcionista e cronista, sete referem-se a Verdi, três a Donizetti, três a Bellini e uma a Rossini", como afirma Edoardo Bizzarri (1961, p.15).

Um outro estudioso, Franco Cenni (2003, p.431), confirmando a grande predileção de Machado pela cultura e música italianas, citava estas palavras do autor: "A Itália é a Darraide antiga. Podemos pedir-lhe e exaurir-lhe os talentos um por um; ela os inventará novos; ao lado de Salvini, Rossi, depois da Ristori, Duse Checchi; feição diversa, arte única".

Para Machado, a Itália era também, e talvez principalmente, a pátria de Dante, de Leopardi, de Ariosto; era o país das "revoltas ressurgimentais", do anélito da unificação e da orgulhosa autonomia albertina. Quanto à influência de Dante na obra de Machado, existem estudos críticos entre os quais vale a pena mencionar o artigo do já citado Bizzarri, *Machado de Assis e Dante* (1965), assim como para a influência de Leopardi são de grande interesse as considerações de Otto Maria Carpeaux (1948), publicadas em revista em 1948.

A forma do conto em Machado de Assis, na medida estilística, responde a proporcionados equilíbrio e perfeição formal, ao jogo compositivo e linguístico caracterizado por aforismos, paradoxos, redundâncias, estranhamentos, ironia e até sarcasmo. O conto fecha em si, na interpretação de uma máxima, em geral uma moral, poderíamos dizer à maneira do pensamento leopardiano das 24 prosas da coletânea *Operette morali*, cuja finalidade era a de apresentar os caracteres dos homens e sua conduta na sociedade. Os efeitos de estranhamento resultam do emprego dos paradoxos e dos aforismos, peculiares também em Machado. Para expressar sua visão da vida, Leopardi fez apelo às prosas satíricas e filosóficas de Luciano de Samósata, de Platão e por vezes de Voltaire. O modelo estilístico leopardiano procura evitar ênfases retóricas para dar lugar a uma escrita sóbria, em que todavia se desenvolvam ora tons moderados, ora ritmos polêmicos de acre ironia. Os adjetivos são escassos e, assim como os advérbios, aparecem numa função frequentemente irônica. Poderíamos talvez dizer que o estilo machadiano não se afasta muito dessas características.

O conto, como gênero literário, não foi muito cultivado no Brasil até o Romantismo. José de Alencar e Joaquim Manuel de Macedo escreveram crônicas; os primeiros *conteurs* surgiram com o desenvolvimento do movimento Naturalista, principalmente pela influência de Eça de Queirós e Ramalho Ortigão, que colaboravam na *Gazeta de Notícias* do Rio de Janeiro. O mesmo acontece na Itália. O período entre 1860 e 1880 marca um câmbio, pois desde então se inicia uma verdadeira "ascensão" da forma breve. Em meados do século XVIII e na primeira parte do século XIX, efetivamente, o conto não conheceu grande fortuna.

Voltando ao Brasil, a partir desse momento multiplicam-se os nomes e ao mesmo tempo dividem-se entre cultores da narração de espaços urbanos e escritores de ambientes bucólico-rurais. Machado de Assis, escapando a esquematismos e classificações, é o inventor de uma nova experiência narrativa, seja no plano dos conteúdos seja no das expressões, que envolve um amplo registro de sensações e de estados psicológicos por meio dos quais o protagonista-narrador chama a atenção do leitor. A novidade não assenta no expediente, pois já Boccaccio, só para citar um exemplo remoto no tempo, no *Decameron*,[2] desde o prefácio até a conclusão, dirige-se com muita frequência ao leitor, aliás, no caso específico, à leitora: "Quantunque volte, graziosissime donne, meco pensando riguardo quanto voi naturalmente: tutte siete pietose, tante conosco che la presente opera al vostro indicio avrà grave e noioso principio [...]" (Introduzione, 2) ou "Carissime donne, sì per le parole de' savi uomini udite e sì per le cose da me molte volte e vedute e lette [...]" (IV, Introduzione, 2),

2 As citações a seguir são extraídas de G. Boccaccio, *Decameron, a cura di Vittore Branca*. Torino: Einaudi, 1992.

ou, ainda, "Nobilissime giovani, a consolazione delle quali io a così lunga fatica messo mi sono, io mi credo, aiutantemi la divina grazia [...]" (Conclusione dell'Autore, 1) [3]

A novidade machadiana consiste na maneira com que o leitor é envolvido; ele se submete irrefletidamente à mensagem do autor: "Venha o Leitor comigo assistir à abertura do testamento do meu amigo Fulano Beltrão. Conheceu-o?" – Machado (1962, p.436) incita o leitor no *incipit* do conto "Fulano". Mas o destinatário pode ser uma mulher ou um grupo de leitores: "Vede este rapaz: entra no mundo com uma grande ambição, uma pasta de ministro [...]", diz no conto "O Empréstimo" (Assis, 1987a, p.123), e a exortação pode dirigir-se às próprias personagens, como acontece em "Dona Benedita": "Que fazias tu, mãe cautelosa e ríspida, que não vinhas arrancar às mãos e à boca da filha um veneno tão sutil e mortal"? (Assis, 1987a, p.115).

No mosaico de situações e atitudes determinadas pela passagem de um tempo acrônico não podem ter lugar heróis; suas peças são indivíduos movidos pelo destino e pela fatalidade, aos quais o homem não tem a capacidade de se opor. A filosofia de Machado está próxima do pessimismo cósmico de Shopenhauer e de Leopardi pelo comum regresso à "natura matrigna" e pelo sentido agudo do relativo que exclui *a priori* valores e categorias absolutas. Machado vive seu tempo de homem oitocentista, mas permeado de Classicismo. Toda a obra de Machado apresenta como pano de fundo a cidade do Rio de Janeiro de meados do século, descrita sem ênfase nem retórica, com certo distanciamento e objetividade. Do mesmo modo, resultará difícil encontrar nas páginas dos contos matizes intimistas ou autobiográficas; é quase impossível extrair do texto literário o

3 ["Cada vez, graciosas damas, em que penso comigo mesmo, considero como vós sois naturalmente: todas são piedosas; e reconheço que a presente obra terá na vossa opinião princípio maçante e tedioso [...]" (Introdução 2) ou "Caríssimas damas, sim às palavras ouvidas de homens sábios e sim às coisas por mim muitas vezes vistas e lidas [...]" (IV, Introdução, 2); ou ainda "Nobres jovens, para o consolo das quais eu com muita fadiga à qual fui submetido, creio, me ajuda a graça divina [...]" (Conclusão do Autor, 1)].

contexto existencial. Da sua escrita transparece, todavia, o sorriso irônico, que nasce da dúvida e da incerteza perante as misteriosas aventuras humanas. O ponto mais alto da parábola machadiana corresponde à perfeita síntese lograda entre as implicações sociológicas e seu peculiar gosto estético, em que o jogo harmônico de metáforas, alegorias, apólogos e simbolismos filosóficos, transfiguradores do real, fazem uma parte da crítica apontar Machado de Assis como um dos precursores do Surrealismo.

O autor, na verdade, foi um espírito racionalista, atento observador das tensões humanas. Suas personagens pertencem à sociedade do Segundo Reinado, relativo a D. Pedro II, e é durante esse reinado que Machado de Assis assiste aos acontecimentos históricos inicialmente mencionados, mas também aos progressos da época, como a invenção da iluminação a gás, a inauguração da primeira locomotiva em terras da América Latina, de pouco posterior à de Portici-Nápoles, terra da imperatriz.

Para apresentar as personagens, Machado de Assis coloca-se na perspectiva de quem visa pôr em evidência as contradições do comportamento humano, voltado mais para os vícios do que para as virtudes. Nos contos são numerosas as alusões a autores italianos, *in primis* Dante, e em geral à cultura italiana em seus diferentes matizes. O primeiro Machado, o Machado poeta, publicou aos vinte anos, em 10 de fevereiro de 1859, no *Correio Mercantil* do Rio de Janeiro, o poema "A Itália", e, no âmbito da prosa, só para delimitar o espaço aos contos por mim traduzidos, poderemos citar inumeráveis exemplos. No já citado conto "Dona Benedita", o narrador revela: "A mãe acordou ouvindo um trecho italiano, cheio de melodia [...]" (Assis, 1987a, p.113). Numa página do também já citado "O enfermeiro" encontramos: "Mandei também levantar um túmulo ao coronel, todo de mármore, obra de um napolitano, que aqui esteve até 1866, e foi morrer, creio eu, no Paraguai" (Assis, 1987a, p.217). Com certo paralelismo, no conto "Fulano" Machado declara: "O meu amigo dividiu a dor com o público; e, se enterrou a mulher sem aparato, não deixou de lhe mandar esculpir na Itália um magnífico mausoléu, que esta cidade admirou exposto na rua do Ouvidor, durante perto de um mês" (Assis, 1962, p.439). No conto "A igreja do Diabo", evidente oposição às igrejas instituídas, em que o autor reitera aquele jogo de opostos por meio dos quais os vícios se tornam virtudes, o Diabo cita "[...] esta frase de um padre de Nápoles, aquele fino e letrado Galiani, que escrevia a uma das marquesas do antigo regímen: 'Leve a breca o próximo! Não há próximo!'" (Assis, 1962, p.373). Pelo uso do apólogo, Machado chega a afirmar: "Um dos seus melhores apóstolos era um calabrês, varão de cinquenta anos, insigne falsificador de documentos, que possuía uma bela casa na campanha romana, telas, estátuas, biblioteca etc." (Assis, 1962, p.374). Em "A cartomante" repetem-se as citações até na própria língua italiana, pois em sucessão aparecem: "*Odor di femmina*: eis o que ele aspirava nela, e em volta dela, para incorporá-lo em si próprio" (Assis, 1987a, p.241). "Era uma mulher de quarenta anos, italiana, morena e magra, com grandes olhos sonsos e agudos" (Assis, 1987a, p.245)."[...] e lhe diz: "vá, *ragazzo* innamorato [...]" (Assis, 1987a, p.246).

Em "O escrivão Coimbra", conta Machado que em 1893 um tal Guimarães

> mediante uma pequena quantia e um bilhete numerado entrava na posse de duzentos contos de réis [...] Duzentos contos, repetiu Guimarães. Não foi por meu esforço nem desejo, explicou; não costumava comprar, e daquela vez quase quebro a cabeça ao pequeno que me queria vender o bilhete; era um italiano. *Guardat, signore*, implorava ele metendo-me o bilhete à cara (Assis, 1987a, p.377).

No diálogo entre Ahasverus, que vai morrer, e Prometeu do conto "Viver", escreve Machado: "O que tu me contas é ainda melhor que o sonho de Campanella. Na cidade deste havia delitos e enfermidades; a tua exclui todas as lesões morais e físicas. O Senhor te ouça! Mas deixa-me ir morrer" (Assis, 1987a, p.292).

No romance *Dom Casmurro*, Machado faz uma comparação com referência ao autor do *Orlando Furioso*: "Tudo isso vi e ouvi. Não, a imaginação de Ariosto não é mais fértil que a das crianças e dos namorados, nem a visão do impossível precisa mais que um recanto de ônibus" (Assis, 1987b, p.41-2). Voltando aos contos, encontramos várias outras alusões a cidades e personagens da cultura ou da história italianas. Em "Noite de almirante", Deolindo Venta-Grande, "[...] a fina flor dos marujos [...] compra para a amada Genoveva um par de brincos em Trieste" (Assis, 1962, p.446). Em "Os lombardos": "Não alcançou a Candiani, mas ouviu a Ida Edelvira, dançou à larga e ganhou fama de elegante" (Assis, 1962, p.464). Em "As academias de Sião", além das repercussões dantescas sobre as quais voltaremos a deter nossa atenção, Machado insiste em outras alusões: "Ohimè! exclama ele, repetindo essa palavra que lhe ficara de um missionário italiano" (Assis, 1962, p.470). E, logo depois, na mesma página: "[...] a ideia da morte sombreava-lhe a fronte, enquanto ele afagava no peito um frasquinho com veneno, imitado dos Bórgias".

O caso mais flagrante do amor profundo e tenaz de Machado de Assis pela Itália, que o escritor só conheceu em sonho, está ligado à leitura, ao estudo e à tradução de Dante. Como observa Edoardo Bizzarri: "A primeira citação de Dante, extraída do cap. XXIII da *Vita Nuova*, remonta [...] ao ano de 1864; as últimas encontram-se no *Memorial de Aires*, publicado em 1908, dois meses antes do falecimento do escritor" (Bizzarri, 1961, p.18).

Machado de Assis e a tradução

O capítulo das relações entre Machado e Dante está vinculado, além de quanto já viemos observando, à experiência com tradução do grande escritor brasileiro. Não só do italiano traduziu Machado, mas também do francês, inglês, espanhol e alemão, textos de vários gêneros, e, ao fazê-lo, teorizou sobre a prática da tradução, mostrando ser, como aconteceu em volta do tema da loucura e do conceito de normalidade no conto "O alienista", um grande precursor, um perspicaz teórico *ante litteram*, seja da psiquiatria científica, seja da moderna tradutologia. O tema da insanidade mental, aliás, foi para

Machado um dos aspectos nucleares de sua obra. Etapas da parábola da loucura reaparecem em contos como "A segunda vida", no diálogo entre um padre e um louco; em "O enfermeiro", no qual surge um tipo meio maluco. O Fortunato de "A causa secreta" e um sádico, evidentemente insano, ao passo que o personagem de "O espelho" apresenta um caso de dupla individualidade, e aqui Machado expõe, de modo precoce, a visão psiquiátrica do esquizofrênico.

Pelo que concerne à tradução, Machado de Assis considerou-a como possibilidade para conhecer outras culturas, atribuindo-lhe importância fundamental para a formação da identidade cultural brasileira e para a própria produção intelectual. Machado teve extraordinárias intuições, soube reconhecer a função do diálogo entre os textos e as literaturas universais, antecipando o conceito e o valor que hoje atribuímos à intertextualidade. Entre as obras traduzidas por Machado, nesse contexto, consideraremos de especial relevância a excelente tradução do XXV canto do *Inferno*, até porque virão a ser evidentes no âmbito da obra machadiana as influências dantescas.

Houve no Brasil várias traduções integrais da *Comédia* de Dante e toda uma série de traduções parciais (na opinião de grande parte da crítica, a versão machadiana continua sendo uma das melhores). Dante Alighieri, considerado autor "moderno", suscita até hoje no Brasil grande interesse (terá sido Machado, desse ponto de vista, também um precursor?). Os estudantes brasileiros, que se preparam para o ingresso na universidade, podem ter acesso à leitura *on-line* da *Divina comédia* na versão integral portuguesa, realizada no século XIX por José Pedro Xavier Pinheiro. A modernidade de Dante chega à linguagem televisiva com a telenovela *Sete pecados*, transmitida em 2008 pela TV Globo, que aborda o tema dos sete pecados capitais com referência ao *Inferno*, ao *Purgatório* e ao *Paraíso* dantescos.

Muito recentemente foi publicado um texto sobre a poesia machadiana por Cláudio Murilo Leal (2008), de que nos dá também notícia o *O Estado de S.Paulo* numa resenha de 22 de junho de 2008 e na qual lemos interessante afirmação a respeito da tradução do canto XXV do *Inferno*:

> Mário de Andrade não poupa elogios ao poema "Última jornada", de *Falenas*. Adaptando uma situação da *Divina comédia* ao indianismo brasileiro, esse texto, escrito em tercetos dantescos, narra a estória de um guerreiro que, por despeito, assassinou a própria mulher. Concebido como monólogo de arrependimento, o poema imagina o voo das almas para o infinito: ela, ao paraíso; ele, ao inferno (Teixeira, 2008, Caderno 2).

No ensaio "Que reino é esse?", publicado numa coletânea de estudos coordenados pelo professor Hélio Seixas Guimarães (2004), Eugênio Vinci de Moraes, em análise do conto "As academias de Sião", aponta como fonte italiana de Machado *O príncipe*, de Maquiavel. Existe, a meu parecer, uma mais direta derivação dantesca na temática do conto em questão e, aliás, precisamente uma procedência do canto XXV do *Inferno* na descrição da prodigiosa troca dos corpos da bela Kinnara e do rei Kalaphangko. A derivação é até explicitada pelo próprio Machado, que diz:

> Ambos os corpos ergueram-se e olharam-se um para o outro, imagine-se com que assombro. Era a situação do Buoso e da cobra, segundo conta o velho Dante; mas vêde aqui a minha audácia. O poeta manda calar Ovídio e Lucano, por achar que a sua metamorfose vale mais que a dêles dous. Eu mando-os calar a todos três. Buoso e a cobra não se encontram mais, ao passo que os meus dois heróis, uma vez trocados continuam a falar e a viver juntos – cousa evidentemente mais dantesca, em que me pese à modéstia (Assis, 1962, p.470).

No *Inferno*, assiste-se à transformação de uma cobra (Cianfa Donati) e de um homem (Agnolo Brunelleschi) numa figura monstruosa (vv. 37-78). Em seguida aparece a transformação de uma cobra (Francesco di Cavalcanti) num homem (Buoso Donati), e vice-versa (vv. 79-151).

A explicação de quanto revela Machado encontra-se na obra dos clássicos precedentes, pois a tranformação que descreve Dante é mais extraordinária do que a de Sabelo e Nasídio, dois soldados romanos do exército de Catão picados por serpentes, e narrada por Lucano, ou do que a de Cadmo, transformado em cobra, e de Aretusa, convertida em fonte, narrada por Ovídio. A metamorfose descrita por Machado alcança um prodígio superior, uma vez que os protagonistas estavam predispostos a trocar as próprias matérias.

Outra procedência inequivocamente dantesca é o famoso passo de "O alienista" (Assis, 1987a, p.63):

> O Padre Lopes, que cultivava o Dante, e era inimigo do Coelho, nunca o via desligar-se de uma pessoa que não declamasse e emendasse este trecho:
>
> *La bocca solevò dal fiero pasto*
> *Quel "seccatore"[...]*

Trata-se de uma evidente paráfrase de um passo do canto XXXIII do *Inferno*, em que se encontram os traidores da pátria, do partido político e os traidores dos hóspedes: "La bocca sollevò dal fiero pasto / quel peccator, forbendola a' capelli / del capo ch'elli avea di retro guasto"[4] (Alighieri, 1962, p.313).

Aqui Dante condena o Conte Ugolino della Guerardesca por ter tramado contra a cidade e o partido. A pena eterna à qual é condenado é a de roer o crânio do inimigo, o arcebispo Ruggieri, que o havia acusado do grave delito da traição.

Como já sublinhamos, Machado de Assis foi um notável tradutor. Citando de cor uma afirmação de Italo Calvino, "Tradurre è il vero modo di leggere un testo" [Traduzir é a verdadeira forma de ler um texto], podemos dizer que Machado foi um grande leitor e, ao mesmo tempo, um autor quase universalmente traduzido.

Considerando desnecessário, nesse contexto, enumerar todas as obras de Machado traduzidas para o italiano, seja suficiente indicar os textos com o maior número de edições, como os romances *Memórias póstumas de Brás Cubas*, *Quincas Borba* e *Dom Casmurro*, e, en-

---

4 [A boca levantou do feroz alimento / aquele pecador, limpando-a com o cabelo / da cabeça que comia].

tre os contos, "O alienista" e "A Missa do Galo". Os 33 contos por mim traduzidos saíram em duas edições principais[5] e em algumas coletâneas.

A partir da consideração de que não existem sinônimos absolutos entre pares de idiomas, não podemos, traduzindo um texto, dizer exatamente a mesma coisa da língua de partida, por isso Umberto Eco titulou um de seus livros sobre a tradução *Dire quasi la stessa cosa* [Quase a mesma coisa], expressando o conceito de que traduzindo dizemos "quase a mesma coisa". Ora, o importante para Eco está naquele "quasi": "Dire quasi la stessa cosa è un procedimento che si pone [...] all'insegna della *negoziazione*"[6] (Eco, 2003, p.10). Negociar, mas respeitando as regras que implicam, naturalmente, outro conceito, o de fidelidade, fidelidade profunda, não superficial. Mesmo sendo a publicação de Eco posterior à versão italiana dos contos machadianos, foi respeitando de modo implícito esses pressupostos que enfrentei a tarefa de entregar ao público italiano a linguagem do grande autor com a maior aproximação possível; uma linguagem, a dele, aparentemente caracterizada pela simplicidade, mas rica de elementos estruturais vinculados a formas retóricas como a metáfora, a alegoria, o apólogo, o humorismo, até a ironia satírica e, por vezes, sarcástica.

Exemplares são alguns passos do conto "Capítulo dos chapéus":

> A escolha do chapéu não é uma ação indiferente, como você pode supor; é regida por um princípio metafísico. Não cuide que quem compra um chapéu exerce uma ação voluntária e livre; a verdade é que obedece a um determinismo obscuro [...]. O princípio metafísico é este: – o chapéu é a integração do homem, um prolongamento da cabeça, um complemento decretado *ab eterno*; ninguém o pode trocar sem mutilação.

---

5 *Storie senza data*. Roma: Lucarini, 1989; *La cartomante e altri racconti*. Torino: Einaudi, Torino, 1990.

6 [Dizer quase a mesma coisa é um procedimento que se põe [...] no emblema da negociação].

Outra peculiaridade corrente na obra de Machado de Assis consiste na incompáravel habilidade do escritor em narrar episódios ao longo dos quais o erotismo paira no ar, perpassa pelos personagens, sem se deter neles. Machado não declara, insinua; não exibe, deixa adivinhar. No conto "Uns braços", o protagonista Inácio sonha por ter visto os braços nus de Dona Severina: "Non aveva mai posato lo sguardo sulle braccia di Donna Severina, senza dimenticarsi di sé e di tutto il resto. [...] Vedeva solo le braccia di Donna Severina, sia che le guardasse furtivamente, sia che le avesse impresse nella memoria".[7]

Na transposição do original para o italiano, além de tentar respeitar as normas que a moderna tradutologia sugere que se respeitem, um dos principais objetivos perseguidos foi (dentro de qualquer ordem de limites) o de manter o tom, a atmosfera, o ritmo, a sonoridade e o sentido das figuras retóricas o mais possível próximos ao grande modelo do verdadeiro inventor do conto brasileiro.

7 [Nunca ele pôs os olhos nos braços de D. Severina que se não esquecesse de si e de tudo. [...] Via só os braços de D. Severina – ou porque sorrateiramente olhasse para eles, ou porque andasse com eles impressos na memória].

Machado de Assis: predecessores e influências

Luiz Roncari

É com muita satisfação que participo desta mesa-redonda "Machado de Assis, predecessores e influências". A posição de *debatedor* é que é um pouco incômoda, pois exige que ponderemos o que foi tão bem exposto, e não seria o caso de repisar tudo o que já foi dito. De modo que passarei mais rapidamente pelo comentário das apresentações e me concentrarei no levantamento de alguns problemas que elas me despertaram, fazendo certas colocações a fim de dar oportunidade às expositoras de complementar ou desenvolver suas falas e provocar o debate.

Comentários e questões ao texto de Amina di Munno: "Influências italianas em alguns contos de Machado de Assis: umas traduções"

Contexto

Quanto à professora Amina di Munno, uma primeira questão, provocada pelas observações de caráter *contextual*. São muito interessantes as aproximações que faz entre a Itália e o Brasil, na segunda metade do século XIX, e valeria a pena serem aprofundadas. Isso não só no plano dos acontecimentos históricos: na Itália, a luta pela unificação e reorganização de um Estado central monárquico; e, no Brasil, os embates pela abolição do trabalho escravo e a substituição do Estado monárquico imperial centralizado pelo federalismo republicano. Lutas com orientações institucionais distintas, uma centralizadora e outra descentralizadora, mas ambas procurando sintonizar os respectivos países com os novos tempos.

Sem dúvida, os conflitos foram acompanhados de perto pelos escritores dos dois países e repercutiram das mais diferentes formas em suas obras. Mas as aproximações poderiam ser ainda mais aprofundadas se fossem consideradas as *formações familiares de tradição romana, no Brasil e na Sicília,* nas quais esses traços se exacerbaram e sobreviveram com maior força do que em outras regiões da Itália.

Segundo Sérgio Buarque de Holanda, o modo de estruturação de famílias extensas e patriarcais foi transplantado, primeiro para Portugal, pelos romanos, e depois para o Brasil, pelos portugueses. Tanto numa sociedade como noutra, no Brasil escravista e na Sicília tradicionalista, o interesse pelo privado e familiar predominou sobre o interesse público. As relações familiares e interpessoais foram costuradas por um sistema de compadrio, de apadrinhamentos, de favores e proteções, de tal modo que os critérios de amizade e parentesco sobrepujaram os de mérito e capacidade, que, após a Revolução Francesa, passamos a chamar de "modernos". Foram aqueles que se impuseram como valores na seleção das oportunidades abertas aos meio indivíduos, já que mantinham as pessoas sempre sujeitas e dependentes dos prestadores de favor e proteção, da mais baixa à mais alta hierarquia social.

Li num jornal espanhol, *El Pais,* uma entrevista das mais interessantes com a escritora moderna siciliana Simonetta Agnelo Hornby, radicada na Inglaterra, onde chegou a ser ministra de algo que poderíamos chamar de Pasta da Juventude. No artigo, Simonetta narra um fato que ela própria viveu, para esclarecer o conceito de que "a máfia está dentro de nós" – claro que ela quer dizer *nós,* os sicilianos. Ela passava férias no *palazzo* familiar da Sicília, transformado hoje em *parador*, quando um sobrinho seu, filho da irmã que administra o estabelecimento, se feriu. A primeira coisa em que ela, Simonetta, pensou foi recorrer a algum conhecido para o socorro do menino. Foi então que a irmã lhe disse que não se precisava mais desse tipo de favor, pois o atendimento público do hospital da cidade era muito bom e servia a todos.

Com certeza, a reação de qualquer brasileiro mais ou menos bem-posto em nosso meio não seria diferente da de Simonetta: pensar não no atendimento público, mas no parente ou conhecido que poderia socorrê-lo com um cuidado maior do que o dado ao público em geral. A diferença é que, acho eu, no Brasil alguém dificilmente receberia o reparo que a irmã da escritora lhe fez.

No caso desse artigo, não se trata de uma questão de influências, mas de parentesco entre as duas literaturas, produzidas em contextos com certa similaridade. É esta a primeira questão que coloco: *O paralelo do tratamento, pela literatura de duas regiões periféricas, Brasil e Sicília, desses aspectos da vida social, do predomínio do favor e do apadrinhamento, da vida de relações e não de méritos, inclusive na vida intelectual e acadêmica (pobre de quem não tem padrinhos!), e de como foram diferentemente trabalhados por diferentes autores, observando os pontos comuns e os distintos, não seria muito interessante de ser traçado?* Sei que é complicado, mas fiquei muito tentado a querer saber algo a respeito.

Texto

Agora, eis uma questão *textual*. Sem dúvida, é forte a presença italiana no texto de Machado: referências literárias, explícitas e implícitas, clássicas e românticas, traços estilísticos e retóricos, a variedade de personagens italianas, muitas vezes estereotipadas, as citações musicais etc. O quadro apresentado por Amina é bastante bom; enriquece muito o das fontes levantadas por Franco Cenni, Edoardo Bizzarri, Otto Maria Carpeaux e outros. Mas senti que valeria a pena uma comparação mais detida entre Machado e Alessandro Manzoni, o grande prosador italiano do século XIX, tendo principalmente como alvo a melhor compreensão do escritor brasileiro, o que nos interessa mais, mas o que você talvez pudesse fazer melhor. Ninguém, nem mesmo Machado, que me lembre, referiu-se diretamente a ele.

Penso em particular no livro *I promessi sposi* [Os noivos], do qual havia na biblioteca de Machado uma tradução francesa, *Les fiancés*. A comparação desse romance seria mais pertinente com alguns romances de Alencar, como *As minas de prata*. Os dois escritores, Alencar e Manzoni, curiosamente não ambientaram seus romances históricos na Idade Média, como os de Walter Scott. Alencar por certo o fez porque nunca tivemos uma Idade Média, mas não é o caso da Itália. Ambos situaram seus romances no século XVII, quando o Brasil e parte da Itália estavam sob o domínio espanhol, um na Bahia e o outro, não na Sicília, mas no noroeste da Itália, na Lombardia. E, algo incrível, num tempo no qual a truculência e os interesses privados dos grandes senhores se sobrepunham a tudo e a todos.

Porém, acredito que a comparação com a literatura de Machado também seria muito frutífera, na medida em que nos ajudaria a apreciar, por meio do contraste entre ambos, o significado e o característico literário daquilo que chamamos de *a ironia machadiana*. Todas aquelas fidelidades humanistas, cristãs e democráticas que com facilidade detectamos em Manzoni, com base no tratamento que ele dá às personagens, graças ao qual não temos dúvidas sobre suas simpatias e antipatias, desaparecem em Machado. A ironia nesse último caso se exacerba, pois tudo pode ser o contrário do que parece. O leitor tende a se identificar com pilantras ou senhores cheios de caprichos, como Brás Cubas e Santiago, e a considerar "estranhas" ou enigmáticas, "olhos de ressaca", mulheres ativas e reflexivas, para não dizer modernas, como Capitu, e Lalau, de *Casa velha*, esta com uma claridade que não se repetirá no autor.

O escritor trama as armadilhas como se não fosse seu interesse apresentar uma visão das raízes a ser superadas para uma vida mais justa e um julgamento tão claro do meio social em que vivia, como faz Manzoni – o que talvez Machado tenha tentado numa novela como *Casa velha*, por meio da qual nos afinamos inteiramente com Lalau, mas cuja perspectiva depois ele abandonou.

Para leitores e críticos, tentar descobrir a razão do mistério justifica esta pergunta, que deixo para Amina responder como segunda questão: *Por que o escritor brasileiro se esmera tanto em nublar os olhos do leitor em vez de iluminá-los?* Creio ser este um dos traços mais inquietantes da literatura de Machado.

É no contraste entre esses dois autores, Machado e Manzoni, que me parece residir o interesse de uma comparação. Gostaria que a autora Amina, se puder, pois sei que não é fácil, me dissesse algo a respeito.

Comentários e questões ao texto de Élide Valarini Oliver: ... *Num momento de simpatia. A conjunção de temperamentos em Machado de Assis*

A questão das influências

A professora Élide Valarini, antes de tratar das influências propriamente ditas da literatura de Machado de Assis, discute no âmbito teórico as formas de abordagem do tema, e o faz com muita consistência e propriedade. Primeiro, procura atualizar a questão, apresentando as reflexões mais pertinentes a respeito do assunto, entre outras, as feitas por T. S. Eliot, Harold Bloom, Borges e os estudos dos teóricos da intertextualidade.

Com isso, mostra como o avanço da teoria e da crítica já há muito superou as discussões em torno da originalidade – mito romântico no qual ninguém mais acredita, e no qual o próprio Machado não acreditava, senão não teria lido tanto e tão bem, sabendo como ninguém aproveitar e aclimatar em seu trabalho as contribuições de outros –, assim como cremos que estão superadas também as considerações de que tudo é citação, de que não se cria nada e é tudo cópia; portanto, trata-se de identificar as fontes dos materiais e procedimentos de que os autores se valeram para compor sua colcha de retalhos literária.

Se descartarmos essas duas posturas, começaremos a ver o autor como um sujeito ativo e bastante consciente do que faz, pois não só se aproveita de outras literaturas na sua composição como sabe ainda rejeitar várias outras, tal qual um sujeito ativo que sabe e tem critérios para escolher, respondendo a todas as fontes literárias com as quais se relaciona. Ele nem se fecha na sua concha ou paróquia – pois sabe que só tem a aprender com o outro, nos contatos que trava dentro do universo literário, assimilando, rejeitando e alterando (ou melhor, contextualizando) –, nem se limita a copiar e imitar, como um cerzidor de retalhos. Portanto, não basta mais apenas apontar influências e fontes de procedimentos literários utilizados pelo autor, mas analisar o *como* eis o mais importante: como o autor se aproveita do que colheu (ou *pescou*, termo que a professora Élide prefere) nas leituras e a forma de elaboração para incorporá-las com outro tom e sentido, distintos dos da fonte.

Alguns exemplos, muito bem analisados e apresentados pela professora Élide, esclarecem-nos bastante a respeito dos procedimentos do fazer literário de Machado. A professora se detém e analisa momentos significativos das obras do autor que poderiam ser inspirados em Cervantes, Stendhal, Sterne, Xavier de Maistre, Molière, Shakespeare e tantos outros. Machado é sem dúvida um autor de vasta cultura – literária e filosófica, clássica e moderna –, bem mais abrangente do que pensamos e, dentro de nossos limites, vislumbramos em suas obras. Por isso, acreditamos que o crítico que se propuser a estudá-lo deverá estar disposto a dar conta também de boa parte dessas fontes, o que não será nada fácil.

Porém, o que mais gostaríamos de ressaltar é que Machado não se aproveita dessa erudição para exibi-la e destacar-se num meio cultural acanhado e provinciano – o que bem poderia fazer, pois era costume a citação erudita, em particular em latim ou em outra língua estrangeira; ele só recorre à citação quando lhe é pertinente e para melhor revelar ou esconder o drama (satírico?) de uma alma culta e esclarecida numa sociedade escravista da periferia, quer dizer, de homens que tinham a cultura apenas como ornamento e para a conversa de salão.

Tais senhores, ilustres e ilustrados, não deixavam, porém, que ela lhes modificasse as ações, que se traduzisse em atos ou os suavizasse, principalmente no trato com subordinados. Com o telégrafo, os navios a vapor, os livros, as revistas e os almanaques, informavam-se do que havia de mais moderno e civilizado na Europa, cultura que tentavam imitar e acompanhar, embora houvesse sempre um desajuste, um desarranjo, algo mal-ajambrado, como diz quem melhor estudou o assunto, Roberto Schwarz.

Isso foi muito bem sintetizado depois pelos modernistas, com as metáforas lancinantes, abertamente satíricas, como a de Mário de Andrade, a do "tupi tangendo um alaúde", e a de Oswald de Andrade ao falar de Rui Barbosa, a da "cartola no reino da Senegâmbia". Machado tinha de ser muito mais sutil e não podia confrontar de maneira tão aberta o seu meio, inclusive os homens de sua convivência, por isso precisava usar um verniz literário e cultural que, ao mesmo tempo, lustrava, dava um brilho de sofisticação e requinte ao dito, embora ocultasse o disparate, como se fossem bombas de efeito retardado para explodir e cujo efeito fosse sentido bem mais tarde, por um leitor ainda por nascer, ou só em formação ou "virtual", como dizia Sartre.

Aqui, aproveitamos para colocar a primeira questão à professora Élide: *o que explica a tendência forte e funda da literatura de Machado para o humor e a sátira? Qual o sentido disso?* Creio também que é importante nos perguntarmos por que Machado se abriu mais para determinadas influências, como as de Luciano, Molière, Sterne, Swift, autores pré-Revolução Francesa, e se fechou para outras, mais modernas, tais quais as do Realismo e do Naturalismo, como as de Zola e Eça de Queirós, talvez os mais influentes de seu tempo. Embora encontremos traços de duas influências modernas que reputamos das mais importantes em sua obra, que já foram apontadas, mas precisam ainda ser mais bem averiguadas e estudadas: as de Edgar

Allan Poe e Baudelaire. Sobre a discussão acerca do Naturalismo no Brasil e a contribuição de Machado, chamo a atenção para o livro de José Leonardo do Nascimento, que traz estudo e documentação importantes, O primo Basílio *na imprensa brasileira do século XIX*, recentemente publicado pela UNESP.

Formação

Formação: eis uma palavra-chave que vem sendo bem explorada hoje em dia pelos estudos machadianos, pois abre a perspectiva de apreciá-lo não só como um grande autor isolado, mas como o autor de um momento de tomada de profunda consciência do que era o fazer literário no Brasil. Ele não só se esforçou para dominar o universo literário no qual existiria como escritor e criador, no caso, em particular o da tradição europeia, que gostamos de chamar de universal, como conhecia também profunda e criticamente a tradição literária mais próxima, a portuguesa e a brasileira. E não apenas a contribuição dessas duas literaturas, mas, em particular, seus percalços e desajustes, os quais procuraria evitar.

Desse modo, soube ler muito bem as epopeias brasileiras, a poesia arcádica, os românticos, como Álvares de Azevedo, Gonçalves Dias, Castro Alves e José de Alencar. Sendo assim, tinha muita consciência crítica da tradição à qual se vinculava, e sabia se aproveitar tanto das contribuições dela quanto, e em especial, de suas experiências frustradas, sem dúvida para não repeti-las. Tal fica patente em sua obra literária e crítica, em ensaios como "Instinto de nacionalidade", "A nova geração" e outros. Era claro para ele que participava do processo de formação de uma literatura, ou, como chama Antonio Candido, de um sistema literário que estudou a fundo a questão.

Esse sistema não dependia apenas do processo literário; este era parte integrante de um outro também social, que incluía a constituição de um corpo de leitores, autores e obras que, ao longo do tempo, criava um acúmulo de contribuições que se autorreferiam e se correspondiam. Portanto, no processo de formação, o aparecimento da obra de Machado equivaleria ao momento da maturidade, quando o homem se dá conta da complexidade do mundo em que vive e procura ser e atuar nele com o discernimento necessário para saber separar o joio do trigo, reconhecer determinações e circunstâncias. Além de pensar também os limites de sua liberdade de criador e as armadilhas do capricho e do narcisismo, principalmente num meio pouco crítico e superficial como aquele, que se satisfazia com o que havia de mais exibicionista e ornamental.

Aqui coloco outra questão: que diferença de peso tem para a definição da obra de um autor a tradição literária universal (na verdade, europeia) e a particular, do contexto no qual ele se integrará, pelo menos de início? Acreditamos que seria interessante também averiguar esse fato na obra de Machado.

O meio

Gostaríamos de ressaltar que tão importante quanto analisar e revelar o primeiro diálogo do autor com as tradições literárias, europeia e nacional, é o outro diálogo que ele tem com seu mundo social, o tempo e o lugar onde vive a experiência humana, seja ela uma pergunta sobre o que é a experiência humana, ou uma sintonia ou contrariedade do que esse meio tem pelo "humano": a vida do sujeito em seu espaço e tempo.

Para não nos alongarmos, pelo que podemos observar na obra de Machado, para o autor, a experiência de tempo e lugar é uma particularidade exasperante. Muitas vezes parece estar falando de um mundo de pessoas extravagantes ou reduzidas e mutiladas; num termo: "monstrificadas". As mulheres, em particular, são reduzidas a metonímias enigmáticas ou jocosas, como uns braços, os joelhos de Nhã-Loló, olhos de ressaca, trezentos contos, chapéus, vasos. O que, para nós, por si só já justificaria a sátira. Explicaremo-nos. Uma das influências a ser estudada com mais profundidade em Machado, segundo me parece, é sua afinidade com o ideário moderno trazido pela Ilustração e Revolução Francesa, que fala em liberdade, igualdade, cidadania, leis e instituições, quer dizer, em universais, com os quais todos os homens deveriam compartilhar e neles se reconhecer. Esse, para nós, seria o parâmetro a partir do qual o autor julgaria a vida social brasileira, na qual nada disso se realizava de fato, resumindo-se a simulacros e aparências.

Se o escravo aparentemente entra pouco em sua literatura, a mulher aparece bastante, e não por acaso. O escravo transparece apenas na contrapartida, nos senhores ou homens que viviam de suas posses. Se o escravo era um ser mutilado, um homem extirpado de sua vontade, e que por isso não podia dizer "eu quero", ele se tornava um pequeno monstro, sem um traço decisivo que revelasse sua humanidade, pelo menos na concepção moderna do humano; mas tal vontade extirpada do escravo não era apenas anulada ou desaparecia; ao contrário, *era transferida para um outro homem, o seu senhor*.

Dessa maneira, tinha a própria vontade exacerbada e passava a pensar que podia tudo, realizar todos os caprichos, o que o transformava igualmente em algo monstruoso, que fugia aos padrões mais modernos de normalidade, dos quais os universais comungavam, como a lei e o Estado, para garantir o direito de uns e tolher os excessos de outros. *O escravo é a ausência mais presente na obra de Machado*; é todo o escuro que esclarece as manchas mais iluminadas. Assim, é por acaso que o escravo entra na literatura de Machado e no seu mundo masculino, de Brás Cubas, Dom Casmurro, Andrade e tantos outros – pequenos egos "monstrificados" na medida em que têm uma vontade exacerbada, mas pouco ou nada realizam de humanamente válido.

Assim acontece também com as mulheres, que, embora não pudessem ser confundidas com escravos, também eram seres subordinados. Com relação aos homens que lhes podiam realizar todos os caprichos, eram mutiladas de suas inclinações, das mais às menos convencionais, e, quando se deixavam levar por elas, por menores que fossem, tornavam-se criminosas, ou melhor, adúlteras.

Não é por acaso que a professora Élide observa que o tema do adultério é um dos mais frequentes em Machado. Mas devemos nos lembrar de que esse é um termo/tema que está cada vez mais em desuso. Quem hoje acusa alguém de crime de adultério e o execra publicamente? Portanto, as mulheres oscilam entre a situação de "monstrificadas", ou resignadas – termo muito caro a Machado para se referir à mulher tolhida, conformada com os desregramentos dos maridos e o recalque das próprias inclinações, como Conceição, do conto "A missa do galo" –, e criminosas. Enquanto os homens podiam realizá-las ao sabor do capricho, as mulheres eram mutiladas desse direito, e tinham de escolher entre a resignação, transformando-se na santa da casa, ou a transformação em criminosas; em termos ainda mais condenatórios, adúlteras.

Vejamos o conto "Capítulo dos chapéus", que tem implícitas questões referentes à Revolução Francesa, e foi tão bem referido pela professora Élide. A protagonista Mariana não tem nada da Marianne das barricadas parisienses. Quando ela tenta sair para as ruas do Rio de Janeiro, que também não tinham nada das da Paris revolucionária, percebe que pode ser tomada por mulher pública, e volta para casa. Ao chegar, manda o jardineiro colocar de volta o vaso que ele havia tirado do lugar. Essa cena do final do conto metaforiza com clareza sua vida – "o vaso" é o objeto que a reduz, símbolo da metáfora.

Nesse mundo de pessoas reduzidas e deformadas por terem em excesso ou escassez, parece-nos que qualquer tentativa de tratamento de temas sérios e elevados, de maneira inevitável, ou adquire uma feição de simulacro, imitação artificiosa, como as operísticas, ou então um aspecto satírico, na medida em que esta sempre revive e recorda as relações desequilibradas entre senhores e escravos ou servos.

Uma última questão nos resta: como tratar das relações literárias, dos diálogos do autor com todas as tradições literárias, sem remetê-las ao contexto de sua experiência e vivência? Não seria melhor tratar conjuntamente das duas, uma vez que uma nos ajuda a melhor compreender a outra?

Machado em inglês: em busca de um nicho de mercado

Daphne Patai

Em 2007, o famoso periódico americano *The New Yorker* dedicou um longo e às vezes irônico artigo ao fenômeno Paulo Coelho (Goodyear, 2007). Àquela altura, os livros de Coelho tinham alcançado a marca de talvez 85 milhões de exemplares vendidos no mundo inteiro, em cinquenta línguas diferentes. Imagino que não foi fácil para os redatores do *New Yorker* reconhecer a importância de Coelho, embora talvez não fosse tão penoso como o conflito dentro da Academia Brasileira de Letras, em 2002, quando uma maioria de sete votos conseguiu elevar Paulo Coelho ao patamar dos imortais.

Machado de Assis, bem antes, também recebera o reconhecimento do *New Yorker*, em 1990, por intermédio de um artigo escrito por Susan Sontag (1990a) – uma das figuras mais famosas do mundo literário americano dos últimos quarenta anos. Depois ela publicou o artigo como introdução, ainda em 1990, a uma nova edição de *Brás Cubas*, traduzido para o inglês por William L. Grossman (Sontag, 1990b, p.XIX) (tradução esta publicada originalmente em 1952).[1]

---

1 Uma tradução mais recente foi feita por Gregory Rabassa. Veja *The Posthumous Memoirs of Brás Cubas*. Nova York: Oxford University Press, Library of Latin America, 1997.

Sontag (1990b, p.XIX) (que morreu em 2004) descreveu Machado assim: "O maior escritor já produzido pela América Latina", com Borges em segundo lugar. Romancista e ensaísta, Sontag ficou famosa pelo próprio estilo aforístico; não é de supreender, portanto, que tenha tanto apego a Machado. Entre as observações polêmicas dela se encontra: "Interpretação é a vingança do crítico contra a arte" e: "a infância é um terrível desperdício de tempo" (*Times*, 2004).

Como ouso falar de Machado de Assis e Paulo Coelho no mesmo fôlego? Será que eu, sendo estrangeira, não consigo reconhecer a imensa diferença entre essas duas figuras? Reconheço, sim. Mas a comparação é instrutiva. É impossível desprezar o êxito extraordinário de Coelho: os números, por si sós, tornam imprescindível que se fale nele.

Quanto a Machado, apesar do esforço de várias figuras imponentes da república das letras em inglês, o fato é que raramente se encontra uma pessoa culta, fora do âmbito da língua portuguesa, que reconheça o nome dele e muito menos que tenha lido um de seus romances. E isso se torna ainda mais notável quando se sabe que nunca houve no mercado de livros em inglês tantas traduções, de tantas obras de Machado, como hoje, disponíveis em belas edições e por preços razoáveis.

Gostaria, então, neste ensaio, de falar do momento atual, em que há também um número enorme de escritos teóricos sobre tradução e, em especial, devido à influência dos *Cultural Studies* (Estudos Culturais), sobre os aspetos políticos e ideológicos da prática da tradução e da criação de fama literária.

* * *

Nós, que trabalhamos com as assim chamadas "pequenas literaturas" do mundo, com frequência nos queixamos da relativa falta de importância de nossos autores favoritos fora de seu âmbito nacional, e reclamamos ainda mais da marginalização de muitos tradutores cujos nomes sequer são mencionados nas resenhas dos livros que traduziram. Mas acho que é primordial manter a mente calma e nos abster de impor a essa realidade um discurso radicado em imagens convencionais de centro e periferia, de privilégio e dependência. Há mesmo conjurações hegemônicas se elaborando em toda parte, contrárias aos interesses materiais e intelectuais de gente honesta?

A verdade é que somos nós mesmos – isto é, gente como nós, nesta sala, que veio para este simpósio de diversos pontos do mundo para se juntar aos colegas brasileiros que festejam, neste ano (2008), um dos maiores escritores do mundo; somos nós mesmos os tradutores e propagadores de literatura brasileira nos Estados Unidos e em outros países. Portanto acho uma tolice colocarmo-nos como denunciadores de nossa própria sociedade e adotar o papel de críticos dos planos sinistros em relação às literaturas estrangeiras. Tal atitude pode levar a interpretações tendenciosas de obras literárias, forçadas a se conformar à política atual.

Não há necessidade de inventar conspiradores hegemônicos em Nova York, Washington, D. C. ou Londres, tramando secreta e cuidadosamente a diminuição ou a dominação das literaturas mundiais. A verdade é muito mais simples, sem deixar de ser caótica: há tantas produções culturais disponíveis nos Estados Unidos, tantos livros de tantos países – para não mencionar o vasto número de obras novas escritas a cada ano em inglês –, que sem dúvida o leitor comum se sente sobrecarregado de estímulos e possibilidades.

Sendo assim, seria importante saber como a população de um imenso país, como a dos Estados Unidos, está dividida em termos de grupos com interesses distintos diante do mercado literário. Sim, os marqueteiros têm como alvo diferentes audiências ou segmentos sociais. Com a grande difusão da educação nos Estados Unidos, em particular após a Segunda Guerra Mundial, quando foi promulgado o G. I. Bill (lei de 1944 que dava ajuda financeira, empréstimos com juros bem baixos, bolsas de estudos etc. aos soldados que voltavam se quisessem prosseguir com a educação superior ou profissionalizante), milhões de pessoas que nunca antes teriam tido acesso a essa formação começaram a descobrir a leitura como atividade de lazer. Mas o que desejavam ler, ou liam, é outra história.

Talvez não seja bastante reconhecido que hoje, nos Estados Unidos, os livros mais vendidos em todo o país são de fato romances estereotipados de aventuras ou histórias de paixão, perda e, em resumo, a conquista do amor. Esses livros baratos – por exemplo, a série Harlequin Romances –, escritos num padrão explícito em termos de enredos, cenários, personagens e até número de páginas, nem aparecem nas listas dos mais vendidos, em que com facilidade ultrapassariam outros títulos. De fato, as pessoas que criam listas de *best-sellers* nos principais jornais do país consideram tais livros uma espécie de "subliteratura", indigna de reconhecimento, a não ser do ponto de vista financeiro. Por isso, há listas separadas de livros dirigidos a um mercado de massa. Portanto, é interessante notar que hoje em dia essas editoras muitas vezes pertencem a companhias enormes que também são donas de editoras que publicam livros de alta qualidade. Quer dizer, os conglomerados não só "controlam" o mercado como também tentam oferecer uma variedade de opções ou produtos para atingir os diversos grupos que, em conjunto, compõem o mercado.

Só nas últimas décadas, com a chegada dos Estudos Culturais, alguns estudiosos começaram a levar a sério os subgêneros literários e o público que os adora. Mas num país tão vasto como os Estados Unidos (cuja população atualmente é de mais de trezentos milhões), há centenas de editoras que lançam milhares de livros. Em 2007, por exemplo, mais de 170 mil títulos foram lançados nos Estados Unidos; e nos últimos quatro anos o número de livros só de ficção ficou em torno de 17 mil títulos por ano (*Bowker*).[2]

Em contraste, no Brasil, a Câmara Brasileira do Livro nos dá estatísticas importantes para o entendimento do setor editorial brasi-

2 Veja <http://infotoday.stores.yahoo.net/bowanlibandb3.html>. Veja também <http://pwbeat.publishersweekly.com/blog/2008/02/22/bookscan-revisited>, em que aparece a cifra de 172 mil. De acordo com o site <http://www.bowker.com/index.php/press-releases/563>, o número foi reduzido em 3% em 2008. Por outro lado, o número de *books on demand* mais que dobrou e, atualmente, está ultrapassando a venda de livros impressos. Veja ainda <http://www.publishersweekly.com/article/CA6659193.html>.

leiro.[3] Nela se acham dados como os seguintes: em 2006, 45 mil livros foram editados ou reeditados no Brasil. O número de exemplares chegou a mais de 320 milhões; desse número, mais de 310 milhões de exemplares foram vendidos, com um faturamento de quase três bilhões de reais. Em comparação com o ano de 1990, vemos que, até 2006, o número de títulos editados mais que dobrou, enquanto o número de exemplares produzidos aumentou em apenas 25%. O faturamento, por outro lado, mais que triplicou – o que explicaria, pelo menos em parte, o número diminuído de livros comprados *per capita* (Baensch, 2006, p.31-6).[4]

Com essa realidade, era inevitável que surgisse – se é que já não existia – uma ou outra maneira de definir os diversos ramos do mercado, destinando os produtos, inclusive os literários, a certos grupos. Também no Brasil, naturalmente, há nichos de mercado. Por exemplo, é evidente que os numerosos livros de Zíbia Gasparetto que vejo em destaque em muitas livrarias no Brasil contam com um setor de mercado específico, que se interessa pela voz de além-túmulo que ela canaliza. É um Brás Cubas de outro nível cultural, e que com certeza merece um estudo sério (não sei se tal já foi feito) – como fez, por exemplo, Janice Radway (1984), agora crítica bastante conhecida, em cujo livro de estreia, *Reading the Romance* [Leitura do romance], analisou o fenômeno da série Harlequin Romances e seu público, principalmente mulheres. E nem se trata de uma novidade. Ian Watts (1957), por exemplo, em seu livro famoso *The Rise of the Novel* [A ascenção do romance], estudou o desenvolvimento do romance inglês no século XVIII, que se baseou na nova classe de leitoras – empregadas domésticas agora alfabetizadas tanto quanto donas de casa, ambas com tempo de lazer que a industrialização e a ascensão econômica lhes proporcionaram.

3 Veja <http://www.cbl.org.br/pages.php?recid=58>.

4 Veja <http://www.springerlink.com/content/r18g38p416126638/?p=f17a323f153845c898da04e07772b250&pi=2>. Agradeço a Lilian Feitosa por essas referências.

Hoje em dia há dezenas de nichos de mercado, cada um com várias editoras concorrendo entre si para captar leitores estáveis e fiéis. Em outras palavras, a busca de um nicho de mercado é tão fundamental no mercado editorial quanto na produção e na distribuição de qualquer outro produto. Mas, embora falemos da "indústria editorial" como se fosse uma entidade, não se trata de algo homogêneo. Claro que as editoras comerciais de vez em quando tentam criar um *best-seller,* mas os resultados, como elas próprias lamentam, são imprevisíveis. Não há nenhum encrave secreto onde multimilionários ou donos de casas editoriais se juntam para decidir quais serão os livros que vão impor a um público inocente e inconsciente. Não há – pelo menos ainda não – máquinas para produzir uma literatura vulgar e ordinária para pacificar os "Proles", como Orwell imaginou em seu célebre romance *1984*. Creio, portanto, que seja preciso não subjugar nossa desorganizada realidade aos sistemas intelectuais imaginários do momento, por mais sedutores que sejam.

Lilian Feitosa (2008, p.311), que em 2008 terminou o doutorado na universidade onde leciono com uma tese sobre a tradução para o inglês de algumas escritoras brasileiras, nota que a *Index Translationum* da Unesco revela que o inglês ocupa a posição mais proeminente como língua-fonte no mundo; isto é, há mais livros traduzidos do inglês mundialmente que de qualquer outra língua.

A *Index Translationum* indica que, nos anos 2003-2004, mais de oito mil livros publicados no Brasil foram traduções de obras originalmente escritas em inglês e publicadas nos Estados Unidos e no Canadá. Em comparação, apenas 19 obras brasileiras foram traduzidas para o inglês e publicadas nos Estados Unidos e no Canadá (Feitosa, 2008, p.23-4). Duvido que os dados estejam corretos; mas, de qualquer maneira, mesmo que a cifra verdadeira seja duas ou três vezes maior, há, é evidente, um distanciamento, ou seja, um *gap*, enorme. Também se sabe que, recentemente, o número de livros traduzidos do inglês é cinco vezes maior do que o número traduzido do francês, língua que ocupa o segundo lugar. Laurence Hallewell, estudioso da indústria editorial no Brasil, observou que a literatura brasileira nem chegou a participar do *boom* da literatura latino-americana, que teve repercussão mundial (Feitosa, 2008, p.104).

São estes, como se vê, tipos de dados que levam a análises denunciadoras da política de tradução – análises hoje muito em moda, graças aos trabalhos de figuras como Lawrence Venuti. Venuti promove o que ele chama *symptomatic reading* – leitura sintomática –, cujo alvo é desmistificar a prática de tradução e expor a "violência" (a palavra é dele) cometida por tradutores que "domesticam" uma obra estrangeira. Ele denuncia "a hegemonia mundial do inglês", cuja política, a seu ver, controla as relações entre o texto-fonte e o texto-alvo. Tudo bem, mas a técnica que ela recomenda – de impor a presença do tradutor no texto a cada momento – não serve nem aos interesses do texto original nem aos do autor, tampouco aos do leitor. Pelo contrário, sobrepõe o tradutor ao autor, e faz deste um ente subjugado diante da agenda do tradutor. Mas é isto precisamente o que os "estudos de tradução" criticam nos tradutores tradicionais. Inclusive, em seu livro *The Translator's Invisibility* [A invisibilidade do tradutor], Venuti (1995) mesmo analisa e denuncia, com exemplos históricos fascinantes, a manipulação de um texto original por tradutores a serviço da política.

Parece-me, entretanto, que o tipo de análise promulgada por Venuti e colaboradores, com a insistência em denunciar a cultura dos próprios países, é meio paranoico. É interessante, certo, mas também facilmente se vê nele o desejo de engrandecer os críticos e tradutores que fazem parte da nova área acadêmica que se chama *Translation Studies* [Estudos de tradução]. Esses críticos se projetam como revolucionários engajados na luta contra as próprias culturas hegemônicas. E, para confirmar sua distância dos centros de poder, insistem na própria marginalidade como elemento de valor.

Alguns anos atrás, no *New York Times Book Review*, apareceu uma resenha muito perspicaz do livro de Venuti (1998), *The Scandals of Translation* [Os escândalos da tradução]. Graham Robb (1999), o autor da resenha, notou a ironia que emana do livro de Venuti. Na página de agradecimento, Venuti cita 75 pessoas, assim como várias bolsas de pesquisa que recebera; nomeia 15 jornais e revistas em que partes do livro foram publicadas, para, enfim, agradecer também aos ouvintes dos três continentes em que deu palestras. O artigo resume assim o paradoxo da área de Estudos de Tradução: "A autoridade da disciplina de Venuti – os Estudos de Tradução – se estabelece, ironicamente, por meio da afirmação de sua marginalidade!"

Parece-me que somente hoje em dia é possível abrir caminho para uma carreira insistindo na própria posição marginal. O que se ganha é óbvio: ocupar a *political high ground* (isto é, colocar-se num terreno elevado de onde se observa com condescendência os outros), quase uma chantagem intelectual que pressiona os outros a reconhecerem o valor do "marginalizado". Assim, no invertido mundo atual, um problema ou defeito se torna uma vantagem e até uma arma de luta.

Na teoria contemporânea, há uma tendência, derivada do pós-estruturalismo e de seus famosos desafios à identidade do autor e à estabilidade do texto, para ver o tradutor como "cocriador", na frase infeliz de Suzanne Jill Levine, entre outros teóricos de tradução – visão que acho altamente exagerada na maioria dos casos. Mas entendo o motivo: cansados de ficar na sombra de figuras literárias honradas por sua criatividade, mas necessariamente inacessíveis à maioria de leitores do mundo inteiro, tais tradutores se servem da teoria em voga para provocar os autores do centro do palco e substituí-los por si mesmos diante dos holofotes.

Duvido muito que se trate de poderes hegemônicos que se infiltram no cérebro do público, ou de que em países democráticos e liberais os poderes planejem a marginalização de obras e pessoas que os critiquem ou desafiem. A diversidade de produtos culturais, todos em oferta no mercado, contradiz tal visão. A discussão, iniciada pela Escola de Frankfurt, sobre cultura de massa e a questão de agência *versus* manipulação do público, já se desgastou – ou devia ter se desgastado. Repetindo denúncias políticas dos produtos massificados e da cultura moderna, denúncias tipicamente articuladas por pessoas que desfrutam de tudo que essa cultura, agora global, possa lhes fornecer, é um esforço fútil e artificial.

É possível que essas observações nos levem a concluir que os teóricos (como Barthes e Foucault) do século XX, que insistiram na "morte do autor", criaram, com tal discurso, uma opção transparente e útil para os críticos literários, depois adotada por teóricos de tradução, para se sobressair àqueles autores cujas mortes anunciaram prematuramente.

Voltando agora à situação concreta das traduções para o inglês de obras brasileiras, tomemos com exemplo a editora da Universidade do Texas. Há décadas, a editora publica traduções de literatura latino-americana, mas nos dias atuais restringiu muito as publicações na área, em particular de livros brasileiros. A chefe da editora, Theresa May, escreveu-me em dezembro de 2007 contando que o mercado para todo tipo de crítica literária e tradução anda em baixa.[5] Há vinte anos, ela disse, o mercado dessas categorias conseguiu se sustentar graças às compras por bibliotecas. A editora, portanto, podia naquele tempo contar pelo menos com um compromisso de venda de 1.200 exemplares. Hoje em dia, o número é de apenas duzentos exemplares. (Aqui é preciso dizer algo sobre o contexto geral do mercado literário nos Estados Unidos. Há quase cem mil bibliotecas escolares e, além disso, mais de três mil bibliotecas universitárias; além de nove mil bibliotecas públicas (sem mencionar todas as sucursais destas últimas). Quer dizer, no país inteiro há mais de 120 mil bibliotecas.[6]

Theresa May também falou do problema de que é cada vez menor o público que lê "ficção séria". Até mesmo os alunos universitários compram cada vez menos os livros requeridos nos cursos. A internet se tornou a grande concorrente das casas editoriais. Muitos livros de domínio público existem *on-line*; também é muito fácil hoje em dia encontrar na internet exemplares usados – ainda que de livros que acabam de sair do prelo. Theresa May explicou que, em consequência dessas mudanças tecnológicas e sociais, atualmente

---

5 E-mail de 19 dez. 2007.

6 Veja <http://www.ala.org/ala/alalibrary/libraryfactsheet/alalibraryfactsheet1.cfm>.

nenhuma editora fica protegida do mercado de livros usados, em comparação com o passado, quando a editora podia contar com mais ou menos três anos de vendas antes que os livros aparecessem em sebos. Em vez dos três ou mais anos de que uma editora dispunha no passado, agora há apenas um ano durante o qual a editora poderá recuperar o dinheiro que investiu.

Segundo ela, as despesas e complicações de uma tradução sempre eram significativas, mas, com o retorno financeiro encolhendo cada vez mais, as editoras universitárias com frequência precisam de subvenções de mais ou menos vinte mil dólares para pagar os direitos autorais do escritor tanto quanto do tradutor. Quer dizer, vinte mil dólares apenas para chegar a um equilíbrio. Esse tipo de apoio financeiro raramente existe hoje. E, num mundo onde é cada vez mais difícil publicar teses ou mesmo obras acadêmicas de autores mais maduros, as traduções ganham menos reconhecimento do mundo acadêmico que no passado. Entretanto, disse May, há um raio de esperança com uma das novas tecnologias – *print on demand* (imprimir conforme a demanda).

Vejamos agora as vendas de vários clássicos da literatura brasileira. Um redator da Universidade do Texas Press me informou que *Vidas secas* (*Barren Lives* em inglês) se esgotou em 2004 depois de "uma boa fase" – o livro vendeu um total de 2.400 exemplares em capa dura e 19.500 em *paperback* (brochura). *As Três Marias* se esgotou em 1998 com uma venda total de 2.150 de capa dura e 3.200 em *paperback*.

Devemos parar por um momento para entender que, naturalmente, esses livros não "se esgotaram" por si próprios, sem intervenção humana. Pelo contrário, a editora tomou a decisão de não mais publicá-los – algo que em geral se deve a um simples cálculo de demanda. A culpa pode se dividir entre o mercado de livros usados, a concorrência de livros brasileiros mais recentes e o declínio geral de leitura em face das seduções da internet.

Por outro lado, há alguns livros brasileiros que a editora da Universidade do Texas mantém disponíveis. *Laços de família*, de Clarice Lispector, que aquela editora lançou em 1984, vendeu 1.772 em capa dura e 11.150 em *paperback*; *Senhora*, de José de Alencar, vendeu 125 exemplares em capa dura e 1.500 em *paperback*.

Apesar de vendas modestas, a Oxford University Press criou, faz mais de uma década, uma nova série, *The Library of Latin America* [A biblioteca da América Latina], com o objetivo de traduzir e publicar livros importantes da América Latina. Até agora, apareceram 33 títulos, inclusive quatro romances de Machado em traduções novas. A redatora Cybele Tom me escreveu[7] com informações sobre a venda dos romances de Machado. O que está vendendo melhor é *Dom Casmurro*, com mais de dez mil exemplares em *paperback*. Em segundo lugar encontra-se *Memórias póstumas de Brás Cubas*, que vendeu quase sete mil exemplares em *paperback*. Tais números são mais altos do que para a maioria de livros desta série, que tipicamente vendem entre dois e três mil exemplares em *paperback* e apenas quinhentos em capa dura, estes últimos comprados em especial por bibliotecas. Os outros dois títulos de Machado não superaram as vendas dos demais livros da série – a maioria, naturalmente, oriunda do espanhol, não do português.

Mas, Cybele Tom explicou, a série é um projeto especial, com subvenção de várias fundações, o que permitiu pagar aos tradutores e redatores da série e de cada volume nela contido. Sem essa contribuição financeira, a série não teria sido possível, e de fato vai parar em breve. Apenas mais duas obras vão aparecer, ambas sobre José Marti. Assim mesmo, Oxford continua com projetos de publicação de livros latino-americanos, embora não nessa série. Uma biografia de Clarice Lispector, a primeira em inglês, está no prelo.[8] Oxford, no entanto, está procurando caminhos para continuar a série de uma forma ou outra. E Cybele Tom comentou que tiragem por demanda tem um lado positivo: prolonga a vida dos livros, pois faz com que seja menos provável que um livro se esgote por completo.

---

7 E-mail de 13 ago. 2008.

8 Trata-se do livro de Benjamin Moser, *Why This World: A Biography of Clarice Lispector* [Por que este mundo: uma biografia de Clarice Lispector], publicado em julho de 2009.

Os apreciadores de Machado também têm feito grandes esforços para educar o público leitor da língua inglesa. Um deles, a inglesa Liz Calder, que na década de 1960 trabalhou como manequim e jornalista no Brasil, em 1986 cofundou a Bloomsbury Press, em Londres, na qual continua como diretora. Calder é também cofundadora da Festa Literária Internacional de Paraty (FLIP), que começou em 2003. Antes de publicar J. K. Rowling e ficar imensamente rica, a pequena editora lançou, entre outras coisas, traduções de autores brasileiros. Em julho de 2000, Calder publicou um artigo no jornal inglês *The Guardian* em que reclama da falta de livros brasileiros no mercado inglês. O título do artigo, "A terra onde todos são poetas", expressa a perspectiva que ela tem do Brasil como um "celeiro de riqueza literária", além de ser o "país que produziu uns dos maiores escritores de todos os tempos".[9] Assim ela tenta introduzir Machado aos leitores do *Guardian*. Em seguida, fala de Euclides da Cunha, que considera o outro gigante literário brasileiro, e comenta que a editora Picador publicou uma tradução de *Os sertões* na série de Travel Classics.

Calder nomeia algumas dúzias de escritores brasileiros contemporâneos que considera importantes, insistindo em que chegou a hora de as outras editoras chamarem a atenção tanto de escritores quanto do público leitor em inglês para as riquezas extraordinárias do Brasil, que vão muito além de futebol e música. E, de fato, na última década, Bloomsbury publicou traduções de Patrícia Melo, Rubem Fonseca, Caetano Veloso, Chico Buarque, Milton Hatoum e, é claro, Machado de Assis.

Essas observações, entretanto, devem ser postas no contexto geral não só editorial dos Estados Unidos mas, em particular, do que estou chamando de nicho de prestígio. O papel de Sontag, Bloom, Rushdie, Hardwick e outros intelectuais que patrocinaram Machado foi precisamente o de criar um nicho de prestígio, onde ele cou-

9 Veja <http://www.guardian.co.uk/books/2000/jul/22/internationalwriting2/print>.

besse com facilidade. Mas há problemas no contexto literário dos Estados Unidos. Nesse país imenso, até um livro de ficção que ganha um importante prêmio literário é capaz de vender apenas algumas centenas de exemplares. Será possível?

Sim, segundo um artigo de Edward Wyatt (2004) no *New York Times*. Nele, Wyatt comenta com ironia que um dos finalistas para o National Book Awards em 2004 foi um romance chamado *Florida*, livro de estreia de Christine Schutt. O livro, ele declarou, vendeu apenas 150 exemplares, e outros livros finalistas também tiveram vendas modestas, isto é, entre setecentos e novecentos exemplares. Apenas um livro entre os cinco finalistas chegou a vender 2.500 exemplares! (Uma correção a este artigo informou que os números não estavam certos, e que de fato esse grupo de livros vendeu entre 150 e 2.500 exemplares; as editoras perspicazmente não gostam de revelar as vendas específicas.) Wyatt indagou se a literatura em geral tira algum proveito quando se dão prêmios a livros que quase ninguém lê. No passado, escritores americanos conhecidos e populares ganharam aquele prêmio, escritores como James Jones, Ralph Ellison, William Faulkner, John Cheever, John Updike e Philip Roth, e também Joyce Carol Oates, E. Annie Proulx e Alice McDermott. O National Book Awards, vale explicar, é patrocinado pela National Book Foundation, organização sem fins lucrativos de editoras, livreiros, bibliotecários e autores.

Wyatt também explica que os prêmios em si têm pouco efeito nas vendas dos livros listados, em comparação com a Inglaterra, onde, por exemplo, o prêmio Booker é um grande evento cultural. Nos Estados Unidos, os prêmios literários geram talvez vendas de poucos milhares, enquanto, apenas por aparecer na *short list* para o Booker Prize na Inglaterra, um livro pode saltar para até quarenta mil ou cinquenta mil exemplares em vendas – isso sem ganhar o prêmio. Na indústria editorial dos Estados Unidos, outras pessoas também, segundo Wyatt, reclamam que a literatura se distancia cada vez mais da cultura geral. Ele cita, por exemplo, o chefe do Time Warner Book Group, que disse: "Estamos nos fechando para a cultura em geral. Estamos apoiando nossa própria derrocada". Outro problema é que o National Book Awards é composto de apenas cinco juízes, pessoas diferentes a cada ano, e muitos deles não bem conhecidos. O nicho de prestígio, ao que parece, está em perigo de se tornar tão elitizado que nenhuma editora, a não ser com tendência suicida, vai poder continuar a publicar os livros que fazem parte dele. Wyatt comenta: "Por mais incômoda que seja a aliança entre a cultura literária e a publicação comercial, a literatura não se beneficia quando um de seus prêmios principais envolve apenas livros lidos por algumas centenas de pessoas".[10]

Por outro lado, Susan Betz, redatora-chefe da Northwestern University Press, respondeu ao artigo de Wyatt defendendo a importância de publicar escritores como Schutt (a autora cujo livro supostamente vendera apenas 150 exemplares), com quem ela trabalhou, e outros que vendem poucos exemplares. As edições da Northwestern University Press raramente excedem dois mil exemplares. Além disso, ela acrescentou, ninguém jamais defendeu a ideia de que vendas são um índice de qualidade em arte. Publicar bons livros em edições pequenas é um serviço importante, Betz insistiu, um serviço que encoraja jovens escritores, mostrando-lhes que talento e dedicação geram reconhecimento, mesmo sem vendas grandes.[11]

Também vale mencionar que listas de *best-sellers* como as do *New York Times*, que é o "padrão ouro" da indústria, são problemáticas. Clark Hoyt (2007), em seu artigo "Books for the Ages, if not for the Best-Seller List" [Livros para a eternidade, ainda que não na lista de *best-sellers*], afirma que o público não entende como funciona a lista. Livros aparecem e desaparecem conforme as decisões feitas pelo *Times*. Enquanto Nielsen's BookScan, empresa formada em 2001 para fornecer à indústria editorial números reais sobre vendas, examina as figuras de 4.500 lojas de varejo, a lista do *Times*, bem como

10 Por isso Paulo Coelho até tem certa razão quando reclama de que os ataques contra ele vêm de autores e críticos que ninguém lê. Citado em Loved by Readers, Hated by Critics, *The Economist*, 11 mar. 1995.

11 Veja a carta de Betz: <http://aaupnet.org/aboutup/sbetz.html>.

as de outros jornais, mas dá apenas o *ranking* de um livro, não os números de exemplares realmente vendidos. Apenas alguns jornais, como *USA Today* e *The Wall Street Journal*, nomeiam as livrarias de que fazem levantamentos.

Outro detalhe interessante é que o *New York Times* expulsa da lista livros que denominam de *evergreen* (sempre-verde): livros perenes, que atingiram o nível de clássicos. Mas não há critérios formais para essa escolha. Portanto, a lista do *Times*, por mais importante que seja, é arbitrária. Hoyt termina com essa afirmação: "Por mim, se a lista principal é mesmo uma lista de *best-sellers*, deveria de fato refletir o que se vende mais, tanto clássicos quanto livros novos". E Marina Krakovsky (2004), redatora de resenhas do *Los Angeles Times*, comenta que sua lista é "profundamente não científica" e até mesmo "caprichosa".

Betz, da Northwestern University Press, também disse:

> As pessoas têm de encontrar o próprio caminho para os nossos livros de ficção, poesia e teatro, sem a ajuda de diretivos nos *New York Times*, *The New Yorker* e outras publicações. [...] Nossa ficção e poesia dependem de leitores e críticos capazes de avaliar uma obra sem o benefício de uma campanha de publicidade ou, muitas vezes, nem de um *press release*.

Mas o que me chama a atenção nesse comentário é que Betz pressupõe que publicidade no *New York Times* ou *The New Yorker* necessariamente estimule as vendas. Sabemos, entretanto, que isso não é verdade, pelo menos em relação a traduções de obras brasileiras. Machado é um exemplo perfeito: um escritor com o apoio de figuras destacadas nos Estados Unidos, que o elogiam em jornais e revistas importantes, sem conseguir torná-lo numa estrela em nosso firmamento literário.

Mas Betz, é evidente, fala em particular de autores vivos, o que gera grande parte do problema. Há uma distância enorme entre tais autores e aqueles que já morreram sem ter atingido um nível de reconhecimento fora de seus meios originais. Ellen Watson, por exemplo, a tradutora de Adélia Prado, Ivan Angelo e outros escritores brasileiros, disse a mim que, mesmo no caso de uma editora que já tenha publicado certo escritor presumivelmente em ascensão, não é provável que continue a se interessar por ele caso morra. Quer dizer, o mecanismo do mercado de livros difere de modo fundamental do mercado de arte visual, em que há apenas um original de cada obra e, portanto, a morte de um artista aumenta imediatamente o valor de cada original.

Para uma editora, a tradução (tanto quanto a publicação inicial de um escritor iniciante) é um investimento no futuro. E, quando se sabe que aquele autor não vai produzir mais (a não ser que todos os autores tomem Brás Cubas como modelo!), os lucros terminam. Veja, por exemplo, a situação de Patrícia Melo, cujos livros a Bloomsbury publica em inglês. Ela está muito ativa e seus livros têm um público em inglês à espera de novos livros, o que exige traduções rápidas.

Em comparação, há Oswaldo França Júnior (1936-1989). O romance que lhe deu o Prêmio Walmap em 1967, *Jorge, um brasileiro*, foi o primeiro livro dele a aparecer em inglês – em 1980 (intitulado *The Long Haul* [O longo transporte]), numa tradução de Tom Colchie, que tanto fez para introduzir escritores brasileiros ao público norte-americano. Entre os muitos romances posteriores de França Júnior, apenas dois outros foram traduzidos para o inglês – e somente quase dez anos após a primeira tradução. Esse *gap* entre a primeira e a segunda tradução revela a dificuldade de penetrar no mercado americano. *O homem de macacão* (1972), publicado como *Man in the monkey suit*, apareceu em maio de 1989 pela Ballantine Books (numa tradução de Gregory Rabassa). A obra foi seguida pelo último livro de França Júnior a aparecer em inglês, de novo pela Ballantine Books. Trata-se de *Beneath the Waters* (*No fundo das águas*), traduzido por Margaret A. Neve e lançado em janeiro de 1990. Sem dúvida a tradução estava no prelo quando França Júnior morreu em 1989, aos 53 anos. No amazon.com, a listagem desses três livros nem sequer menciona o nome dos tradutores. Menciona, sim, que os livros originais são em português. E consegue escrever a palavra *Portuguese* – em inglês – com um erro.

Outro escritor que entrou no mundo de letras americanas tardiamente é Edilberto Coutinho, cuja coleção de contos, *Maracanã, adeus* (1980), recebeu vários prêmios no Brasil e fora dele. Aliás, foi a primeira obra brasileira a ganhar o prêmio da Casa de Las Américas. E a tradução francesa ganhou, em 1994, o importante Prix de la Traduction Cultura Latina. Em inglês, *Maracanã, adeus* apareceu apenas em 1994, com o título *Bye, Bye, Soccer*, lançado por Host Publications, editora pequena com interesse especial na literatura brasileira.

Atualmente, como se vê, há várias possibilidades editoriais para traduções da literatura brasileira. Além de algumas imprensas universitárias, citaria Host Publications, New Directions, Picador e Bloomsbury, entre outras. Todas essas editoras, é óbvio, têm de se importar com o balanço financeiro.

Mas, numa área em que a expectativa do leitor se traduz em importante fenômeno financeiro (como no caso de J. K. Rowling e Bloomsbury), uma demora entre a publicação no Brasil e a tradução é um problema persistente. E não é só Machado nem outros autores, digamos, canônicos que sofrem com a demora na disseminação em outras línguas.

Com autores mais recentes, infelizmente, também há uma demora, o que faz com que seja difícil criar um público fiel que antecipe a publicação de mais um livro de seus autores preferidos. O livro de Osman Lins, *Avalovara* (1973), por exemplo, foi traduzido por Gregory Rabassa e só apareceu nos Estados Unidos em 1990 – 12 anos após a morte de Lins. Entretanto, foi o interesse pessoal de uma jovem tradutora, Adria Frizzi, que resultou na publicação de duas outras obras de Lins em inglês: Frizzi traduziu *Nove, novena* (1966; 1995 em inglês) e também o último romance de Lins: *A rainha das prisões da Grécia* (1976), publicado no Brasil dois anos antes da morte de Lins em 1978, aos 54 anos, que apareceu em inglês apenas em 1996, com o título *The Queen of the Prisons of Greece*.

É obvio, por outro lado, que o problema da demora se dissolve quando se trata de um escritor "quente" – como Paulo Coelho, cujos livros aparecem em tradução logo após a publicação original, ou até mesmo antes em alguns casos. Quando, em 2005, *O zahir* foi lançado no Brasil, uma tradução apareceu no Irã no dia seguinte, e havia filas enormes esperando para comprá-lo (Nelson, 2006). Vale a pena parar por um instante e pensar sobre a realidade da popularidade de um Paulo Coelho. Quando *O alquimista* apareceu numa tradução para o armênio, em 2004, o tradutor disse que fora a 55ª tradução do romance. *O alquimista*, até 2007, já havia vendido trinta milhões de exemplares globalmente, e ficou sendo o *best-seller* número um em 18 países! Naquela altura, os livros de Coelho, ao todo, venderam 85 milhões de exemplares. Nos dias atuais, a venda dos livros de Coelho chegou a cem milhões mundialmente.[12]

Há 15 anos, Rabassa reclamou, numa entrevista, do declínio de traduções da literatura brasileira. Nos bons tempos, figuras como Alfred A. Knopf se interessavam por literatura em outras línguas além do inglês. Mas, agora, com grandes conglomerados que controlam o mundo editorial, disse Rabassa, só lhes interessa o saldo. É triste, concluiu, pois o negócio parece estar principalmente nas mãos dos filisteus, e há pouca coisa que possamos fazer para remediar o fato. Os autores terão de ficar satisfeitos em ser publicados por editoras menores. Eis uma situação bastante diferente da de Portugal e do Brasil, onde a melhor ficção aparece na lista de *best-sellers* (*News from Brazil*, 1994, p.31).

Até mesmo Rabassa, com toda a fama, encontra problemas na procura de uma editora. Ele fala, na mesma entrevista, do romance *O meu mundo não é deste reino* (1983), do escritor açoriano João de Melo, que escreve em todos os gêneros e tem ganho muitos prêmios, mas, ainda assim, Rabassa, em 1994, encontrava dificuldades em publicar a tradução. Só dez anos depois de completá-la Rabassa conseguiu a publicação: *My World Is Not of This Kingdom* apareceu em 2003, pela Aliform Publishing Group, dedicada à divulgação da literatura latino-americana e mundial. A mesma editora publicou

---

12 Veja o site oficial de Paulo Coelho: <http://www.paulocoelho.com.br/port/bio.shtml>. Nele acha-se a informação de que até 2008 os livros do autor haviam sido traduzidos para 67 línguas estrangeiras e publicados em 150 países.

outra tradução de Rabassa, do romance de José Sarney, *Dono do mar*, com o título *Master of the Sea*, em 2005. A tradução deu a Rabassa o Prêmio National Medal of the Arts em 2006.

Em relação à literatura escrita em português, longe de participar de uma conjuração hegemônica, são os próprios tradutores que muitas vezes iniciam a publicação de uma obra literária. Ellen Watson, por exemplo, que também é poeta, é a pessoa responsável pela publicação, começando em 1984, de poemas de Adélia Prado. Muitos de nós, professores de Literatura Brasileira e Portuguesa, tomamos a iniciativa de traduzir e buscar uma editora.

Um escritor que morreu há pelo menos setenta anos, e cujos livros estão, portanto, no domínio público, naturalmente apresenta vantagens financeiras a uma editora em termos de despesas e lucros. Entretanto, tais escritores são difíceis de vender. Eles, mais que muitos outros, têm de se enquadrar dentro de um ou outro nicho de mercado. Por exemplo, várias editoras feministas, como Virago Press em Londres, ou A Editora Feminista em Nova York, começaram a explorar o crescente mercado feminino e feminista há mais de trinta anos (exatamente como certas editoras brasileiras fizeram logo depois). Grande parte dos programas editoriais era composta de obras literárias esquecidas ou de domínio público.

Outro exemplo da exploração de um nicho de mercado específico está relacionado a escritores homossexuais. O Gay Sunshine Press, por exemplo, localizado em San Francisco, já em 1982 lançou uma tradução de *Bom crioulo*. Um de meus alunos de pós-graduação, Cristiano Mazzei, um brasileiro que, apesar de ter uma empresa de tradução comercial no Brasil, decidiu fazer doutorado em Literatura Comparada, focalizando em especial a tradução, analisou com detalhes a tradução americana do romance de Adolfo Caminha. Mazzei salienta os meios paratextuais e textuais que a editora usou para divulgar o livro para um público gay. O próprio subtítulo da tradução, por exemplo, enfatizou a temática homossexual do livro: *The Black Man and the Cabin Boy* (Balderston e Quiroga, 2003, p.85-108). Todos esses projetos de recuperação dependem de um nicho de mercado que ansiosamente aguarda a publicação de escritores ou de obras que se enquadrem na própria definição daquele nicho.

* * *

Quais são as conclusões que posso tirar com base nesse cenário?

Nossa tarefa como críticos é analisar literatura e tudo que ela engloba. Mas é preciso que reconheçamos e aceitemos que não são nossas análises e denúncias, nem elogios e exortações, que farão com que leitores gostem de um livro a ponto de querer continuar a leitura ou chegar a procurar outros livros daquele autor. Nem todo mundo quer mergulhar nas águas de Machado. Portanto, não é de admirar que a maioria dos leitores evidentemente prefere a prosa inspiracional de um Paulo Coelho. Uma aluna brasileira de pós-graduação disse-me há pouco tempo que ela gosta muito dos livros de Coelho, pois lhe fornecem, na frase útil e sem desprezo que usou, "uma literatura previsível".

Entendo a perspectiva dela; entendo as palavras de Paulo Coelho no discurso de posse da cadeira 21 na Academia Brasileira de Letras, no dia 28 de outubro de 2002. Ganhando a cadeira com apenas 22 votos (contra 15 do outro candidato, Hélio Jaguaribe), Coelho, que considera Jorge Amado "o maior escritor brasileiro do século XX", insistiu em que o povo é quem sabe escolher, ao contrário dos críticos, que não gostam de seus livros e não têm ideia nenhuma de como selecionar um livro.

Mas, fora dessas provocações, o tema do discurso foi *sic transit gloria mundi* – tema bem machadiano. Porém, o conteúdo das ideias de Coelho, tanto quanto a maneira como explora certas emoções básicas, fazem dele de certo modo um contraMachado, um antípode dele. Coelho celebra "a utopia" que cada qual procura e incorpora, segundo ele, e conta várias lendas e histórias, todas com o mesmo teor inspiracional, que é a razão primordial da sua popularidade mundial. Coelho falou também da busca pelo "sentido da vida" – e afirmou que agora entende que ninguém pode esperar chegar a uma resposta nessa vida. Acrescentou que todos que ocuparam aquela cadeira 21 antes dele também buscavam um sentido da vida, "mas souberam transformar seus passos em manifestações de amor ao próximo". Elogiando cada um de seus precursores, Coelho reconheceu neles "impulsos autênticos, apesar de contrários".

É esse modo de Coelho dispensar a realidade que muitos acadêmicos, do passado e do presente, não apreciam no projeto e nas realizações de Coelho. Mas todos os seus precursores mereceram, segundo Coelho, participar do que ele chama "a cadeira de utopia" – pois cada um tinha um sonho. Foi uma palestra tipicamente coelhiana, em que cita várias figuras como são Paulo e Martin Luther King Jr., associando a própria produção literária à vida de King, que, tal como o próprio Coelho, lembrou os diversos sentidos da palavra "amor", que o autor então explicou em detalhe.

Machado teria morrido de vergonha se falasse desse jeito, com tantas banalidades, aos colegas. Julgando pelo que dizia, ele nunca teria visto um discurso de posse na ABL como ocasião para uma palestra inspiracional do gênero de livros de autoajuda. É verdade que esse gênero, atualmente, ocupa um nicho do mercado bastante popular e cada vez mais especializado, dividido em dezenas de subnichos, cada um dirigido a uma identidade ou problema específicos – ou a ambos. Quanto a mim, não é todo dia que posso enfrentar algumas linhas como as com que Machado termina aquele livro brilhante que é *Memórias póstumas de Brás Cubas*, um livro irônico, subversivo, sempre cheio de surpresas e paradoxos: "[...] ao chegar a este outro lado do mistério, achei-me com um pequeno saldo, que é a derradeira negativa deste capítulo de negativos: – Não tive filhos, não transmiti a nenhuma criatura o legado da nossa miséria".

Brás Cubas talvez não; mas Machado, sim. E nós o entendemos, e entendemos também a beleza dessas linhas agridoces. É por isso que estamos aqui hoje.

A França que nos legou Machado de Assis*

Jean-Michel Massa

Nunca me senti só ou estrangeiro no Brasil. Nem mesmo na primeira vez em que atravessei o Atlântico, há quase meio século – 48 anos, para ser mais exato.

Era, aliás, um Brasil alegre que eu descobria, o de Juscelino Kubitschek. Em 1960, ele ia construir Brasília. Um cruzeiro valia três dólares. Que oportunidade!

Não me senti estrangeiro, ao menos por duas razões. Fui imediatamente acolhido, adotado. Com efeito, era já Machado de Assis que me servia de sésamo, de passaporte. A um estrangeiro que falava português e acabava de fazer uma tese sobre Machado de Assis, abriam-se todas as portas, todos os corações. Com rapidez fiz amigos; era jovem.

* * *

Mas voltemos à nossa proposta. Hoje, aqui, volto a ser estrangeiro, pois é nesta qualidade que vou encerrar este colóquio e agradeço à UNESP por me conceder tal honra. Meu amigo Roberto Schwarz abriu-o com competência e elegância. Em nome dos nu-

---

* Tradução de Cícero Alberto de Andrade Oliveira.

merosos estrangeiros – da América do Sul, do Norte, da Europa – que participaram dessa reunião internacional e que represento aqui hoje, deles vou expressar a admiração, o olhar, a gratidão. Desejo ressaltar algumas perspectivas, às vezes novas, e insistir num fato novo. Machado de Assis é cada vez menos um estrangeiro fora de seu país. A cada ano que passa ele se torna mais universal. Mas, movimento inverso, é o olhar de Machado de Assis para o exterior, para um país estrangeiro, que vou evocar. Donde o meu título: "A França que nos legou Machado de Assis". Neste simples enunciado há material para várias obras, várias teses.

Poderíamos estudar outros países: os da América Latina, os Estados Unidos e, na Europa, ao menos a Inglaterra, a Alemanha e a Itália. Sem esquecer Portugal, é evidente. A crítica está muito atrasada no estudo das relações, ou melhor, das ligações entre Machado de Assis e este país, irmão, ou primo. Joaquim Maria é filho de uma portuguesa – o que não é pouco; além disso, não há somente Portugal; se me permitirem a expressão, há o Porto! É a cidade em que Carolina nasceu e na qual ele teve, durante toda a vida, diversos amigos: Artur Napoleão, António Moutinho de Sousa, Faustino etc.

Machado de Assis legou-nos, ou melhor, construiu uma imagem pessoal para cada um desses países, imagem do patrimônio, da cultura, da literatura deles. Voltaremos a esse ponto quando evocarmos sua biblioteca. Dez línguas e culturas, por ordem alfabética: alemão, espanhol, francês, grego, inglês britânico e americano, italiano, latim e, ainda em ordem alfabética, português americano e europeu.

* * *

Mas limitemo-nos à França. Talvez o assunto mais vasto, pois, no século XIX, a França, sua literatura, sua língua por intermédio das obras traduzidas, numa palavra, sua cultura, ocupa um lugar eminentemente central e único no mundo. Não o lugar do inglês americano e europeu hoje, que domina os negócios e uma forma específica da cultura (principalmente por meio da imagem), mas o que se chamou de francomania, tema amplo que não esgotaremos, porém ao qual Machado de Assis nos conduzirá. É necessário lembrar que no século XIX, na capital do Brasil e nas raras grandes cidades brasileiras (que eram três: Salvador, na Bahia, Recife e São Luís – São Paulo ainda era uma pequena cidade de 50 mil habitantes), vivia-se à luz da França. Com rapidez, não lhes darei exemplos, mas algumas palavras, alguns nomes: o nome de uma rua, rua do Ouvidor, bem como suas inúmeras butiques francesas, e também: moda, chapéus, roupas, comida, gastronomia, livros, livrarias, joalheria, renda, floristas, vinhos. Digamos, mas ainda sem traduzir para o português, *cocottes*!

Na Corte imperial, falava-se muito em francês, havia muitos jornais franceses (*L'Écho du Brésil* [O Eco do Brasil], *L'Écho de l'Atlantique* [O Eco do Atlântico] etc., mas, sobretudo, *Le Courrier du Brésil* [O Correio do Brasil], que vai reservar uma rara surpresa ao nosso jovem escritor, mas não nos adiantemos), trupes de teatro francesas. Uma conversa célebre e essencial que Machado teve com a grande atriz Sarah Bernhardt, podemos resumi-la numa frase: "Senhora, a beleza das paisagens não é o essencial".

No Brasil e na França, numerosos estudos examinaram, mensuraram essa presença que, aliás, é antiga, desde Villegaignon e a França Antártica, e não somente no Rio – não esqueçamos o Maranhão. Mas voltemos ao tema: a França que nos legou Machado de Assis.

* * *

A matéria é tão vasta que limitaremos nossa proposta a alguns pontos precisos para elucidar o debate, dado não podermos esgotá-lo.

Primeiro, a língua, seu aprendizado, quanto a conhecia. E comecemos pela conclusão. Machado de Assis é, com certeza, um escritor lusófono e lusógrafo, mas, talvez vocês não soubessem, também é um escritor francófono e francógrafo. R. Magalhães Jr. conseguiu uma fórmula precisa, pois fala de *bilinguismo* em Machado de Assis.

Um erro grave construído por Lúcia Miguel Pereira há bastante tempo, mas ainda repetido pela crítica, sugere que o jovem rapaz teria aprendido francês com o aprendiz de padeiro do estabelecimento numa padaria francesa, cuja proprietária seria uma certa madame Gallot. Mas essa senhora, seu aprendiz e o estabelecimento não existem. Em nenhum dos almanaques *Laemmert* (e outros) da juventude do escritor esse nome aparece. Após a morte de Machado de Assis circularam afirmações infundadas sobre ele, e essa é uma delas. Ela se insere num outro anacronismo divulgado sobre ele, o de uma infância infeliz: *moleque*, *molequinho*; nem chegamos a dizer *pivete*! Partiu-se de um erro de avaliação e de julgamento, o de pensar que as personagens das obras são sósias, clones do escritor, principalmente durante a juventude. É um julgamento grave, mas também pueril, que privaria nosso (e qualquer) escritor de uma capacidade, de um poder (que, de modo contraditório, lhe é, aliás, reconhecido): o de criar, de imaginar – base da ficção.

Mas voltemos ao que sabemos, aos fatos precisos da infância e da juventude de Machado de Assis. Um lugar, que ainda existe, o Morro do Livramento, onde ele nasceu e viveu muitos anos. Tratava-se da propriedade de uma velha senhora, viúva do general Bento Barroso Pereira, que a havia recebido do marido. Era uma pessoa idosa, sem filhos, pertencente a um meio que também utilizava o francês, não há dúvidas. Os pais do futuro escritor com certeza eram empregados dessa grande propriedade, que se estendia do Morro do Livramento até um pouco depois da atual estação Central do Brasil. Mas seus pais sabiam ler e escrever. Há várias assinaturas de sua mãe encontradas em atas oficiais; o pai recebia o *Almanaque Laemmert*: o nome dele consta na lista de assinantes, que não era muito extensa, durante dois anos. Num Império em que a porcentagem de analfabetos era significativa (70% a 80%), é um sinal indiscutível de que sua família, desde a primeira metade do século XIX (o escritor nasceu em junho de 1839), pertencia já a um grupo privilegiado, socialmente bem-educado, apesar de a família ser pobre. Mas a crítica brasileira, na falta de uma abordagem histórica satisfatória, pela imprensa em particular, tem um olhar anacrônico sobre o período.

O escritor permanecerá pobre a vida inteira. Será escravo do trabalho, escravo de sua pena. Em vida, publicou trinta volumes, mas escreveu outros que não foram retomados, quase na mesma quantidade. Na ocasião de seu casamento, terá problemas financeiros e precisará pedir emprestado a este ou àquele amigo, a Ramos Paz, por exemplo. Até o enxoval foi oferecido ao jovem casal. No sentido etimológico do termo, são proletários, isto é, aqueles que vivem apenas dos frutos de seu trabalho.

***

Voltemos à língua francesa. Como lembramos, Machado de Assis é também um escritor de língua francesa. Com relação à língua portuguesa, não serei eu a atribuir-lhe esta ou aquela medalha, ou uma recompensa; além das obras (chegaremos a elas em breve), há uma série de correspondências em francês com seu segundo editor, B. L. (Baptiste Louis) Garnier, um dos irmãos da família Garnier que se estabeleceu no Brasil, a quem chamavam, de forma bem-humorada, de o "bom ladrão Garnier". Machado de Assis, só em 1869, aos trinta anos, assina cinco contratos.

Foram pouco estudadas as ligações de Machado de Assis com o dinheiro; Garnier pagava pouco, Garnier pagou pouco; mas, salvo engano, foi o único a pagar direitos autorais numa época em que isso era raro ou pouco frequente.

Reflitamos sobre o trabalho intelectual; o de escritor era respeitado por alguns; Alencar, por exemplo, era funcionário público e permanecia incógnito, anônimo. Como muitos escritores pertenciam a uma classe social abastada, não se via como justo ou útil retribuir-se financeiramente essa atividade. Na França, Balzac, mal pago por seus romances, foi escravo da pena. O jornalismo, remunerado de maneira mesquinha, era o único caminho. Foi o caso de Joaquim Maria e é preciso lembrar as centenas de crônicas, de artigos de jornais. E depois veio o funcionalismo público, caminho que trilhou também. Falta um estudo sobre Machado de Assis e o dinheiro, sobre suas finanças. Indicamos o estudo, útil, pioneiro, de Gustavo Franco (2007). Hoje, nos limitaremos a Machado de Assis e à França...

Machado de Assis, deixemos de lado sua correspondência e seus contratos, escreveu obras, poemas, pastiches em francês. Uma boa dezena. Lembremo-nos somente de *Un vieux pays*, em 1869. Ele está presente nas *Falenas*. Pouco tempo depois, Joaquim Serra fez uma tradução. Para alguns, os quatro quartetos lembram *Les fleurs du mal* [As flores do mal] de Baudelaire, publicadas em 1857. Victor Orban, um dos primeiros apreciadores da obra de Machado de Assis na França, escrevia sobre esse poema em 1909, logo após a morte do escritor: são estrofes sofisticadas e de irrepreensível feitura. Escutemos este poema:

Un vieux pays

Il est un vieux pays, plein d'ombre et de lumière,
Où l'on rêve le jour, où l'on pleure le soir;
Un pays de blasphème, autant que de prière,
Né pour le doute et pour l'espoir.

On n'y voit point de fleurs sans un ver qui les ronge,
Point de mer sans tempête, ou de soleil sans nuit;
Le bonheur y paraît quelquefois dans un songe
Entre les bras du sombre ennui.

L'amour y va souvent, mais c'est tout un délire,
Un désespoir sans fin, une énigme sans mot;
Parfois il rit gaîment, mais de cet affreux rire
Qui peut-être qu'un sanglot.

On va dans ce pays de misère et d'ivresse,
Mais on le voit à peine, on en sort, on a peur;
Je l'habite pourtant, j'y passe ma jeunesse...
Hélas! ce pays, c'est mon cœur.[1] (*Falenas*)

---

1 [Um velho país

É um velho país, de luz e sombras,
Onde o dia traz o pranto, e a noite, a cisma;
Um país de orações e de blasfêmia,
Nele a crença na dúvida se abisma.

Machado de Assis, escritor francófono, foi um precursor. Lembremos, sem sermos exaustivos, que uma boa quantidade de escritores brasileiros escreveu em francês: Alphonsus de Guimaraens, Joaquim Nabuco, Gonçalves Crespo, Cruz e Sousa, Olavo Bilac e, mais próximo a nós, Manuel Bandeira (obviamente), Jorge de Lima, Graciliano Ramos, Murilo Mendes.

Mas a prova mais convincente das ligações com a língua francesa é bem mais antiga. Eis dois exemplos, e o segundo é praticamente desconhecido. Ele é republicado aqui pela primeira vez.

Com vinte anos e um mês, em janeiro de 1859 (data do manuscrito), o poema é escrito num francês quase perfeito em decorrência do nascimento do filho de um exilado francês, fotógrafo e litógrafo, Victor Frond, que desembarcou no Brasil em 1858, exilado político, pois, assim como Victor Hugo, havia se oposto ao príncipe-presidente, o futuro Napoleão III. Foi o iniciador do *Brésil littoresque*, um panorama do Império escrito por Charles Ribeyrolles, que também era liberal e exilado político.

Esse poema, em alexandrinos, quatro estrofes, já em quartetos, foi exumado e republicado nos *Dispersos de Machado de Assis* (1965). O livro está esgotado, portanto podemos republicar este belo texto:

Aí mal nasce a flor o verme a corta,
O mar é um escarcéu, e o sol sombrio;
Se a ventura num sonho transparece
    A sufoca em seus braços o fastio.

Quando o amor, qual esfinge indecifrável,
Aí vai a bramir, perdido o siso...
Às vezes ri alegre, e outras vezes
    É um triste soluço esse sorriso...

Vive-se nesse país com a mágoa e o riso;
Quem dele se ausentou treme e maldiz;
Mas, aí, eu nele passo a mocidade,
    Pois é meu coração esse país!]

A Ch. F., filho de um proscrito

Il est beau. Dans son front où la grâce rayonne,
Il porte tout un monde embaumé, pur et gai.
La nature y étale une fraîche couronne;
C'est la molle beauté des blanches fleurs de mai.

Au matin de son jour il ouvre sa paupière,
Où se berce en domant son délicat esprit,
Aux baisers de l'amour, aux regards de sa mère,
À tout ce qui lui parle et lui chante et lui rit.

Un charmant avenir l'attend là-bas, peut-être,
Au couchant de ce siècle où tout parle et combat,
Qui sait? Dans le moment où l'enfant vient de naître
L'oppression pâlit – l'ostracisme s'en va...

Eh bien! fils de proscrit – c'est un cœur plein de flammes
Qui te parle penché dans ton ciel odorant:
Tu seras un croisé dans le combat des âmes;
C'est moi qui le prédis – moi, tête de vingt ans![2]

Machado de Assis
(Correio Mercantil, Rio, 21.7.1859).

---

2 [A Ch. F., filho de um proscrito

Ele é belo. Em sua fronte, onde a graça resplende,
Todo um mundo perfumado, puro e alegre ele leva.
A natureza uma fresca coroa nele estende;
Das flores de maio é a tenra beleza alva.

Na manhã de seu dia, a pálpebra ele abre,
Onde seu delicado espírito embala-se a dormir,
Sob os beijos do amor, de sua mãe, os olhares,
A tudo o que lhe falar e cantar e sorrir.

Tais elementos mostram a amizade de Machado com liberais franceses exilados, uma simpatia recíproca que se manifesta por meio das trocas, dos encontros. Para esse nascimento, há um poema de Ribeyrolles, cinco quartetos, imediatamente traduzidos por nosso jovem poeta. O texto é importante, pois é a quinta tradução de Machado de Assis (ele também está presente em nossos *Dispersos*). Para ele, a língua francesa é não apenas escrever, mas também traduzir. Remetemos a *Machado de Assis tradutor*, publicado em 2008 pela Crisálida, no qual são estudadas as por volta de cinquenta traduções assinadas pelo escritor. Traduzir é também ganhar o dinheiro de que ele precisava. No poema ao proscrito Ch. Ribeyrolles, também republicado sob nossos cuidados em 1965, há um canto de simpatia e amizade por aquele que ele chama de seu *irmão*. Machado louva a recente chegada ao Brasil (junho ou julho 1858), após um exílio de dez anos na Bélgica e em Jersey. Uma reunião em janeiro de 1859 com os amigos liberais franceses foi essencial para a aventura francófona e francófila de Machado de Assis. De fato, foi quando ele conheceu o futuro e já citado editor, Garnier.

Nessa aventura, é preciso lembrar que o autor foi um dos tradutores do *Brésil Pittoresque*, mas ignora-se a participação dele na equipe que realizou o trabalho. Encontramos muitos erros; mas essa síntese é, junto com *Le Voyage pittoresque et historique au Brésil* [Viagem pitoresca e histórica ao Brasil] de Jean-Baptiste Debret, um dos livros-chave do Brasil do século XIX, mais antigo, já que data de 1831.

Charles Ribeyrolles, que vivia em Niterói, onde, aliás, está enterrado no cemitério de Marui, morreu em 1º de junho de 1860. Assim

---

Um porvir encantado espera-o ali, quiçá,
No ocaso deste século em que tudo fala e combate,
Quem sabe? No momento em que nascer a criança
A opressão empalidece – o ostracismo parte...

Então! Filho de proscrito – é um coração pleno de chamas
Quem te fala curvado no oloroso céu teu:
Serás um cruzado no combate das almas;
Quem o prediz – um garoto de vinte anos – sou eu!

como no caso das ligações de Machado de Assis com o dinheiro, seria necessário revisitar, na imprensa particularmente, a importância de sua atuação no Brasil. Ele havia publicado, em francês, *Souvenirs d'exil* [Lembranças do exílio]. É preciso reler o magnífico epitáfio gravado no túmulo, epitáfio de Victor Hugo, o amigo de exílio:

> Il accepta l'exil, il aima les souffrances;
> Intrépide, il voulut toutes les délivrances;
> Il a servi tous les droits par toutes les vertus,
> Car l'Idée est un glaive et l'Âme est une force;
> Et la plume de Wilberforce
> Sort du même fourreau que le fer de Brutus.[3]

O epitáfio fora pedido a Victor Hugo por alguns amigos liberais brasileiros: Teófilo Ottoni, Francisco Otaviano, Saldanha Martinho, Quintino Bocaiúva, Victor Frond. Uma subscrição pública pagou o monumento. Eis a carta:

Victor Hugo aux brésiliens

Ribeyrolles est allé à votre pays et a écrit sur vous un beau livre, livre digne de votre noble nation, de votre illustre histoire, de votre admirable pays. Il signala avec un enthousiasme sympathique votre ascension chaque fois plus lumineuse vers tous les progrès. Fraternellement, et au nom de la démocratie et de la civilisation, il vous a fait justice. Plusieurs des pages de son livre sont comme des tables de marbre sur lesquelles se trouve écrite votre gloire et annoncé votre avenir. Il est mort en complétant cet ouvrage; il est mort proscrit, il est mort pauvre. Vous aviez, peuple brésilien, une dette envers lui; vous avez voulu la payer avec une noble magnificence.

---

3 [Aceitou o exílio, amou as dificuldades;
Intrépido, quis todas as liberdades;
A todos os direitos por todas as virtudes serviu
Pois a Ideia é uma espada e a Alma, uma força
E a pena de Wilberforce
Da mesma bainha que o ferro de Brutus saiu.]

Ribeyrolles avait élevé un monument au Brésil; le Brésil, élève un monument à Ribeyrolles. Honneur à vous! Recevoir ainsi et payer ainsi c'est être deux fois admirable.

Vous voulez une épitaphe pour cette tombe, et c'est à moi que vous vous adressez; vous voulez mon nom pour ce monument. J'estime profondément l'honneur que vous me faites, je vous remercie.

Dès que l'histoire existe, deux sortes d'hommes dirigent l'humanité: les oppresseurs et les libérateurs. Les uns la dominent par le mal, les autres par le bien. De tous les libérateurs, le penseur, est l'efficace; son action m'est jamais violente. De toutes les forces, la plus douce, donc la plus grande, c'est l'esprit. L'esprit frappe mortellement le mal. Les penseurs émancipent le genre humain. Ils souffrent, mais ils triomphent. C'est en se sacrifiant qu'ils arrivent à sauver les autres. Ils peuvent mourir dans l'exil, qu'importe? Leur idéal leur survit et l'œuvre de la liberté que pendant leur vie ils ont commencée se prolonge après leur mort.

Charles Ribeyrolles était un libérateur. Son but était l'émancipation de tous les peuples et de tous les hommes. Il n'a eu qu'une simple ambition, celle de voir l'humanité libre et tous les peuples fraterniser.

Ce fut cette idée fixe qui l'a mené à la proscription et à la gloire.

C'est ce que j'ai tâché d'indiquer dans les six vers que je vous envoie, et que vous pouvez graver sur sa tombe si vous le voulez.

Quant à moi, heureux de l'invitation que vous m'avez adressée, je m'empresse de vous répondre. Vous êtes des hommes de sentiments élevés, vous êtes une généreuse nation. Vous avez le double avantage d'une terre vierge et d'une race antique. Un grand passé historique vous rattache au continent civilisateur: vous réunissez la lumière de l'Europe au soleil de l'Amérique. C'est au nom de la France que je vous glorifie.

Ribeyrolles l'avait déjà fait avant moi.

Il vous avait salué de toute son éloquence; il vous applaudissait et il vous aimait. Vous honorez sa mémoire: c'est beau, c'est noble ce que vous faites. C'est la grande fraternité qui s'affermit ainsi; c'est la rencontre de deux mondes sur la tombe d'un proscrit; c'est la main du Brésil serrant la main de la France à travers l'Océan!

Que tous remercient Ribeyrolles, en effet, vous appartient autant qu'à nous. Les hommes comme celui-là appartiennent à tout le monde. La même proscription qui les frappe a la vertu de rendre plus lumineuse la communauté universelle ; et lorsque les despotes leur arrachent la patrie, il est beau que les peuples leur donnent une tombe.

Je vous salue, et suis votre frère.[4]

Guernesey, Hauteville-House, 4-11-1860

VICTOR HUGO

Com Ribeyrolles, Frond, Garnier, Machado de Assis só podia se expressar na língua de Molière – era obrigatório. Nossos compatriotas [franceses] ignoravam o português. Outra interrogação: não se sabe como Machado de Assis falava francês. Era bom em línguas?

---

4 Victor Hugo aos brasileiros

Ribeyrolles foi para vosso país e escreveu um belo livro sobre vós, livro digno de vossa nobre nação, de vossa ilustre história, de vosso admirável país. Ele assinalou com entusiasmo simpático vossa ascensão cada vez mais luminosa rumo ao progresso. Fraternalmente e em nome da democracia e da civilização, ele vos fez justiça. Diversas páginas de seu livro são como tábuas de mármore sobre as quais se encontra escrita vossa glória e anunciado vosso porvir. Ele morreu ao completar esta obra; ele morreu proscrito, ele morreu pobre. Tínheis, povo brasileiro, uma dívida com ele; quisestes pagá-la com uma nobre magnificência.
Ribeyrolles erguera um monumento ao Brasil; o Brasil ergue um monumento a Ribeyrolles. A vossa honra! Receber assim e pagar assim é ser duas vezes admirável.
Quereis um epitáfio para este túmulo e é a mim que vos dirigis; quereis meu nome para este monumento. Aprecio profundamente a honra que me concedeis, agradeço-vos.
Desde que a história existe, dois tipos de homens dirigem a humanidade: os opressores e os libertadores. Uns dominam pelo mal, outros, pelo bem. De todos os libertadores, o pensador é o eficaz; sua ação nunca é violenta. De todas as forças, a mais doce, portanto a maior, é o espírito. O espírito golpeia mortalmente o mal. Os pensadores emancipam o gênero humano. Eles sofrem, mas triunfam. É sacrificando-se que eles conseguem salvar os outros. Eles podem morrer no exílio, o que importa? Seu ideal sobrevive a eles e a obra da liberdade, que eles começaram durante a vida, prolonga-se depois de sua morte.
Charles Ribeyrolles era um libertador. Seu objetivo era a emancipação de todos os povos, de todos os homens. Tinha apenas uma simples ambição, a de ver a humanidade livre e todos os povos confraternizarem.
Foi essa ideia fixa que o levou à proscrição e à glória.
É o que tratei de indicar nos seis versos que vos envio, e que podeis gravar em seu túmulo se quereis.

Tinha sotaque? Mistério que permanecerá para sempre. Assim como o mistério de saber se era ele ou Carolina (ou os dois) que era estéril...

* * *

Mas, agora, um furo, que não se trata da admiração de Machado de Assis pela França, mas exatamente o contrário: a admiração da França por Machado de Assis.

É uma espécie de milagre – ou de miragem – publicada no *Courrier du Brésil* (15.9.1861). Ele é citado no excelente *Roteiro de Machado de Assis*, de Ubiratan Machado, mas não é transcrito. Desde 1969, tínhamos feito referência a este texto em francês. Machado de Assis traduziu por volta de cinquenta textos franceses (falaremos deles em breve), mas, nessa publicação semanal, eis o contrário: está presente a admiração do diretor do semanário, Adolphe Hubert, e a tradução para o francês de um longo excerto de *Desencantos* (Segunda parte, cena VII). Machado de Assis é apenas um garoto – tem pouco mais de 22 anos. Imaginemos sua dupla satisfação: a divulgação do volume na imprensa (4.9.1861) e, alguns dias mais tarde, no dia 15 do mesmo mês, o texto em francês que vamos ler e que é republicado pela primeira vez em um século e meio. Machado de

---

Quanto a mim, feliz com o convite que me dirigis, apresso-me em responder-vos. Sois homens de sentimentos elevados, sois uma generosa nação. Tendes a dupla vantagem de uma terra virgem e de uma raça antiga. Um grande passado histórico liga-vos ao continente civilizador: reunis a luz da Europa ao sol da América. É em nome da França que vos glorifico.
Ribeyrolles fizera-o já antes de mim.
Ele vos saldara com toda a eloquência; ele vos aplaudia e vos amava. Vós honrais sua memória: é belo, é nobre o que fazeis. É a grande fraternidade que se enrijece assim; é o encontro de dois mundos no túmulo de um proscrito; é a mão do Brasil apertando a mão da França através do Oceano.
Que todos agradeçam Ribeyrolles, com efeito, ele vos pertence tanto quanto a nós. Homens como este pertencem a todo o mundo. A mesma proscrição que os golpeia tem a virtude de tornar mais luminosa a comunidade universal; e quando os déspotas arrancam-lhes a pátria, é belo que os povos deem-lhes um túmulo.
Saúdo-vos e sou vosso irmão.

Assis celebrado e traduzido num artigo na primeira página do mais célebre periódico semanal francês. A tradução ocupa toda a primeira e uma parte da segunda página; o comentário é particularmente elogioso. Ele, jovem autor francófono, é traduzido para a língua de Ribeyrolles e de Victor Hugo!

Ousaremos falar algo dessa tradução? Sejamos maliciosos, quase maldosos: ela é excelente. Melhor, talvez, que o original...

Três observações sobre o texto; é difícil ler esta *Fantasia dramática*, que foi republicada somente três vezes nas edições Jackson, Serviço Nacional de Teatro (1982) e por J. R. Faria. Mario de Alencar, em 1910, na edição Garnier, declarava-a como perdida. Aliás, não é seu único erro, dado que no mesmo volume do *Teatro* ele se enganava ao escrever que a *Queda que as mulheres têm para os tolos* era uma peça de teatro que também estava perdida. Nem a edição Aguilar (em três volumes) a inclui nos segundo volume (apesar do título *Obra completa*), assim como a edição mais recente da Globo que nomeia o conjunto com um título no plural, *Obras completas*, mas igualmente equivocado e inexato.

Segunda observação, o texto em francês que vamos ler tem outro mérito: o de reproduzir uma epígrafe da citação de Ovídio em *Desencantos*, aliás, bem traduzida. A epígrafe apresenta vários problemas, mas vai fazer avançar nossa proposta. Ela não consta em nenhuma das edições de *Desencantos*. Um detalhe, um erro no latim: é preciso ler *Scilicet*, e não *Scilicat*. Encontramos o verso na vasta produção de Ovídio (estima-se por volta de dez textos eróticos ou sobre o amor – *Amores, Heroides, Fasti Remedia Amoris Ars Amatoria*)[5] justamente nessa obra. Ele aparece no terceiro livro, verso 545.

Mesmo que a epígrafe seja do diretor do *Courrier du Brésil*, o verso cruza, em diversos pontos, Machado de Assis. Ele recebeu, é verdade, um ano mais tarde, em 1862, a *Arte de amar*, tradução de Antonio Feliciano de Castilho em número igual de versos, volume

5 A *Ars Amatoria* tem três livros: os dois primeiros são dedicados aos homens; o terceiro evoca os meios que as mulheres empregarão para agradá-los durante muito tempo.

com os outros dois da série (tomos II e III), acompanhados da bela dedicatória: "A J. M. Machado d'Assis, o poeta d'alma e esperançoso ornamento das letras do Brasil. O. Antonio Feliciano de Castilho e José Feliciano de Castilho".

É o número 70 de nosso inventário (La bibliothèque ..., 1961, p.21-22). De fato, a epígrafe ilumina *Desencantos*, menos por aproximá-lo da *Queda* (que a crítica apresenta como inspiradora da primeira peça do autor) do que por insistir no conteúdo divertido, irônico, sugerido pelo título e pelo texto, uma espécie de *boutade*, já que o amante rechaçado recebe uma compensação, uma recompensa desposando a filha, Clara. Notemos a homonímia e a "piscadela" do autor, o nome idêntico para a mãe e a filha. É uma explicação indireta sobre as intenções do autor que a epígrafe nos fornece. Nada de muito sério, exceto que o espírito sempre ganha. A *Queda* era incitativa; o herói de *Desencantos*, bicheiro, ganhou o bicho que já existia.

N. 37 RIO DE JANEIRO, 15 DE SEPTEMBRE DE 1861 3eme ANNÉE

COURRIER DU BRÉSIL

POLITIQUE – LITTÉRATURE – REVUE DES THÉÂTRES – SCIENCES ET ARTS – INDUSTRIE – COMMERCE
CE JOURNAL PARAÎT TOUS LES DIMANCHES

RÉDACTEUR-GÉRANT-RESPONSABLE, AD. HUBERT BUREAU: RUA DO OUVIDOR, N. 112

RIO DE JANEIRO: Un trimestre 3$000, six mois 6$000, un an 12$000 – PROVINCES: Un trimestre 3$500, six mois 7$000, un an 14$000

COURRIER DU BRÉSIL

SOMMAIRE
CHRONIQUE LITTÉRAIRE – NOUVELLES DE LA SCIENCE – CHRONIQUE ÉTRANGÈRE – NOUVELLES DIVERSES – MODES – POÉSIES – GAZETTE POUR RIRE – VARIÉTÉS – COMMUNICATIONS – COMMERCE

Chronique Littéraire

DESENCANTOS, FANTAISIE DRAMATIQUE PAR MACHADO DE ASSIS

Silicat ingenium placida mollitur ab arte.
(Ovide)

L'art paisible que nous cultivons adoucit notre caractère

La brochure qui a pour titre *Désenchantements* contient un morceau littéraire d'une valeur réelle, pour l'époque. C'est l'image naïve de la vie du cœur telle qu'on la mène aujourd'hui, dans la zone commune, entre le cloaque des Corrina et des Phrynés, hors de l'élément ruisselant d'or, de chamarres et de de boue où se débattent les grands criminels du grand monde. Les personnages ne sont pas des bourgeois, mais ce ne sont pas des princes. Nous faisons sentir cette nuance pour indiquer le soin qu'a mis l'auteur a choisir le milieu que doit animer son dialogue.

Clara, veuve d'un colonel, jolie sans doute, puisqu'elle a des amoureux, Pedro Alves, négociant, bel homme, fort et positif – il fait lui-même sont portrait – et Luiz jeune poète fantaisiste sont les trois héros de Mr. Machado de Assis.

Pedro Alves, le lecteur s'en doutera, va droit au but et épouse réellement la belle veuve qui, d'ailleurs, n'as pas de temps à perdre.

Luiz pour se consoler de ce désenchantement vole vers l'orient sur des nuages d'éther et d'azur. Il veut se faire mahométan.

Cinq ans se passent.

Clara bien qu'elle se sente plus mariée que jamais ne peut cacher son étonnement en retrouvant l'ex-rival de son époux complètement ramené aux idées de son siècle et plus chrétien que jamais. Car Luiz n'avait trouvé en orient que des ombres au lieu des rayons qu'il y cherchait, et désenchanté encore une fois il avait pris le réel corps à corps: il voulait se marier, et vite.

Pendant que notre poète escaladait des cieux imaginaires pour retomber toujours aux pieds des houris mortelles, Pedro Alves avait fait son chemin et, fortuné convive, engraissait visiblement, en qualité de député, à l'ombre de la majorité et au banquet des conservateurs.

Luiz de retour de son pèlerinage envia le sort et l'embonpoint de Pedro Alves et lui demanda en mariage la fille de Clara: Clara, la veuve du colonel, avait une fille, élevée loin du monde et que Luiz convoitait. Pedro donne son consentement, mais il faut obtenir celui de Clara. La situation est délicate: demander en mariage la fille de la femme qu'on a jadis adorée, et après cinq ans d'absence.

L'auteur a su rendre cette scène intéressante comme on va en juger.

LUIZ – Il me semble que je vais au combat.

CLARA – Ah ! Je n'espérais pas vous voir.

LUIZ – J'étais avec Mr. Pedro Alves. Il vient de partir pour la chambre. Écoutez: le bruit de la voiture.

CLARA – Vous vous êtes dit beaucoup de choses?

LUIZ – Peu de chose, madame.

CLARA – En bons amis?

LUIZ – Comme d'excellents amis.

CLARA – Vous lui avez raconté votre voyage?

LUIZ – J'ai déjà eu l'honneur de vous dire, madame, que mon voyage demandait beaucoup de temps pour être raconté.

CLARA – Écrivez-le, alors. Il y a donc beaucoup d'épisodes?

LUIZ – Des épisodes de voyage à peine, mais qui ont toujours le mérite de la nouveauté.

CLARA – Votre récit brillera par l'imagination, par les beaux caprices de votre fantaisie.

LUIZ – C'est mon péché mignon.

CLARA – Péché?

LUIZ- L'imagination.

CLARA – Je ne vois pas de péché en cela.

LUIZ – La fantaisie est un verre de couleur, un prisme brillant, mais menteur...

CLARA – Je ne me souviens pas de vous avoir dit cela.

LUIZ – Aussi, madame, ne dis-je pas que vous me l'eussiez dit.

CLARA – C'est mal d'arriver au désert, seulement pour me rappeler quelques mots qui m'ont échappé il y a cinq ans.

LUIZ – Je les ai répétés comme venant d'une autorité. N´étai-ce pas votre opinion?

CLARA – Si vous voulez que je monte, je réponds affirmativement.

LUIZ – Allons, vraiment, vaut-il la peine de s'élever au dessus des esprits vulgaires et de voir la réalité des choses par la porte de l'imagination?

CLARA – Si cela vaut la peine! La vie serait bien prosaïque si vous ne lui prêtions nos couleurs et si nous ne la revêtions à notre façon.

LUIZ- Pardon, mais ...

CLARA – Vous pouvez me qualifier de suspecte, vous êtes dans votre droit. Nous autres femmes sommes filles de la fantaisie; il est nécessaire de tenir compte que je prends la défense de la mère commune.

LUIZ – Vous me faites croire aux miracles.

CLARA – Où est le miracle?

LUIZ – En votre conversion, madame.

CLARA – Doutez-vous que je vous dise vrai?

LUIZ – Je crois que c'est aussi vrai aujourd'hui que cela l'était il y a cinq ans, et en cela qu'est le miracle de la conversion.

CLARA – Que ce soit une conversion! Je ne dois pas moins féliciter la brebis égarée qui revient au bétail. Les hommes se sont tout approprié et n'ont laissé aux femmes que les régions de l'idéal. Les femmes y gagnent. Pour la plupart d'entr'elles l'idéal du bonheur est une vie calme, au milieu des fleurs, au pied d'un cœur qui palpite. Elles rêvent au parfum des fleurs; aux flots écumants de la mer, aux rayons de la lune et à tous les accessoires de la poésie moderne. Ce sont des âmes délicates, incomprises et fort calomniées.

LUIZ – Ne défendez pas avec tant d'ardeur votre sexe, madame. C'est d'une âme généreuse, et non d'un génie observateur.

CLARA – Êtes-vous donc si mal avec lui?

LUIZ – Mal! Pourquoi?

CLARA – Que sais-je?

LUIZ – J'ai appris à le respecter, et quand cela ne serait pas, je sais pardonner.

CLARA – Pardonner! comme les rois, les offenses reçues par les autres.

LUIZ – Non, pardonner les propres offenses.

CLARA – Ah! Vous fûtes victime! J'ai bien envie de connaître votre bourreau. Comment se nomme-t-il?

LUIZ – Je n'ai pas l'habitude de me rappeler ces noms-là.

CLARA – Je remarque une chose.

LUIZ – Qu'est-ce?

CLARA – C'est qu'au lieu de revenir mahométan vous êtes revenu profondément chrétien.

LUIZ – Je suis revenu tel que j'étais: homme je suis parti, homme je suis revenu.

CLARA – Est-ce être homme qu'être cruel?

LUIZ – Cruel en quoi?

CLARA – Cruel, cruel comme tous les sont! La générosité humaine ne se borne pas à pardonner les fautes, elle va jusqu'à soulager le coupable. Sur ce dernier point je ne crois guère les hommes d'accord avec l'évangile.

LUIZ – C'est que les hommes qui ont constitué une expiation légale, consacrent aussi une expiation morale. Quand celle-ci n'a pas lieu, le pardon n'est plus un devoir, c'est une aumône faite à la conscience coupable , suffisante pour satisfaire aux préceptes de la charité chrétienne.

CLARA – Quelle est donc cette expiation morale?

LUIZ – C'est le remords.

CLARA – Connaissez-vous des notairesses qui passent des certificats de remords? C'est une expiation qu'on peut nier cependant exister.

LUIZ – C'est vrai. Mais pour les cas moraux il y a des preuves morales.

CLARA – Auriez-vous acquis cette rigidité au contact des arabes?

LUIZ – Ne trouvez-vous pas qu'il vaille la peine d'aller aussi loin pour l'acquérir?

CLARA – Certainement.

LUIZ – Pour m'aider ainsi à devenir un esprit solide.

CLARA – Esprit solide! Je n'ai pas trouvé cette espèce sur mon chemin.

LUIZ – En orient tout homme est poète et les poètes se passent bien de la gloire des esprits solides.

CLARA – Là l'imagination prédomine, n'est-ce pas?

LUIZ – Dans toute la force du terme.

CLARA – Tout me fait croire que vous avez rencontré l'exception tant désirée que... vous souvient-il?

LUIZ – Je l'ai rencontrée, mais l'ai laissé passer

CLARA – Oh!

LUIZ – Scrupule religieux, orgueil national, que sais-je?

CLARA – Cinq ans perdues!

LUIZ – Cinq années gagnées. Je les ai passées en me promenant pendant que ma violette s'élevait ici dans un jardin.

CLARA – Ah!... vive alors notre climat.

LUIZ – Après de longs jours de solitude, nous avons besoin de quelqu'un qui vienne partager nos joies et nos douleurs et arracher notre premier cheveu blanc.

CLARA – Ah!

LUIZ – N'est-ce pas?

CLARA – Mais quand pensant rencontrer la compagnie tant souhaitée on trouve l'ennui et l'insipidité incarnée dans l'objet de son choix?

LUIZ – Il n'en est pas toujours ainsi.

CLARA – Bien souvent. Prenez-garde!

LUIZ – Oh! De ce côté je ne puis pas me tromper.

CLARA – Mais où donc est cette fleur?

LUIZ – Vous voulez le savoir?

CLARA – Oui, et aussi son nom.

LUIZ – Oh! Son nom est bien beau. Elle s'appelle Clara.

CLARA – Merci! Est-ce que je la connais?

LUIZ – Autant que vous même.

CLARA – Suis-je son amie?

LUIZ – Comme de vous même.

CLARA – Je ne sais qui.

LUIZ – Abandonnons le terrain des allusions vagues; il vaut mieux parler franchement. Je viens vous demander la main de votre fille.

CLARA – De Clara!

LUIZ – Oui, madame. Je l'ai vue il y a deux jours; elle est belle comme l'adolescence. Elle révèle une expression de candeur si angélique qu'elle ne peut manquer de plaire à un homme d'imagination comme moi. Elle a de plus en avantage: elle n'a pas encore fait son entrée dans le monde, elle est pure de tout contact de la société, pour elle tous les hommes sont sur un même plan et son esprit ne peut encore faire de distinction entre l'esprit solide et l'homme idéal. Il lui est facile d'agréer l'un ou l'autre.

CLARA – Enfin! c'est la surprise à laquelle je m'attendais le moins.

LUIZ – Puis-je me considérer comme heureux?

CLARA – Oui. Quant à moi c'est décidé., mais je ne suis pas le maître de la maison.

LUIZ – Pedro Alves m'a déjà donné son consentement.

CLARA – Ah!

LUIZ – C'est sur ce sujet que roulait notre conversation.

CLARA – Je n'eusse jamais pensé que nous en arriverons à cette situation.

LUIZ – Je parle en parent, madame. Si vous n'avez pas eu assez de pénétration pour être ma femme, vous devez en avoir au moins assez pour être ma belle-mère.

CLARA – Ah!

LUIZ – Que voulez-vous? tous nous avons notre jour de désenchantement. Le mien s'est levé il y a cinq ans, et ce n'est pas mois qui suis désenchanté aujourd'hui.

Dans ce fragment de dialogue, qui forme à peu-près le dénouement de l'épisode on sent que Mr. Machado d'Assis a su parler à la fois au cœur et à l'esprit. Il n'a pas voulu faire de son poète une victime du sort, une de ces exceptions fatales qui, incomprises ou trompées une fois dans leur vie, se croient obligés de se livrer à un vice qui dévore, ou de se jeter dans l'isolement qui équivaut à la mort.

Cherchez et vous trouverez. Le poète de Mr. Machado d'Assis cherche un doux abri pour son âme et il le trouve.

Ce sentiment est peint dans les *désenchantements* avec une pureté qui repose l'esprit du lecteur. Mr. Machado d'Assis a fait en cela de l'art paisible dont parle Ovide et dont nous avons en si grand besoin aujourd'hui.

Depuis quelque temps la littérature nationale brésilienne semble avoir pris l'essor. Les travaux que nous enregistrons que nous enregistrons chaque jour le prouvent. Mais les genres ne se multiplient ni se coordonnent.

Du sein de l'école où le drame touche à la frénésie, où la morale se débite avec affectation entre deux bouffées de cigare, il est fort agréable d'entendre parler cette adoucissante morale qui guéri les plaies du cœur et promet à l'esprit encore des enchantements.

C'est la vraie poésie, la poésie en action compatible avec l'esprit humain.

Mr. Machado d'Assis marchant sans prétention dans un sentier nouveau, étroitement serré entre la poésie et le drame, n'a sans doute pas cherché la gloire, car son œuvre comme la violette est l'emblème de la modestie; mais elle est parfumée d'un arôme si doux que les natures d'élites la découvriront au milieu des plantes vivaces qui l'environnent.

Les *désenchantements* dont dédiés à Mr. Quintino Bocayuva, jeune littérateur déjà en vogue.

L'accolade fraternelle de ces deux jeunes intelligences auxquelles l'avenir appartient, ne vaut-elle pas le baiser de Judas de quelque Mécène orgueilleux et souvent fantastique.

Ad. Hubert.

A França que nos legou Machado de Assis também envolve os livros de sua biblioteca, os livros que ele escolheu. É uma questão que conheço bem, e vou lhes contar essa aventura.

Na ocasião de minha primeira viagem ao Brasil, em 1960, viagem da qual falei há pouco, tive – jovem, ou melhor, futuro especialista em Machado de Assis – acesso a artigos de jornalistas brasileiros. Eles apresentavam a biblioteca do escritor: nomes de autores, os maiores, os mais louvados. Sua "livraria", como dizia Montaigne. Havia centenas de obras, mas nada preciso, nenhuma indicação concreta, utilizável. Exceto a informação de que uma sobrinha de Carolina, dona Laura Leitão de Carvalho, esposa de um futuro marechal, havia recebido os livros como herança.

Depois de tê-la encontrado, ela me autorizou a ir à sua casa da Tijuca, onde estavam conservados esses volumes. Disse-me que, durante a guerra, alguns volumes tinham sido deixados numa garagem e que havia chovido – Ah, os trópicos! (chove?). Na França acham que nunca chove no Brasil. Resumindo: certo número de volumes tinha se deteriorado e sido destruído. Perda irreparável. Dentre as obras cuja lembrança se conservava, havia Lamartine, Victor Hugo, Alexandre Dumas, George Sand, Prosper Mérimée, Gustave Flaubert e as obras completas de Pierre Loti. Tolstói, no que concerne à literatura russa, e os seis volumes de obras completas de José de Alencar. Os títulos estão, de fato, ausentes do inventário que fiz.

Dona Laura me autorizou, durante três semanas, a ir – incluindo os domingos – fazer o inventário dessa biblioteca: livro após livro, móvel após móvel, inventário na mão em fichas de estudante primário. Sem máquina de escrever, sem informática, sem xérox: 718 volumes, títulos, datas, impressores, editores. É pouco, mas é muito também. De volta à França, fiz uma introdução (segundo uma classificação como a de Valery Larbaud), organização em 12 seções que são as seguintes: obras gerais, obras gregas, obras em latim, obras bíblicas e religiosas, obras orientais, obras italianas, obras espanholas, obras portuguesas, obras brasileiras – a segunda em número, com 112 títulos –, obras de língua inglesa (Inglaterra e Estados Unidos), obras germânicas, obras francesas (a mais numerosa, com 217 títulos). A contagem das obras em francês atinge as obras gerais, as das outras obras, traduções ou bilíngues, textos e traduções, mais da metade dos 718 volumes.

Graças à amizade do caro e saudoso Alexandre Eulálio, o inventário foi publicado no volume 21-22 da *Revista do Livro*, em 1961 (p.195-238). Essa "Bibliothèque de Machado de Assis" tornou-se um guia no labirinto, apesar do caráter incompleto para dezenas de persquisadores. É evidente que não é porque um livro se encontra nesse inventário que fica provado que o escritor o leu ou não. O contrário é igualmente verdadeiro.

O inventário poderia (ou deveria) ter sido feito há muito tempo, mas os estudos sobre Machado de Assis (exceto a *Exposição Machado de Assis*, em 1939, organizada e realizada por Augusto Meyer) nem sempre se apoiavam em bases rigorosas. E o ambiente do Brasil não era muito favorável. Os modernistas não o apreciavam nem um pouco e, sob a ditadura de Getúlio Vargas, Machado de Assis foi frequentemente considerado um mau brasileiro! Partia-se de *a prioris*: imaginava-se um Machado de Assis tal como se desejava em vez de estudá-lo ou recolocá-lo em seu tempo, lendo a imprensa ou os escritores brasileiros do século XIX.

Em 1960, quase não se havia republicado textos dele, e mesmo os 29 volumes publicados com ele ainda em vida nem sempre estavam disponíveis. É verdade que todos os escritores depois de falecer conhecem, durante alguns anos, uma espécie de Purgatório. Vinte e nove títulos publicados em vida, mais um número equivalente de volumes publicados na imprensa, nunca republicados – exceto de forma incompleta e com erros (e, portanto, inacessíveis) –, dormiam nos jornais, às vezes *cupinizados*.

E havia já uma situação que encontramos hoje: em 2008, um século, cem anos após seu falecimento, ainda não existe uma *Obra completa* de Machado de Assis. Podemos aceitar com serenidade que o, talvez, maior escritor brasileiro não tenha uma edição digna desse nome? Pensemos nos grandes escritores estrangeiros. Por ordem alfabética: Camões, Cervantes, Dante, Goethe, Molière, Petrarca, Poe, Shakespeare, Victor Hugo, Voltaire. Todos esses autores estrangeiros estão presentes na *Bibliothèque* e têm, cada um em seu país, ou no exterior (por exemplo, Voltaire no Canadá), uma edição completa.

Depois da morte de Machado de Assis, Garnier, Jackson, Aguilar, Globo publicaram uma série de volumes que ostentam o nome de *Obra completa*, mas são imposturas, violações à memória do escritor: textos não verificados, títulos inventados, textos truncados, misturados ou distribuídos em vários volumes. A última edição, da Globo, é realmente infiel. Apenas um exemplo: no volume de Crônicas *Bons dias!* para o ano de 1888 da *Gazeta de Notícias* há 13 textos (5.4, 4.5, 9.5, 16.6, 26.6, 15.7, 19.7, 29.7, 16.9, 28.10, 10.11, 27.12). Faltam 15 (12.4, 19.4, 27.4, 11.5, 27.5, 11.6, 6.7, 7.8, 26.8, 6.9, 6.10, 21.10, 18.11, 25.11, 17.12). No mesmo volume, 1978 em vez de 1878. Para evitar palavras desagradáveis, prefiro dizer em inglês: *no comment*. E, para os outros volumes, não é melhor; às vezes, pior...

Desde 1950, em Nashville, uma norte-americana especialista em Machado de Assis e bem conhecida, Helen Caldwell, professora na Universidade de Los Angeles, pedia, numa comunicação do Primeiro Colóquio Internacional de Estudos Luso-Brasileiros, Plea of Tools of Scholarship for Machado de Assis (p. 219 no volume das *Atas*): "*a catalogue of the titles in Machado de Assis library reproduction [...] to make materials on Machado de Assis available to scholars*" [um catálogo dos títulos de Machado de Assis reproduzidos na biblioteca [...] para fazer matérias sobre Machado de Assis disponíveis para acadêmicos].

Uma palavra ainda sobre a "Bibliothèque de Machado de Assis": no início de nosso século, ela foi republicada duas vezes: em janeiro de 2002 (*Revista do Livro*, ano 14), sem consultar este autor nem mandar exemplar, com muitas falhas – texto não revisto e apresentando o autor como *tradutor de Machado de Assis para a língua francesa*. Nunca traduzi uma linha de Machado de Assis...

Top Books (em 2001) republicou o inventário com a minha autorização e um texto meu apareceu em um novo inventário feito na Academia Brasileira de Letras, já que dona Leitão de Carvalho fez doação da referida biblioteca, que um certo número de exemplares (77 desapareceram). Há quatro novos títulos no novo inventário: são livros com dedicatória oferecidos, sem dúvida, ao presidente Machado de Assis.

Devemos acrescentar que, durante pesquisas que fizemos ao longo dos anos 1980 na Academia Brasileira de Letras, levantamos e inventariamos oitenta volumes que, podemos supor, foram oferecidos ao escritor quando era presidente da ABL e que permaneceram na instituição. A maioria possui dedicatórias; portanto, não são livros comprados. A dedicatória, quando está datada, é tardia. São, em essência, obras de autores brasileiros, colegas, amigos, conhecidos e algumas de autores portugueses (não constam na edição da *Top Books*). Esperamos publicar em breve uma nova edição de nossa *Bibliothèque*, com esses novos títulos, testemunho humano das amizades que acompanharam o escritor até o final da vida.

Contamos os livros em francês: 419 obras, originais e traduzidas. O nosso estudo não é apenas *a França que nos legou Machado de Assis*, mas também a língua francesa, pela qual transitou parte importante da cultura do escritor.

* * *

Mas voltemos a outro ponto de nosso estudo. Machado de Assis legou-nos uma literatura francesa que ele escolheu e traduziu. É preciso remeter à nossa obra recente, *Machado de Assis tradutor* (Massa, 2008), na qual são inventariados, estudados, dissecados os cerca de cinquenta textos de escritores (repito, escritores, pois este é o primeiro critério para a escolha dos textos) que o autor traduziu. O conjunto de textos não é díspar, mas é em parte funcional e traduz uma intenção. Ele é heterogêneo quanto ao número de páginas. Alguns textos têm apenas uma ou duas páginas, mas outros, vários volumes. *Les travailleurs de la mer* [Os trabalhadores do mar] de Victor Hugo, em 1866, tem três volumes – aproximadamente setecentas páginas. Joaquim Maria começou a traduzir bem jovem, aos 17 anos; e, até os quarenta, traduziu muito. Dos quase cinquenta autores, quarenta pelo menos partiam de um texto francês ou em francês. Não mencionaremos aqui as traduções perdidas, sobretudo das peças de teatro e as traduções que chamamos de alimentares.

Elas davam algum dinheiro e eram com frequência encomendas de amigos, diretores de trupes teatrais como Furtado Coelho, em particular durante os dez anos de grande atividade teatral (1860-

-1870) de nosso dramaturgo. Houve uma dezena (número incerto, pois há silêncios, lacunas em alguns textos), e tivemos a alegria e a honra de encontrar os textos de três delas, peças francesas inéditas: *Os burgueses de Paris*, *Tributos da mocidade* e *Forca por forca*, que vamos publicar e serão analisadas, comentadas e explicadas no volume *Três peças traduzidas por Machado de Assis* (Massa, 2009).

É preciso lembrar também nesse inventário algo que é pouco conhecido: Machado de Assis letrista. Por exemplo, ele é o autor de, cito, "letras francesas" de "Innocence" [Inocência], música de Louise Leonardo, letra em português de Louis Guimarães Junior.

É preciso agora dar um espaço a cerca de 15 textos breves, mas escolhidos pelo escritor e que constituem (falávamos em intenção) uma espécie de antologia da literatura mundial. A respeito desses textos de grandes escritores, como veremos por intermédio do autor, traduzir é escrever. Citemos, em ordem alfabética, os nomes dos mais conhecidos: Chateaubriand, Chénier, Dante, Dumas Filho, Heine, La Fontaine, Lamartine, Mickiewicz, Musset, Poe, Schiller, Shakespeare. Muitos, o autor não esconde, são traduzidos com base em um texto em francês. A língua francesa permanece mediadora. Francomania, francolatria, mesmo na *Bibliothèque*, de acordo com nosso inventário – ao menos o que resta dele –, conte-se com um número considerável de textos em língua estrangeira (respectivamente 38 em alemão, 76 em inglês, 5 em espanhol, 17 em italiano), o que atesta muito bom conhecimento dessas línguas, mas é preciso, antes de qualquer julgamento, ser prudente, cauteloso – numa palavra, abrir os olhos. Examinar, de preferência.

Explicamos nossa proposta com dois exemplos que lançam, indiretamente, novas luzes sobre o conhecimento de Machado de Assis em línguas estrangeiras. Baseado em um fato confirmado, indiscutível, a tradução de *Oliver Twist*, célebre romance de Charles Dickens de 1870, tradução de metade da obra, interrompida por Machado de Assis por uma razão técnica (sem dúvida financeira). Lúcia Miguel Pereira afirmou: "Vemos assim que já em 1870 estava Machado familiarizado com os ingleses, dez anos antes de se revelar humorista". De modo implícito, significava que o tradutor dominava o inglês... Isso nos pareceu suspeito – vê-lo traduzir Dickens, um escritor difícil, aos trinta anos.

De fato, em 1870 havia quatro traduções de *Oliver Twist* em francês e, comparando-as com o texto do brasileiro, mostramos que ele havia definitivamente utilizado a versão de Alfred Gérardin. A edição dessa tradução aparece nos *Dispersos* (1965), e as 489 notas que acompanham o texto não deixam nenhuma dúvida sobre o uso da tradução de Gérardin, que é, aliás, a melhor. Nosso escritor soube escolher. Obrigado, Machado de Assis.

Uma outra tradução, a de *O corvo* de Poe, mais posterior, fornece-nos mais uma informação. O tradutor trabalhou bem sobre o texto original, mas mostramos que também havia utilizado a tradução de Baudelaire, já que retomou algumas interpretações pessoais (alguns disseram erros!) do poeta francês sobre o texto americano.

* * *

Reservamos para o final de nossa proposta a análise de dois problemas, num sentido bastante próximo. O colega Gilberto Pinheiro Passos estudou com bastante competência a parte, o papel da França e do francês num grande número de romances de Machado de Assis, sobretudo os do período áureo. Agradecemo-lo e vamos utilizar amplamente seus estudos. Mas é preciso lembrar que, até o presente momento, nunca se reuniu num volume o inventário das citações em francês. Trabalho vasto e impossível. Quero dizer citações exatas, precisas, idênticas ao original. Há milhares de citações exatas. Estão em toda parte, em cada volteio de frase. Em francês, principalmente, mas também em outras línguas: inglês, italiano etc. Mas vamos ver, com Pinheiro Passos, que existem muitas outras, modificadas, mais ricas.

Vejamos dois exemplos de citações idênticas ao original. A primeira, no início de sua carreira, numa epígrafe e que também é a primeira citação. Foi de 1857 e ele tinha 18 anos.

"Viens je suis dans la nuit, mais je puis voir le jour."[6]
Victor Hugo

A segunda citação em *Balas de estalo* é mais tardia e está inserida numa crônica:

> Há não sei que versinho francês com este estribilho:
> *Si cette histoire vous embête,*
> *Nous allons la recommencer.*[7]
>
> Em matéria eleitoral temos vivido a repetir este estribilho. No regime da eleição indireta, tivemos a eleição de província, a eleição do círculo de três depois, e, continuando os inconvenientes, veio a eleição das maiorias. Esta última ideia, espécie de luz elétrica, mal estava em ensaios no interior, já aplicávamos às nossas cidades todas.
>
> E nada; nem um, nem três, nem província, nem minoria, nada estabelecia uma boa eleição. Vejo então a eleição direta, com o círculo de um. Começou há pouco; mas já ontem foi apresentado um projeto para voltar ao círculo de três. Daqui a anos, a experiência volta para a província. Depois círculo de um outra vez, e de três. Há de haver mesmo alguém que se lembre dos círculos de cinco, ou cinco e três quartos. Tudo, pois, diz com esse bom sistema representativo, pelo mesmo método do médico que, para remover uma encefalite, mandasse o enfermo ao cabeleireiro. Mas, enfim, venha o círculo de três:
>
> *Si cette histoire vous embête,*
> *Nous allons la recommencer.*

O refrão desta canção popular, *Il était un petit navire* [Era um pequeno navio], é utilizado diversas vezes como a célebre asserção

6 [Venha, estou nas trevas, mas posso ver o dia.]

7 [Se esta história o incomoda,
Vamos recomeçá-la.]

de Pascal nas *Pensées* [Pensamentos] (pelo menos em dez crônicas, "*Plaisante justice qu'une rivière borne!*" [Divertida justiça essa que um rio limita!]. E uma outra do mesmo escritor francês muito frequente. "*Vérité au deçà des Pyrénées, erreur au delà*" [Verdade aquém dos Pirineus; erro, além].

Mas, dado que estamos no itinerário das citações, retomemos a análise de Gilberto Pinheiro Passos. Falemos da França reconstruída. O escritor retoma, adapta, reconstrói, reescreve citações para adaptá-las à situação narrativa que é a escolhida e descrita pelo autor.

Dentre as citações reconstruídas, citemos o exemplo retirado do *Cid*, de Pierre Corneille (Ato III, cena IV).

É o famoso diálogo entre Ximena e Rodrigo

> XIMENA Quem teria dito
>
> D. RODRIGO Quem teria imaginado

que se torna um sinal, uma piscadela, mas conforme ao texto brasileiro, que levaria muito tempo para ser analisado. Simplesmente uma inversão que faz sorrir

> RODRIGO Quem teria imaginado
>
> XIMENA Quem teria dito

É difícil chamar citação o que escreve Machado deAssis, tal a forma como se integra a uma maneira original de redigir, espirituosa, repleta de criação, de eficácia literária. Da alteração nasce o charme, a maestria.

Só podemos sorrir diante das observações de certos críticos, entre os quais R. Magalhães Jr., que, por não ter compreendido a sutileza desse mecanismo, acusam o escritor de *deturpador de citações*. Façamos nossas as palavras de La Fontaine, o fabulista francês: *C'est prendre le Pyrée pour un homme*. O Pyrée é, lembremos, o porto de Atenas.

Essas citações não são fontes, como se dizia no antigo vocabulário da literatura comparada, mas um material, elementos que fermentaram, agiram no interior do escritor, ou, para citar Pinheiro Passos: "[...] elementos de origem francesa atuantes não só na plasmação da personagem, seus atos, fatos de que participa e o círculo que costuma frequentar, mas também a sua corporificação enquanto narrador".

Nesse contexto, há outra forma elaborada pelo escritor. Não é uma reconstrução, mas um pastiche. Existem vários. Citemos o mais longo, infelizmente, mas também o mais brilhante, fabricado sobre o esquema de um dos mais célebres poemas de Victor Hugo, sempre chamado de "Gastibelza", enquanto o verdadeiro título é "Guitare" [Violão] na antologia *Les Rayons et les Ombres* (1840), e que começa assim:

Gastibelza, l'homme à la carabine
Chantait ainsi:
Quelqu'un de vous a vu dona Sabine,
Quelqu'un d'ici?[8]

Eis a canção de Machado de Assis para a queda do ministério Furtado. O letrista tem então 25 anos:

Monsieur Furtado et ses nobles confrères
Chantaient ainsi :
"– Faut-il tomber la fleur des ministères
Et du pays?
Nous avons eu une croix d'Allemagne
Rubans... et tout.

8 [Gastibelza, o homem da carabina
Cantava assim:
Algum de vocês viu dona Sabina
Alguém daqui?]

Le vent qui vient à travers la montagne
Nous rendra fous!

Pour vous calmer, ô terrible cohorte,
Non sans regret,
Nous avons mis Beaurepaire à la porte
Par un decret.
Et maintenant qui donc nous accompagne?
C'est Camamú.
Le vent qui vient à travers la montagne
Nous rendra fous!

Quand nous avons une guerre étrangère
Qui va s'ouvrir,
Faut-il, messieurs, changer le ministère?
Faut-il mourir?
Le vieux sénat va nous ouvrir champagne,
Veillez sur vous.
Le vent qui vient à travers la montagne
Nous rendra fous!"

Ainsi chantait le fameux ministère;
Mais le pays,
Qui paie, lui seul, le frais de la guerre,
Lui répondit:
"– Allez, allez, vous battez la campagne,
Comme un vieux soul.
Le vent qui vient à travers la montagne
Vous rendra fous!

"Allez-vous-en, messieurs et compagnie;
Il faut tomber;
Je ne veux plus une pâle bougie
Pour m'éclairer.
Quittez la chaise, où le sommeil vous gagne

Et couchez-vous;
Le vent qui vient à travers la montagne
Vous rendra fous!"[9]

Palmas.

---

9 Senhor Furtado e seus nobres camaradas
Cantavam, pois:
"– Precisa a flor dos ministérios ser derrubada
E a do país?
Tivemos uma cruz da Alemanha
Fitas... e de tudo um pouco.
O vento que vem através da montanha
Vai nos deixar loucos!"

Para acalmar-vos, ó terrível coorte,
Compungidos,
Abandonamos Beaurepaire à própria sorte
Por um decreto instituído.
E agora, então, quem nos acompanha?
É Camamu
O vento que vem através da montanha
Vai nos deixar loucos!"

Quando uma guerra estrangeira há
Que vai irromper,
O ministério, senhores, é preciso mudar?
É preciso morrer?
O velho senado vai abrir-nos champanha
Zelar por vós todos
O vento que vem através da montanha
Vai nos deixar loucos!"

O famoso ministério assim cantava;
Mas o país,
Que sozinho as despesas da guerra paga
Respondeu-lhe, pois:
"Ides, ides, lutar na campanha,
Como um bêbado caduco.
O vento que vem através da montanha
Vai nos deixar loucos!"

* * *

Difícil concluir, tanto a matéria é rica, complexa, com inúmeras facetas. Um ponto é certo, surpreendente também. Diferentemente de alguns dos compatriotas de mesmo nível social, Machado nunca atravessou o Atlântico nem viajou ou viveu na França. Nunca deixou o Brasil e tampouco saiu do Rio. Passou algum tempo em Petrópolis, mas devido a um problema de saúde, e, com o Imperador, assistiu a uma inauguração de ferrovia. A viagem para a França é – é a evidência – intelectual. Ou, para ser mais preciso, livresca, clássica também. A França constitui uma espécie de patrimônio, uma imagem, resultado de uma alquimia verbal construída e reconstruída. Esse patrimônio, que pertence ao escritor brasileiro, é-lhe próprio. É o resultado de um processo muito elaborado, intelectual, inteligente.

Mais uma vez, mencionamos que Machado de Assis é o homem mais inteligente de sua geração, dotado de superioridade indiscutível. A inteligência, no seu caso, une capacidade de ver e de imaginar, o que escapa a outros, aos outros.

Há indubitável transferência cultural com uma apropriação e uma reconstrução pessoal. Gloriosa é a influência da França, da língua francesa, da cultura e da literatura, uma França complexa com muitas facetas, mas sempre reescrita pelo escritor. É nessa reescrita pessoal que aparece a França que Machado de Assis nos legou. Mas sem ela, Machado de Assis não seria o mesmo escritor. A França que inventariamos contribuiu para a criação de Machado de Assis. E também, felizmente, sua França não é a mesma que a dos franceses.

"Saiam daqui, senhores e companhia;
É preciso desabar;
Uma vela pálida não mais queria
Para me iluminar.

Deixem a cadeira, onde o sono vos ganha
E repousai-vos;
O vento que vem através da montanha
Vai nos deixar loucos!"

Uma brincadeira para concluir. Ao longo dessas páginas, era preciso ser sério. Sabem por que há quase meio século interessei-me por Machado de Assis? Ah!, vocês adivinharam. É simples. Temos as mesmas iniciais: J.-M. M. Mas, no meu caso, com um hífen, traço de união.

Referências bibliográficas

AAUP. *The Exchange.* Disponível em <http://www.aaupnet.org/programs/publications/exchange/2004_fall.pdf>.

ABRAM, D. *The Spell of the Sensuous: Perception and Language in a More-Than-Human World.* Nova York: Random House, 1996.

ABRAMS, M. H. *A Glossary of Literary Terms.* United Kingdom: Heinle & Heinle. 7.ed. Nova York: Wadsworth Publishing, 1998.

ACADEMIA BRASILEIRA DE LETRAS. Site de Machado de Assis. Disponível em: <www.academia.org.br>.

AGUILAR, N. (org.). *Mostra do redescobrimento: negro de corpo e alma – black in body and soul.* São Paulo: Associação Brasil 500 anos – Artes Visuais, 2000.

ALIGHIERI, D. *La Divina Commedia, Inferno, a cura di S. A. Barbi.* 6.ed. Firenze: Sansoni, 1962. v.I.

ANDRADE, O. de. *Serafim Ponte Grande, Obras Completas 2.* Rio de Janeiro: Civilização Brasileira, 1975.

ANDRADE, O. de. Manifesto da poesia pau-brasil. In: *Do pau-brasil à antropofagia e às utopias.* Rio de Janeiro: Civilização Brasileira, 1978.

ARANTES, Paulo. *Ressentimento da dialética.* Rio de Janeiro: Paz e Terra, 1996.

ASSIS, J. M. M. de. *Histórias da meia-noite.* 1873.

______. *Papéis avulsos*, 1882

______. *Histórias sem data*, 1884.

______. *Várias histórias*, 1896.

______. *Páginas recolhidas*, 1899.

______. *Crônicas (1864-1867)*. Rio de Janeiro: W. M. Jackson, 1955. v.2.

______. Revista de teatros. *Crítica teatral*. Rio de Janeiro: W. M. Jackson, 1950.

______. *Memórias póstumas de Brás Cubas*. Rio de Janeiro: W. M. Jackson, 1957a.

______. *Quincas Borba*. Rio de Janeiro: W. M. Jackson, 1957b.

______. *Esaú e Jacó*. Rio de Janeiro: W. M. Jackson, 1957c.

______. *Dom Casmurro*. Rio de Janeiro: W. M. Jackson, 1957d.

______. *Relíquias da casa velha*. Rio de Janeiro: H. Garnier, 1906.

______. *Relíquias da casa velha*. Rio de Janeiro: W. M. Jackson, 1957e. v.2.

______. O punhal de Martinha (5 de agosto de 1894). In: *Obra completa*. Rio de Janeiro: Aguilar, 1959a. v.III.

______. Notícia da atual literatura brasileira: instinto de nacionalidade. In: *Obra completa*. Rio de Janeiro: Aguilar, 1959b. v.III.

______. *Obras completas*. Rio de Janeiro: Aguilar, 1962. v.III.

______. *Quincas Borba*. *A Estação*. Rio de Janeiro: Civilização Brasileira, 1977. Disponível em: <http://www.literaturabrasileira.ufsc.br/arquivos/texto/0006-02162.html>. Acesso em: 16 jun. 2009.

______. Epistolário. In: *Obras completas*. Rio de Janeiro: Nova Aguilar, 1979a. v.III.

______. *Obra completa*. Rio de Janeiro: Nova Aguilar, 1979b. v.I, III.

______. *Obra completa*. (Ed. Afrânio Coutinho). Rio de Janeiro: Nova Aguilar, 1985. 3v.

______. *Obra completa*. Rio de Janeiro: Nova Aguilar, 1986a. v.I. [1959]

______. *Obra completa*. Rio de Janeiro: Nova Aguilar, 1986b. v.II. [1959]

______. *Obra completa*. Rio de Janeiro: Nova Aguilar, 1986c. v.III. [1959]

______. *Seus 30 melhores contos*. Rio de Janeiro: Nova Fronteira, 1987a.

______. *Dom Casmurro*. São Paulo: Ática, 1987b.

______. *Quincas Borba*. 12.ed. São Paulo: Ática, 1993.

BAENSCH, R. E. The Book Publishing Industry in Brazil. *Publishing Research Quarterly*, v.22, n.4, p.31-6, dez. 2006.

BAJAC, Q. *The Invention of Photography: the First Fifty Years*. Trad. Ruth Taylor. Londres/Nova York: Thames and Hudson, 2002.

BALDERSTON, D., QUIROGA, J. A Beautiful, Sinister Fairyland: Gay Sunshine Press Does Latin America. *Social Text*, v.21, n.3, p.85-108, outono 2003.

BANDEIRA, M. Não sei dançar. In: Libertinagem, *Estrela da vida inteira*. Rio de Janeiro: José Olympio, 1966.

BAPTISTA, A. B. *A formação do nome: duas interrogações sobre Machado de Assis*. Campinas: Editora da Unicamp, 2003.

BARTHES, R. *La chambre claire: note sur la photographie*. Paris: Gallimard, 1980.

BAUDELAIRE, C. Madame Bovary, L'Art Romantique. In: *Oeuvres*. Paris: Bibliothèque de la Pléiade, 1951.

BAUMANN, J. Daguerreian Glimpses. *The Daguerreian Society Newsletter*, n.1, p.8-10, jan.-fev. 2005. Disponível também em: <http://www1.cs.columbia.edu/CAVE/projects/publicity/daguerro_article_2005.pdf>.

BENJAMIN, W. Das Kunstwerk im Zeitalter Seiner Technischen Reproduzierbarkeit. *Illuminationen, Ausgewählte Schriften*. Frankfurt: Suhrkamp, 1980.

BIZZARRI, E. *Machado de Assis e a Itália*. Instituto Cultural Ítalo-Brasileiro, São Paulo, 1961, Caderno n.1.

BIZZARRI, E. *Machado de Assis e Dante*. Instituto Cultural Ítalo-Brasileiro, São Paulo, 1965, Caderno n.5.

BLOOM, H. *The Anxiety of Influence. A Theory of Poetry*. Oxford: Oxford University Press, 1979.

BORGES, J. L. Kafka y sus precursores. In: *Otras Inquisiciones*. Buenos Aires: Emecé, 1974.

BOSI, A. *Machado de Assis: o enigma do olhar*. São Paulo: Ática, 1999.

BOSI, A. *Machado de Assis*. São Paulo: Publifolha, 2002.

CÂMARA JR., J. M. *Ensaios machadianos. Língua e estilo*. Rio de Janeiro: Livraria Acadêmica, 1962.

CANDIDO, A. Esquema de Machado de Assis. Trad. R. M. Sandoval. *Ensayos y comentarios*. Campinas: Unicamp, 1995. [1970]

CANDIDO, Antonio. De cortiço a cortiço (1973). In: *O discurso e a cidade*. Rio de Janeiro/São Paulo: Ouro sobre Azul/Duas Cidades, 2004.

CARPEAUX, O. M. Uma fonte filosófica de Machado de Assis. In: *A manhã*. Rio de Janeiro, 1948.

CENNI, F. *Italianos no Brasil, "Andiamo in 'Merica"*. 3.ed. São Paulo: Edusp, 2003.

CERVANTES, M. de. *Don Quijote de la Mancha*. Madri: Espasa, 1998.

CORBIN, A. Gebannt im Übergang: Immer Wieder Wurden die Hoffnungen auf Einen Neuanfang Konterkariert, und Nach der Frage der Herkunft Blieb die Arbeit des Negativen, Das Jahrtausend: Neunzehntes Jahrhundert. *Frankfurter Allgemeine Zeitung*, 30 out. 1999, Suplemento do Caderno B.

COUTINHO, A. Estudo crítico: Machado de Assis na literatura brasileira. *Obra completa de Machado de Assis*. Rio de Janeiro: Nova Aguilar, 1986. 3v. [1959]

CRUZ JR., D. F. *Estratégias e máscaras de um fingidor: a crônica de Machado de Assis*. São Paulo: Nankin/FFLCH/USP, 2002.

DERRIDA, J. *Given Time: 1. Counterfeit Money*. Trad. Peggy Kamuf. Chicago: University of Chicago Press, 1992.

DICIONÁRIO da língua portuguesa contemporânea da Academia das Ciências de Lisboa. Lisboa: Verbo, 2001. v2.

DIXON, P. *Os contos de Machado de Assis: mais do que sonha a filosofia*. Porto Alegre: Movimento, 1992.

DIXON, P. B. *Retired Dreams:* Dom Casmurro, *Myth and Modernity*. West Lafayette, Indiana: Purdue University Press, 1989.

ECO, U. *Dire quasi la stessa cosa*. Milão: Bompiani, 2003.

ELIADE, M. *Shamanism: Archaic Techniques of Ecstasy*. Trad. Willard R. Trask. Princeton: Princeton UP, 1964.

ELIOT, T. S. Tradition and the Individual Talent. In: *Selected Prose*. London: Faber, 1980.

ENCICLOPÉDIA artes visuais. Disponível em <http://www.itaucultural.org.br>. Acesso em 01 ago. 2009.

ERMAKOFF, G. *O negro na fotografia brasileira do século 19*. Rio de Janeiro: Casa Editorial, 2004.

FAORO, R. *Machado de Assis: a pirâmide e o trapézio*. São Paulo: Nacional, 1976.

FEITOSA, L. *Brazilian Women Writers in English: Translation of Culture and Gender in Works by Clarice Lispector, Carolina Maria de Jesus, and Ana Maria Machado*. Amherst, n.20, p.311, 2008. Ph.D. dissertation, University of Massachusetts.

FRANCO, G. H. B. *A economia em Machado de Assis*: o olhar oblíquo do acionista. Rio de Janeiro: Jorge Zahar, 2007.

FREITAS, L. A. P. de. *Freud e Machado de Assis: uma intersecção entre psicanálise e literatura*. Rio de Janeiro: Mauad, 2001.

FRYE, N. *The Critical Path. An Essay on the Social Context of Literary Criticism*. London and Bloomington: Indiana University Press, 1971.

GARCIA, A. L. G. de. Schopenhauer e Machado de Assis. *Romance Notes*, n.19, p.327-34, 1979.

GIL, F., MACEDO, H. *Viagens do olhar: retrospecção, visão e profecia no renascimento português*. Porto: Campo das Letras, 1998.

GLEDSON, J. *Machado de Assis: impostura e realismo – uma reinterpretação de* Dom Casmurro. Trad. Fernado Py. São Paulo: Companhia das Letras, 1991.

GOODYEAR, D. Life and Letters, "The Magus". *The New Yorker*, 7 maio 2007. Disponível em: <http://www.newyorker.com/reporting/2007/05/07/070507fa_fact_goodyear>. Acesso em: 01 ago. 2009.

GOMES, L. G. Uma geografia do além, ou a terceira margem do rio em uma perspectiva comparada. In: ______, BARBOSA, L., DRUMMOND, J. A. (orgs.). *O Brasil não é para principiantes*. Rio de Janeiro: FGV, 2000.

GUIMARÃES, H. S. *Os leitores de Machado de Assis: o romance machadiano e o público de literatura no século 19*. São Paulo: Nankin/Edusp, 2004.

HOFFMANN, E. T. A. *Contes fantastiques*. Paris: Lattes, 1989.

HOUAISS, A., VILLAR, M. de S. *Dicionário Houaiss da língua portuguesa*. Rio de Janeiro: Objetiva, 2001.

HOYT, C. *New York Times*, 21 out. 2007. Disponível em: <http://www.nytimes.com/2007/10/21/opinion/21pubed.html?_r=3&oref=slogin&oref=slogin&oref=slogin>. Acesso em: 01 ago. 2009.

"INFORMATION sheet 6: Ointments, Creams and Plasters". Museum of the Royal Pharmaceutical Society of Great Britain, 3 mar. 2008. Disponível em: <http://www.rpsgb.org.uk/pdfs/mussheet06.pdf>. Acesso em: 01/08/2009.

JOBIM, J. L. (org.). *A biblioteca de Machado de Assis*. Rio de Janeiro: Academia Brasileira de Letras/Topbooks, 2001.

JUNGEN, O. Du sollst kein Bild machen: Ikonoklasmus des Rechts als stabilisierendes Eigenbild/Eine Tagung auf Schloss Solitude. *Frankfurter Allgemeine Zeitung*, 30 nov. 2005, S. N3 (Geisteswissenschaften).

KOPPEN, E. *Literatur und Photographie: über Geschichte und Thematik einer Medienentdeckung*. Stuttgart: Metzler, 1987.

KOSSOY, B. La fotografía en Latinoamérica en el siglo XIX: la experiencia europea y la experiencia exótica. *Image and Memory:*

Photography from Latin America 1866-1994. (Ed. Wendy Watriss e Lois Parkinson Zamora). Austin: University of Texas Press/ Fotofest, 1998.

KOSSOY, B., CARNEIRO, M. L. *O olhar europeu: o negro na iconografia brasileira do século XIX*. 2.ed. São Paulo: Edusp, 2002. [1994]

KRAKOVSKY, M. Making Books. *The Washington Post*, 7 nov. 2004. Disponível em: <http://www.washingtonpost.com/wp-dyn/articles/A26726-2004Nov4.html>. Acesso em: 01 ago. 2009.

LA BIBLIOTHÈQUE de Machado de Assis. Revista do Livro. Rio de Janeiro, 1961.

LAGO, B., LAGO, P. C. do. *Brésil: les premiers photographes d'un empire sous les tropiques*. Trad. Jaques Thiériot. Paris: Gallimard, 2005.

LANHAM, R. A. *A Handlist of Rhetorical Terms*. Berkeley: University of California Press, 1991.

LEAL, C. M. *Toda poesia de Machado de Assis*. 1.ed. São Paulo: Publifolha, 2008, 756p.

MAGALDI, S. *Panorama do teatro brasileiro*. 3.ed. São Paulo: Global, 1997.

MAGALHÃES JR., R. *Machado de Assis desconhecido*. São Paulo: Lisa, 1971.

MAIA NETO, J. R. *Machado de Assis, the Brazilian Pyrrhonian*. West Lafayette: Purdue University Press, 1994.

MAISTRE, X. de. *Voyage autour de ma chambre*. Paris: Robert Lafont, 1959.

MALIGO, P. O desejo em Machado de Assis: um estudo sobre Helena, Virgília e Sofia. *Espelho: Revista Machadiana*, n.3, p.67-88, 1997.

MASSA, J.-M. A biblioteca de Machado de Assis. In: JOBIM, J. L. (org.). *A biblioteca de Machado de Assis*. Rio de Janeiro: Academia Brasileira de Letras/Topbooks, 2001.

______. *Machado de Assis tradutor*. Belo Horizonte: Crisálida, 2008.

______. *Três peças traduzidas por Machado de Assis*. Belo Horizonte: Crisálida, 2009.

MELO E SOUZA, R. O estilo narrativo de Machado de Assis. In: ______, SECCHIN, A. C., ALMEIDA, J. M. G. (orgs.). *Machado de Assis: uma revisão*. Rio de Janeiro: In-Fólio, 1998.

MERLEAU-PONTY, M. *Le Visible et l'invisible, suivi de notes de travail*. (Ed. Claude Lefort). Paris: Gallimard, 1964.

MIGUEL-PEREIRA, L. *Machado de Assis: estudo crítico e biográfico*. Rio de Janeiro: José Olympio, 1955.

MONTELLO, J. "Areia do tempo" – uma fonte de Machado de Assis. *Jornal do Brasil*, 26 jul. 1955.

MOSER, R. H. *The Carnivalesque Defunto: Death and the Dead in Modern Brazilian Literature*. Athens, Ohio: Ohio University Press, 2008.

MOTTA, S. V. A viagem de Brás Cubas na lombada de um livro *de ouro*. In: RAMOS, C., MOTTA, S. V. (eds.). *À roda de* Memórias póstumas de Brás Cubas*: leituras*. Campinas: Alínea, 2006.

NABUCO, J. *Pensées detachées et Souvenirs*. Paris: Éditions Hachette, 1906.

NELSON, S. Publishing Alchemy. *Publishers Weekly*, 18 dez. 2006.

NERY, F. (org.). *Correspondência de Machado de Assis com Joaquim Nabuco, José Veríssimo, Lúcio de Mendonça, Mário de Alencar e outros seguida das respostas dos destinatários*. Fernando Nery (Org.). Rio de Janeiro: Officina Industrial Graphica Americo Bedesciti, 1932.

NEWS FROM BRAZIL, n.5, v.97, p.31, 31 jan. 1994. Disponível em: <http://www.brazzil.com/archive.htm>. Acesso em: 01 ago. 2009.

NUNES, B. Machado de Assis e a filosofia. *Travessia* 2.19, p.7-23, 1989.

NUNES, M. L. *The Craft of an Absolute Winner: Characterization and Narratology in the Novels of Machado de Assis*. Westport, Connecticut: Greenwood, 1983.

ORTEGA Y GASSET, J. *Meditaciones del Quijote*. Madrid: Cátedra, 2007.

PECKHAM, M. Darwinism and Darwinisticism. In: *Darwin, A Norton Critical Edition*. Nova York: Norton, 1979.

PEREIRA, A. *Machado de Assis: ensaios e apontamentos avulsos*. Rio de Janeiro: São José, 1959.

PEREZ, R. Esboço biográfico: Machado de Assis e a sua circunstância. *Obra completa*. Rio de Janeiro: Nova Aguilar, 1980. v.I.

PESSOA, F. *O livro do desassossego*. (Ed. Richard Zenith). Lisboa: Assírio & Alvim, 1998.

PIZA, D. *Machado de Assis*: um gênio brasileiro. 2.ed. São Paulo: Imprensa Oficial do Estado de São Paulo, 2006.

PLATTHAUS, A. Schau Mir in Die Augen, Großer Meister: Aus dem Leben Eines Lortzing – Sachsens Daguerreotypien Geben Ihre Geheimnisse Preis. *Frankfurter Allgemeine Zeitung*, 6 abr. 2005, S. N3 (Geisteswissenschaften).

POE, E. A. Ligeia. In: *The Norton Anthology of American Literature*. 7.ed. Nova York: Norton, 2007. v.B.

RAAB, J. M. (ed.). *Literature and Photography Interactions, 1840-1990: a critical anthology*. Novo México: University of New Mexico, 1995.

RADWAY, J. *Reading the Romance: Women, Patriarchy, and Popular Literature*. Chapel Hill: University of North Carolina Press, 1984.

RAMOS, G. *Vidas secas*. São Paulo: Martins Fontes, 1973.

REGO, E. de S. *O calundu e a panaceia: Machado de Assis, a sátira menipeia e a tradição luciânica*. Rio de Janeiro: Forense Universitária, 1989.

ROBB, G. Literary Imperialism. *New York Times Book Review*, 14 mar. 1999. Disponível em: <http://www.nytimes.com/1999/03/14/books/literary-imperialism.html>. Acesso em: 01 ago. 2009.

ROSA, J. G. A terceira margem do rio. In: *Ficção completa*. Rio de Janeiro: Nova Aguilar, 1995.

ROUANET, S. P. *Riso e melancolia*. São Paulo: Companhia das Letras, 2007.

RUBIN, J. H. *Courbet*. Londres: Phaidon, 1997.

SANTIAGO, S. Retórica da verossimilhança. *Uma literatura nos trópicos: ensaios sobre dependência cultural*. São Paulo: Perspectiva, 1978. [1969]

SANTIAGO, S. Uma outra independência. *O Globo*, Rio de Janeiro, p.4, 14 jun. 2008, Prosa & Verso.

SARAIVA, J. A. Insanidade e lucidez na concepção do humanitismo. *Machado de Assis em linha 1*, jun. 2008. Disponível em: <http://www.machadodeassis.net/rev_num01_artigo06.asp>. Acesso em: 20 jul. 2009.

SCHOPENHAUER, A. *The World as Will and Idea*. Trad. R. B. Haldane e J. Kemp. Londres: Trubner, 1948. [O mundo como vontade e como representação. Trad. Jair Barbosa. São Paulo: Editora UNESP, 2005].

SCHWARZ, R. Wer Sagt Mir, Machado de Assis sei nicht Brasilien? ["Quién me dice que este personaje no sea el Brasil?", prólogo a Machado de Assis, *Quincas Borba*. Trad. Juan García Gayo. Caracas: Biblioteca Ayacucho]. *Brasilianische Literatur*, hg. M. Strausfeld. Frankfurt: Suhrkamp, 1984.

SCHWARZ, R. *Um mestre na periferia do capitalismo: Machado de Assis*. São Paulo: Duas Cidades, 1990.

SCHWARZ, Roberto. The Machadian Turning Point. *Novos Estudos Cebrap 1*, p.15-38, set. 2005.

SHATTUCK, R. *Proust's Binoculars*. Nova York: Knopf, 1963.

SHIR, J. Symbolism and Autosymbolism. *Journal of Aesthetics and Art Criticism* 37.1, p.81-9, outono 1978.

SILVA, A. C. S. da. Gogol, matriz de *Quincas Borba*. *Machado de Assis em Linha 1*, jul. 2008. Disponível em: <http://www.machadodeassis.net/rev_num01_artigo08.asp>. Acesso em: 6 jul. 2008.

SILVA, D. da. *De onde vêm as palavras: origens e curiosidades da língua portuguesa*. São Paulo: Girafa, 2004.

SINGER, P. *The New York Times*, p.C5, 14 jan. 2006.

SONTAG, S. Afterlives: The Case of Machado de Assis. *The New Yorker*, 7 maio 1990a. Disponível em: <http://www.newyorker.com/archive/1990/05/07/1990_05_07_102_TNY_CARDS_000355376>. Acesso em: 20 jul. 2009.

SONTAG, S. *Epitaph of a Small Winner*. Nova York: Farrar, Straus and Giroux, 1990b.

SPINOZA, B. de *Ética demonstrada según el orden geométrico*. México, D.F.: Fondo de Cultura Económica, 1996.

STIEGLER, B. *Philologie des Auges: die Photographische Entdeckung der Welt im 19. Jahrhundert*. München: Fink, 2001.

_______. *Bilder der Photographie: ein Album Photographischer Metaphern*. Frankfurt/Main: Suhrkamp, 2006.

SUSAN, B. A Defense of Good Books, Small Publishers, and National Awards. Association of American University Presses (AAUP). *The Exchange*, Fall, 2004.

SWIFT, J. Gulliver's Travels. In: *The Basic Writings of Jonathan Swift*. Nova York: Modern Library, 2002.

TÁTI, M. *O mundo de Machado de Assis* [*O Rio de Janeiro na obra de Machado de Assis*]. Rio de Janeiro: Secretaria Municipal de Cultura, Turismo e Esportes (Biblioteca Carioca), 1961.

TEIXEIRA, I. *O Estado de S.Paulo*, Caderno 2, 22 jun. 2008.

THÉLOT, J. *Les inventions littéraires de la photographie*. Paris: Presses Universitaires de France, 2003.

THE TIMES, obituário de Sontag, Londres, 29 dez. 2004. Disponível em: <http://www.timesonline.co.uk/tol/comment/obituaries/article406539.ece>. Acesso em: 20 jul. 2009.

TREASE, G. E. *Pharmacy in History*. London: Bailliere, Tindall and Cox, 1964.

TREVOR, D. *The Poetics of Melancholy in Early Modern England*. Cambridge: Cambridge UP, 2004.

TURAZZI, M. I. *Poses e trejeitos na era do espetáculo: a fotografia e as exposições universais no século XIX, 1839-1899*. Rio de Janeiro: Rocco & Fundação Nacional da Arte, 1995.

VASQUEZ, P. K. *Fotógrafos alemães no Brasil do século XIX* [*Deutsche Fotografen des 19. Jahrhunderts in Brasilien*]. São Paulo: Metalivros, 2000.

VENUTI, L. *The Translator's Invisibility: A History of Translation*. Londres: Routledge, 1995.

VENUTI, L. *The Scandals of Translation: Towards an Ethics of Difference*. Londres: Routledge, 1998.

VIEIRA, María Augusta da Costa. Las relaciones de poder entre narrador y lector: estudio acerca de *Don Quijote, viajens na minha terra* y *Memórias póstumas de Brás Cubas. Cuadernos Hispanoamericanos*, n.570, p.59-71, dez. 1997.

VOIGHT, J. *Der Gefrorene Augenblick: Daguerreotypie in Sachsen 1839-1860*. Chemnitz: Mobilis, 2004.

WATTS, I. *The Rise of the Novel: Studies in Defoe, Richardson, and Fielding*. Berkeley: University of California Press, 1957.

WHITMAN, W. Visit to Plumbe's Gallery. *Literature and Photography Interactions, 1840-1990: a critical anthology*. [Ed. by Jane M. Raab]. Novo México: University of New Mexico, 1995. Disponível também em: <http://www.brooklynpubliclibrary.org/eagle/>. Site da *The Daguerreian Society*.

WOOD, R. D. A viagem do Capitão Lucas e do daguerreótipo a Sidney. Trad. do original inglês no site http://www.fotoplus.com/fpb/fpb039/b039a.htm, 1994. Publicado originalmente no *NZ Journal of Photography*, n.16; p.3-7; ago. 1994; republicado no *Journal de la Societé des Océanistes*, Paris, n.102, p.113-8; e com breve revisão em *The Daguerreian Annual*, p.51-7, 1995.

WYATT, E. Ideas & Trends: New Novels, Big Award, No Readers. *New York Times*, 17 out. 2004. Disponível em: <http://query.nytimes.com/gst/fullpage.html?res=9507E3D9143AF934A25753C1A9629C8B63>. Acesso em: 01 ago. 2009.

XAVIER, E. Machado de Assis: mestre do desmascaramento. In: MELO E SOUZA, R., SECCHIN, A. C., ALMEIDA, J. M. G. (orgs.). *Machado de Assis: uma revisão*. Rio de Janeiro: In-Fólio, 1998.

Sobre os autores

Amina di Munno
Professora de Literatura Portuguesa e Brasileira na Universidade de Gênova, "Facoltà di Lingue e Letterature Straniere Moderne". Tem estudos sobre autores portugueses e brasileiros dos séculos XIX e XX e experiência na área da tradução literária.

Daphne Patai
Ensina literatura brasileira, teoria literária e tradução na Universidade de Massachusetts – Amherst. Autora e editora de dezenas de livros sobre literatura e cultura brasileiras, teoria literária, feminismo, ficção utópica e as "culture wars" nos Estados Unidos. Seu livro mais recente é *What Price Utopia? Essays on Ideological Policing, Feminism, and Academic Affairs* (publicado em abril de 2008). Atualmente prepara um livro sobre Machado de Assis intitulado *Machado in English: The Fate of a Master Writing in a 'Minor' Language.*

Élide Valarini Oliver
Leciona literatura brasileira e comparada na Universidade da Califórnia, Santa Barbara. Poeta e tradutora, Élide Valarini Oliver é autora, entre outros, de *Campo ceifado agora, Rabelais e Joyce, Três Leituras menipeias, El universo e O sertão*. Recebeu um prêmio Jabuti

em 2007 por sua tradução anotada e comentada de *O terceiro livro dos fatos e ditos heroicos do bom Pantagruel*, de François Rabelais, e foi duas vezes agraciada com o Prêmio Itamaraty para Literatura Brasileira com monografias sobre Machado de Assis e Lima Barreto.

Jean-Michel Massa
Professor titular emérito de primeira classe da Universidade de Rénnes 2. É autor de teses de doutorado sobre Machado de Assis, além de três livros publicados no Brasil sobre o autor e numerosos artigos e comunicações. Recebeu a Medalha Machado de Assis da Academia Brasileira de Letras em 1986.

K. David Jackson
Professor de Português na Universidade de Yale, autor de *A vanguarda literária no Brasil* (1998), *A prosa vanguardista em Oswald de Andrade* (1978) e *A metáfora antropófaga em Machado*, entre outros estudos de literatura brasileira.

Luiz Dagobert de Aguirra Roncari
Atualmente é professor titular da Área de Literatura Brasileira da Universidade de São Paulo. É autor, entre outros, dos livros *Literatura Brasileira: dos primeiros cronistas aos últimos românticos* (São Paulo, EDUSP, 2002); *O Brasil de Rosa: o amor e o poder* (São Paulo, Editora UNESP, 2004); e *O cão do sertão – literatura e engajamento* (São Paulo, Editora UNESP, 2007).

Paul Dixon
Ensina literatura hispano-americana e brasileira na Purdue University desde 1981. É autor de *Reversible Readings* (Univ. of Alabama Press, 1985), *Retired Dreams: Dom Casmurro, Myth and Modernity* (Purdue Univ. Press, 1989), *Os contos de Machado de Assis: mais do que sonha a filosofia* (Movimento, 1992) e *O chocalho de Brás Cubas* (no prelo), além de numerosos artigos. É também codiretor de *Espelho: revista machadiana*.

Roberto Schwarz
Professor aposentado de Literatura Brasileira na Unicamp. Detém ainda o título de doutor em Estudos Ibero-americanos pela Universidade de Paris III.

Thomas Sträter
Atualmente é professor de teoria da tradução na Universidade de Heidelberg, Alemanha. Tem especialização em Literaturas Ibero-românicas da Europa, em língua espanhola e língua portuguesa, assim como nas literaturas do Brasil e dos países latino-americanos de língua espanhola. Possui ainda PhD em Letras, com uma tese de doutorado sobre a crônica brasileira e habilitação – livre docência, e uma tese sobre as relações entre literatura e música na modernidade latino-americana (Borges, M. De Andrade, Carpentier, J. M. Arguedas): *Festas e protestos.*

Todd Garth
Professor associado de espanhol na US Naval Academy. Sua pesquisa tem por foco principalmente a literatura do Cone Sul durante a primeira metade do século XX, com um forte interesse em questões éticas e filosóficas e com abordagens neo-históricas à literatura. Ele publicou *The Self of the City: Macedonio Fernández, the Argentine Avant-Garde and Modernity in Buenos Aires*, assim como artigos sobre Borges, Horacio Quiroga, Roberto Arlt e Machado de Assis.

SOBRE O LIVRO

Formato: 14 x 21 cm
Mancha: 23,7 x 42,5 paicas
Tipologia: Horley Old Style 10,5/14
Papel: Pólen Soft 80g/m² (miolo)
Cartão Supremo 250 g/m² (capa)
1ª edição: 2009

EQUIPE DE REALIZAÇÃO

Edição de texto
Alessandra Miranda de Sá (Copidesque)
Luciana Garcia e Alberto Bononi (Revisão)

Editoração Eletrônica
DuSeki (Diagramação)

Impressão e Acabamento
FARBE DRUCK
gráfica e editora ltda.